Bayern im Rokoko

Mit Beiträgen von

Alfons Beckenbauer
Dieter Derksen
Lydia L. Dewiel
Hans Graßl
Eberhard Horst
Hedwig Lindl-Schmelz
Josef Pfennigmann
Carl Oskar Renner
Günter D. Roth
Herbert Schindler
Alois J. Weichslgartner
Gerhard P. Woeckel

Bayern im Rokoko

Aspekte einer Epoche im Umbruch

---

*Herausgegeben von
Herbert Schindler*

Süddeutscher Verlag

Der Band enthält 64 Abbildungen, davon 16 in Farbe

Gestaltung des Schutzumschlags: Bernd und Christel Kaselow, München

Das Photo auf der Vorderseite zeigt die Amalienburg im Schloßpark von Nymphenburg, die Rückseite eine Kumme aus dem ‚Hausmaler Service' (Sammlung Bäum-
ler, Schloß Nymphenburg). (Beide Photos: Bayerische Verwaltung der staatlichen
Schlösser, Gärten und Seen, München)

ISBN 3-7991-6434-0

© 1989 Süddeutscher Verlag
in der Südwest Verlag GmbH & Co. KG, München
Alle Rechte vorbehalten. Printed in Germany
Satz: Frankenpost, Hof
Reproduktionen und Druck: Wenschow-Franzis-Druck GmbH, München
Bindearbeiten: Oldenbourg, München

Inhalt

Herbert Schindler

Die „genialische Schule" des Rokoko

Vom Wesen eines scheinbar vordergründigen Stils

Um es gleich klarzustellen: Es handelt sich nicht um eine Schule im herkömmlichen Sinn, etwa eine Lehranstalt, die besonders viele Genies hervorgetrieben hätte. Auch im kunsthistorischen Sinn ist der Begriff ‚Schule' nicht zutreffend. Obwohl dies der Sache schon näher kommt. Wir wenden unseren Begriff auf eine bestimmte — und doch nicht präzis bestimmbare — Stilrichtung oder Stilhaltung an, sinngemäß etwa der ‚Donauschule' entsprechend. Es wäre sogar sehr verlockend, von einer ‚Donauschule des Rokoko' zu sprechen, denn es decken sich nicht nur der Einzugsbereich und die Verbreitung auffällig, sondern diese zweite Donauschule wird vom gleichen Stamm getragen, dem bayerisch-österreichischen mit Ausläufern ins Schwäbische und Fränkische hinein. Sie ist also eine ausschließlich süddeutsche Angelegenheit. Verständlich, daß wir dabei auch die eingeborene Kunstneigung, das alpenländische und bajuwarische Kunsttemperament — von der Sinnenfreude bis zur Wildheit — im neuen Gewande wiederentdecken. Solche Stammeszüge verlieren sich nicht so leicht. Sie werden nur gelegentlich überdeckt von dem, was man Zeitstil, akademische Observanz, Anpassung und modische Orientierung nennt. Aber sie brechen bei einigermaßen günstiger Gelegenheit in einer bestimmten Stilsituation immer wieder hervor und schaffen sich eine Bahn. Starke Naturen drängt es, ihr Eigenes auszusagen. Sie bilden den Strom. Talente werden mitgerissen. Sie bilden die Nebenflüsse und Rinnsale. So entsteht eine Strömung, die nicht mehr genau unter Kontrolle zu halten ist und die in der Kunstlandschaft deutlich sichtbare und entferntere Spuren hinterläßt. Ein sehr bezeichnendes Beispiel für das Gesagte bietet uns das kunsthistorische Panorama der Deckenmalerei in der Mitte des 18. Jahrhunderts.

Die Ausgangssituation war nicht einmal so günstig wie um 1500. Es gab für alle Talente, die in der Malerei nach einer Grundlage strebten und nach breiterer Wirkung, zwei Konzentrationsfelder, nämlich die Akademien in Augsburg und in Wien.

In Augsburg war seit 1730 der aus dem bayerisch-schwäbischen Grenzgebiet stammende Johann Georg Bergmüller (1688—1762) als katholischer Direktor der ‚Reichsstädtischen Akademie' die tonangebende Kraft. In München, in den Niederlanden und wohl auch in Italien ausgebildet, vertrat er eine Spielart des italienischen Akademismus mit Neigung zum Virtuosentum. Sein Hauptverdienst ist, eine Reihe sehr begabter Schüler wie Johann Evangelist Holzer, Johann Wolfgang Baumgartner, Gottfried Bernhard Götz, Franz Anton Kuen an Augsburg gebunden zu haben. Sein Schaffen, das sich über Süddeutschland bis nach Tirol hinein erstreckt, wurde überstrahlt durch das Genie des jungen Tirolers Holzer, dessen Einfluß in Bergmüllers späterem Werk zu spüren ist, ohne daß er ihn jemals in seiner Rokokoanmut und korrekten Natürlichkeit erreicht hat. Bergmüllers Schüler gingen sehr bald eigene Wege und waren ihm künstlerisch ebenbürtig. Das ändert nichts an seiner grundlegenden Leistung. Matthäus Günther, sein Nachfolger als Akademiedirektor, und Christoph Scheffler hatten ihre Lehrzeit in München absolviert.

München, die kurfürstliche Haupt- und Residenzstadt, hatte zwar keine Akademie, aber es gab eine Art Münchner Schule. Diese gründete sich auf das wegweisende, mitreißende Vorbild Cosmas Damian Asams (1686—1739), des bedeutendsten Freskomalers der Zeit vor dem Rokoko. Er hatte mit Johann Michael Rottmayr die Periode italienischer Vorherrschaft oder des Italienisierens in der Freskomalerei überwunden und zum ersten Mal den Typ des genialen Deckenmalers verwirklicht, um den sich die geistlichen und weltlichen Höfe des mittleren Europa förmlich reißen, und der mit seiner rauschhaften, die Kräfte fast überfordernden Gestaltungskraft, mit seiner Neigung zu künstlerischen Ekstasen den Gegenpol zu einem Akademiker — wie Bergmüller — darstellt. Die innige Verbindung seines Schaffens mit seinem Bruder Egid Quirin (1692—1750), einem kongenialen Bildhauer und Stukkateur, sollte dabei nicht übersehen werden. Dieser überlebte ihn beträchtlich. Seine ausdrucksvolle, bei allem Realismus visionär durchgriffene Stuckfiguralplastik, insbesondere seine großzügig-geniale Faltenwurf-Behandlung haben auch die Malerei beeinflußt.

Beide Gestaltungsbereiche finden wir vereinigt im Schaffen des Wessobrunners Johann Baptist Zimmermann (1680–1758), der C. D. Asams Generationsgenosse war und 1729 zum ‚Hofstukkateur' in München ernannt wurde. Er ist als Freskomaler der Hauptvertreter des Münchner Rokoko, das vorwiegend dekorativ geartet ist, idyllischen Baumschlag und bukolische Schäfer-Szenerien mit herzlicher Unbekümmertheit in das Fresko hereinnimmt, wobei die schöne Sinnlichkeit der Palette nicht immer über das ‚fa presto' seiner Malerei hinwegtäuschen kann. Seine starkfarbige, lyrisch-bukolische Freskomanier hat Schüler und Nachfolger gefunden, etwa in Martin Heigl. Sie ist von Johann Zick (1702–1762) aus Lachen bei Ottobeuren durch das Erlebnis Rembrandts künstlerisch intensiviert worden. Dessen in München geborener Sohn Januarius Zick (1730–1797) gehört schon zur Generation der empfindsamen Rokokoklassizisten, die in Christian Thomas Wink (1738–1797) aus Eichstätt, späterem Kurfürstlichen Hofmaler, eine für München typische und signifikante volkstümliche Kraft gefunden hat. Auch bei ihm scheint die Assoziation zum Ausdrucksgehalt der Stukkatur noch lebendig.

Das bayerisch-schwäbische Voralpenland, hauptsächlich aber das Stukkatorendorf Wessobrunn, hatte seit den dreißiger Jahren des 18. Jahrhunderts eine Reihe von Dekorkünstlern höchsten Ranges hervorgebracht. Unter der empfindlichen Observanz des genialen Hofarchitekten François Cuvilliés entstehen die Kronschöpfungen des europäischen Rokoko, die Amalienburg, die Reichen Zimmmer der Residenz und das Alte Kurfürstliche Opernhaus, heute Cuvilliéstheater geheißen. In seiner Nähe, und doch eigentlich unabhängig von ihm, entfaltete sich das Dekorationsgenie eines Franz Xaver und Johann Michael Feichtmayr, eines Johann Georg Ueblher, denen zahllose Talente nacheiferten; nennen wir nur die Modler im Donauraum – die in F. J. Balthasar Modler ihre bedeutendste Kraft hervorbringen – oder Johann Jakob Berg aus Nürnberg, der im Eichstättischen gewirkt hat. Aus dem gepflegten Salon- und Boudoirstuck französischer Provenienz schufen sie die rhythmisch-abstrakten Voraussetzungen des bayerischen Kirchenrokoko, das in seinen reifsten Leistungen aus dem Geiste der Stukkatur lebt, oder ihm latent verbunden ist. Ihre geistreichen, lebendigen Rahmen- und Dekorationsformen beeinflußten das Fresko, forderten es auf, sich ihm anzupassen, die angeschlagenen Rhythmen und Melodien fortzuführen, wenigstens eines gleichen genialisch-empfindlichen Wesens zu sein. Wie selten zuvor kam es auf die Äquivalenz des Stilgefühls und der Stimmungslage zwischen den Schwesterkünsten an, nie wieder finden wir dieses traumhaft sichere Sich-in-die-Hände-Arbeiten. Dabei stand den Stukkateuren nur das Formvokabular der entwickelten Rocaille und einiger naturalistischer Motive wie Bandwerk, Blumen, Zweige, Blätter und Engel zu Gebote. Das heißt, ihr Repertoire war vorwiegend abstrakt, bestand in Formbildung und Formumrahmung, Flächenspannung, Kontur, Aussparung, rhythmischer Akzentuierung usw.

In München scheint der Maler Gottfried Stuber Dekorschöpfer und Vermittler zum Ornament gewesen zu sein. Er schuf auch Entwürfe für bedeutende Altarbauten – etwa in der St.-Peters-Kirche in München – und fürstliche ‚Trauergerüste', die uns in Stichen überliefert sind. Eine ähnlich vielseitige Figur tritt uns in Joseph Matthias Götz, dem Bildhauer von St. Nikola, entgegen, der den donauländischen Spätbarock mit dem ihm eigenen Temperament durchsetzt, um wirkungssichere Altarbauten, Statuen und Dreifaltigkeitssäulen bis hinab in die Wachau bereichert. Er kam aus einer Bamberger Bildhauerwerkstätte und tendierte über Niederbayern ins Österreichische, während eine andersgeartete und höfische Linie zu Georg Raphael Donner im Werk des frühverstorbenen Franz Anton Schlott in Bamberg aufscheint. Der Oberösterreicher Johann Gottlieb Heymüller aus Steyr geht dagegen über die Bamberger Benkert-Werkstatt wie viele ostfränkische Bildhauer – der bedeutendste ist Johann Gabriel Räntz! – an den preußischen Hof nach Potsdam. Auch von der Würzburger Auwera-Werkstatt spannen sich Fäden nach Wien. Von Johann Wolfgang van der Auwera ist uns sogar das Akademiestudium 1733 bis 1736 überliefert.

Die Akademiestadt Augsburg wiederum war mit ihren vielen emsigen Kupferstecher- und Kunstverlagen der Hauptumschlagsplatz der Rokoko-Ornamentik. Hier finden wir die meisten Querverbindungen zwischen Ornament und Malerei. Man hat sich deshalb im 18. Jahrhundert daran gewöhnt, vom ‚Augsburger Geschmack' oder von ‚Augsburger Fratzen' zu sprechen, je nachdem, wie einem die Richtung zusagte. Das hatte schon mit Holzer begonnen, zurückhaltend allerdings, steigerte

Putto im Auszug des Benediktaltars
in der Wallfahrtskirche Birnau von
Joseph Anton Feuchtmayr, um 1750

9

sich bei Holzers Generationsgenossen Gottfried Bernhard Götz zu den von Zeitgenossen gerügten ‚wilden Erfindungen' − womit gemalte Rahmen und Kulissen beziehungsweise Versatzstück-Formen im Fresko gemeint waren. Bei Scheffler haben wir einen ähnlichen Fall einer fast sinnverwirrenden, gegenstandsfreien Ornament-Intuition im Fresko der Trierer St.-Paulins-Kirche (1743), wenngleich das Ornamentale das Szenische in fast derber Weise bedrängt. Johann Esaias Nilson wird zum Meister des eleganten, ausgewogenen Rokokostichs, bei dem sich die figurale Anmut Bustellis und die ornamentale Geschliffenheit Cuvilliés' vereint. Zum feinsten Ausgleich gelangt beides in den Fresken und Entwürfen eines Johann Wolfgang Baumgartner (1712−1761) aus Kufstein. Seine Fähigkeit, Szenerien und Landschaften aus Stuckumrahmungen und gemalten Kartuschen zu entwickeln, ist unnachahmlich und geradezu musikantisch empfunden. Seine Fresken sind mit duftiger Transparenz hingesetzt, empfindungsreich, mit so sensibler Gebärdensprache begabt, daß man sich an den Ausdruck erlesener Stukkatur gefühlsmäßig erinnert. Er hat mit die schönsten, anmutsvollsten Vorlagen für Druckgraphik gemalt, die wir kennen. Franz Martin Kuen (1719−1771) aus Weißenhorn ist ein ähnlich waches, empfindliches Malertalent, der in einer sich steigernden Werkreihe die Feinheiten des Rokokofreskos kultiviert hat. Sein Deckenspiegel über der Bibliothek in Wiblingen ist ein romantisch anmutender Rokokoprospekt, mit figürlichen Szenen zwischen krausen Architekturversatzstücken und Landschaften, ein Wogen und Schwelgen von Kurven, obwohl ihm durch die strenge Umrahmung die Verbindung zur Stukkatur eigentlich fehlt.

Nicht unvorbereitet also und latent bereits vorhanden, bricht sich um 1750 eine Entwicklung Bahn, die auf gesteigerten Ausdruck zielt und den rhythmisch-irrationalen Kräften, die immer vorhanden waren, zum Triumph verhilft. Die verpflichtende Regularität akademischer und klassischer Kunstformen, die Holzer noch so anmutsvoll gewahrt hatte, wird in Frage gestellt, die harmonische Durchbildung der Einzelfigur, der Figurengruppe, zugunsten eines das ganze Bild durchströmenden Bewegungsgefühls preisgegeben. Gestalten beginnen leidenschaftlich zu agieren, formieren sich zu Gruppen und Chören, die ganz pathetische Ausdrucksträger sind. Gewänder blähen sich willkürlich auf, flattern wie Fahnen. Gesichter verzerren sich, wirken verblasen und grimassierend. Engel wirken wie

phantastische, flüchtig anwesende Geschöpfe. Heilige führen absurde Verrenkungen aus, knicken ein, winden sich, strecken sich, werden zu furchterregenden traumnahen Erscheinungen.

Das Detail wird unwichtig. Eine Hand wirkt klobig, wie aus Lehm geformt. − Ein alles verbindender Rhythmus, fugenhaft weitergeführt von Figur zu Figur, von Gruppe zu Gruppe, von Gewand zu Gewand, überspannt die große Freskofläche. Er scheint aus der Rahmenform oder der Stukkatur zu kommen und wirkt weiter in der Kompositionsstruktur der gemalten Atmosphäre, die Ballung und dem Zug der Wolken, dem Aufriß blauer Blößen und gewittriger, branstiger Streifen. Es ist, als ob ein Gewittersturm über die Kirchendecken hereingebrochen wäre − gemalte Bäume neigen sich tatsächlich! −, der die vertraute idyllische Szenerie nun in furchterregender Veränderung zeigt.

Der Hauptmeister dieser ‚Sturm-und-Drang-Malerei' in unserem Bereich ist der aus Wangen im Allgäu gebürtige Franz Joseph Spiegler (1691−1756). Er hat seine Lehrzeit in München, wohl im Umkreis Asams, und vielleicht in Wien verbracht, malte einige Fresken in Ottobeuren (Theatersaal, 1725), Wolfegg (Schloßkirche) und Konstanz (Dreifaltigkeitskirche), die den Weg in das beginnende Rokoko und seine wachsenden Freiheiten bekunden. Der eigentliche Durchbruch seines Personalstils − der aufsehenerregende Wirkung haben sollte − gelingt ihm in Zwiefalten. Die großartigen Deckenfresken sind in rascher Folge entstanden: 1747 die Chordecke, das Martyrium des heiligen Plazidus und seiner Gefährten, 1748 die Glorien der heiligen Stephanus und Benedikt in den beiden Querhäusern, 1749 die Himmelsglorie in der Vierungskuppel, 1751 dann das gewaltige Langhausfresko: Engel zeigen dem auf Wolken entschwebenden heiligen Benedikt das Madonnenbild von Sancta Maria Maggiore.

Tintelnot schreibt über das Hauptfresko: ,,Die Gruppen der über 200 dargestellten Heiligen scheinen von einer immanenten motorischen Kraft gefesselt und bewegt, sie gleiten in kühn wechselnder Beleuchtung unmerklich in einen Spiralzug über. Die Wolken haben etwas Entmaterialisiertes, sie sind keine Ballen mehr, sondern bandartige Gebilde, die sich schräg nach oben verjüngen und wie in einer aufrauschenden Woge plötzlich in den äußersten schlohgelben Tiefenraum des Himmels einmünden, wo Christus und Gottvater, einbezogen in den Strudel erregter Spannungen, Maria aufnehmen . . . Im Lang-

Deckenfresko im Langhaus der Benediktinerabteikirche Zwiefalten von Franz Joseph Spiegler, 1751

drucksformen, die den Expressionen spätmittelalterlicher Malerei in ihrer Wesenheit näher stehen als der genießerischen Freundlichkeit des landläufigen Rokoko.''

Das Rokoko läßt also – das mag hier deutlich geworden sein – verschiedene ,Ansichten' zu. Es ist nicht das, was jedermann in der Schule lernt. Zumindest nicht das allein. Es ist in seiner scheinbaren Vordergründigkeit hintergründig.

Wir haben bisher fast ausschließlich und summarisch von Stilerscheinungen, Stilhaltungen und -wandlungen gesprochen. Am nächsten ist unserer hier versuchten Bestimmung Bruno Bushart in seiner Einleitung zur ,Deutschen Malerei des Rokoko' in der Reihe ,Die Blauen Bücher' (1967) gekommen, obwohl er den Einfluß von Stukkatur und Ornament ausschließt. Unter einem anderen Gesichtsfeld, dem der Ikonologie und Ikonographie, hat sich Hermann Bauer mit dem ,Himmel im Rokoko' befaßt (Welt des Glaubens in der Kunst, Band V, 1965). Es geht ihm um die Ergründung der Bedeutung und des wirklichen Inhalts der Fresken und die uns heute nicht mehr geläufigen inhaltlichen Überlieferungen und von den Schöpfern beabsichtigten Aussagen. Was hat sich hier auf die Wegstrecke von Asam bis Spiegler, sagen wir von dem Fresko in Aldersbach bis zu Zwiefalten gewandelt?

Bauer schreibt über den ,Himmel' der Rokokokirche zu Birnau am Bodensee: ,,Der wirkliche Eindruck ist der: Über der Kirche tut sich eine eigene Welt auf, vorgestellt mit allen Mitteln des Illusionismus. Diese Welt gibt dem Kirchenraum zwar seinen Sinn, aber sie ist gleichzeitig durch diesen Kirchenraum von uns getrennt. So ist der Himmel in der Rokokokirche einerseits sehr nahe und andererseits auch fern. Wir können ihn fast betreten (wie durch den Spiegel in Birnau). Wir sehen über uns aber auch ,nur' Kunst. Wir sind Zuschauer bei einem Spiel, einem himmlischen Spiel, und wir spüren das Heitere dabei.''

Diese Umdeutung der Kirchendecke zum Bildraum hatte mit C. D. Asams Langhausfresko in Aldersbach genial eingesetzt (1720 gemalt). Die perspektivische ,Verlängerung' des Kirchenraumes durch illusionäre Kunstgriffe, d. h. die täuschende Durchbrechung der Decke wird im Rokoko aufgegeben. Dagegen erhebt sich nun über der Kirche ein eigener Bildraum und eine eigene Bildwelt mit allen Zeichen des Wunderbaren. Auf dieser Grundlage war es erst möglich, das Fresko mit terrestrischen, d. h. auf die Erde bezogenen Szenen, mit ,himmlischen Versatzstücken', historischen Aufzügen und Erinnerungsbil-

hausfresko ist die Suggestionskraft des Visionsraumes fast noch unheimlicher. Erregend wirkt schon die Behandlung der Randzone: in das prächtige unruhige Gewoge der Prozessionen und Erinnerungsakte, zwischen den drängenden Kurvierungen der Treppen und Balustraden züngeln die Stuckrocaillen. Gewittrige Wolken führen uns aus der Rahmenzone in eine Illusionswelt von fast Grünewaldschem Geiste . . . Der Künstler wird zum Erfinder traumhafter Farbskalen und rauschhafter Aus-

Detail vom Deckenfresko der Wallfahrtskirche Birnau von Gottfried B. Götz, 1749

dern, Wallfahrerzügen, Seeschlachten und dergleichen auszuweiten. In Zwiefalten etwa ist – aus der Absicht, den Ort unter die berühmten Marienheiligtümer einzureihen – die Geschichte der Marienverehrung dargestellt. Wir sehen Altötting, wie es von Rupert gegründet wird, Einsiedeln in der Schweiz mit den hll. Meinrad und Gallus, dies alles in einer großen theatralischen Vorstellung. Aus dem ‚theatrum sacrum' des Barock wird ein ‚theatrum honoris' mit dramatisch beleuchtetem Bühnenhorizont.

Es ist verständlich, daß bei dieser umfassenden Art von ‚Historienmalerei' das Malerische und die Faktur eine neue Bedeutung gewinnt. Der Ausdruck und der große Bewegungszug werden wichtiger, der klassische ‚Disegno' tritt zurück. Chorische Aufzüge von Menschen und Heiligen können nur angedeutet werden, Engelsgruppen und Erscheinungen verflüchtigen sich. Das Fresko erhält einen fast skizzenhaften genialischen Charakter. Der Widerspruch, der zwischen jedem Bozzetto, d. h. einer Ölskizze, und dem ausgeführten Fresko besteht, mildert sich. Umgekehrt ist es aber nicht ausgeschlossen, daß der Bozzetto mit seiner frischen, spontanen, ‚malerischen' Wirkung – die von sich aus einen genialischen Ausdruck hat – den Stil der Freskomaler und die Faktur des Freskos beeinflußt hat. Von Spiegler etwa haben wir meisterhafte Skizzen, kleine koloristische Geniestreiche.

Das eigentlich malerische Himmelsbild, von Asam und Spiegler vorbereitet, wird nun gegen Ende des Rokoko die stilbestimmende Form. Künstler wie Christian Wink, Januarius Zick, in bestimmter Weise auch Franz Anton Maulbertsch und seine Schule, sind – wie Bauer erkannt hat – eigentlich als Freskanten und Großmaler schon Anachronismen. Großartige allerdings, möchten wir hinzufügen. Sie kultivieren die malerischen Elemente, bringen Rembrandts Hell-Dunkel-Stil ins Bild, legen besonderen Wert auf exquisite koloristische Wirkungen, leiden latent unter der Tatsache, daß sich ihre juwelenhaft feinen Bozzetti nicht ohne weiteres auf die große Deckenfläche übertragen lassen.

Damit zeigt sich das Ende des Himmelsbildes im Rokoko, die Erschöpfung seiner Möglichkeiten und des ‚genialischen Stils‘ an. Die klassizistische Kritik und Doktrin, seit den sechziger Jahren unüberhörbar, lehnte auch das malerische Himmelsbild ab und predigte die Rückkehr zu Raffael, zu edler Einfalt und stiller Größe. Sie sah in der Rokokodeckenmalerei nicht das Genialische, sondern das ‚Freche‘, Verderbliche, Schädliche. Zwar ließ man noch Künstler wie Holzer und Daniel Gran gelten, Künstler mit ‚feurigem Stil‘, wie Franz Anton Maulbertsch, wurden scharf abgelehnt. Spiegler wurde vollends totgeschwiegen. Man schämte sich seiner. Als man im Jahre 1782 Schweizer Besuchern die Kirche von Zwiefalten erklärte, wußte man über die riesigen Fresken nichts anderes zu sagen, als daß sie von einem ‚Italiener‘ stammten, der nicht zeichnen, und einem Deutschen, der nicht malen konnte. In klarer Konsequenz seiner Stilabsichten mußte der Klassizist die Deckenmalerei grundsätzlich verbannen. Er tat es freilich nicht, wie das Beispiel des Raphael Mengs in Rom uns lehrt. Das Ergebnis war ein schwächlicher, zuweilen süßlicher Stil, Akademismus und Eklektizismus. Ein Freskenmaler wie Martin Knoller (1725–1804) vermochte es noch einmal, obwohl von den neuen Tendenzen schon entscheidend berührt, die Rokokomalerei und den ‚genialischen Stil‘ in Einklang zu bringen und letzte große Freskozyklen, wie in Neresheim, zu vollenden. Auch Matthäus Günther, obwohl durch seine Stellung als Akademiedirektor schon gebunden, suchte eine Synthese der Zeit- und Stilbestrebungen. Und nach ihm noch eine Reihe von Augsburger und Tiroler Freskanten. Aber letztlich scheiterten ihre Bemühungen an der Unvereinbarkeit von Klassizismus und Rokoko, von Intellekt und Genialität.

Es wäre nun reizvoll, die Entwicklung des Deckenbildes in Österreich zum Vergleich heranzuziehen. Zumal hier das malerische Himmelsbild und der genialische Stil in einem gewaltigen Aufbäumen gegen die klassizistische und akademische Orientierung einen Höhepunkt erreichen.

Es gibt viele Vergleichsmomente. Die Stelle Bergmüllers nimmt hier Daniel Gran ein, ein stark theoretisch orientiertes, im Grunde akademisches Naturell, das sich allerdings mehr im höfischen als im kirchlichen Bereich bewährte. Gran lehnte es beispielsweise ab, neben Paul Troger an der Wiener Akademie tätig zu sein. Paul Troger hingegen, obwohl er schulbegründend an der Wiener Akademie als deren Direktor fungiert, ist nicht eigentlich ein Akademiker. Er vertritt die Gemeinsamkeit alpenländischen Malertums im Spätbarock, liebt wirksames, kraftvolles Kolorit und kennt expressive Züge. Der Grundzug seiner Kunst ist leidenschaftlich, ausdrucksbetont in den Gebärden und Haltungen, großzügig und kühn, dramatisch bis hin zu visionären Entladungen. Er ist darin C. D. Asam verwandt, wenn auch nicht in allen Bereichen. Aber er steht, wie Asam, begründend am Anfang des genialischen Stils in Österreich. Er ist der Lehrmeister einer ganzen Generation österreichischer Freskanten. Im Hintergrund allerdings, zwischen den Parteien und sozusagen von beiden anerkannt, steht kein Maler – wie Holzer –, sondern ein Bildhauer: Georg Raphael Donner, der feinste unter den österreichischen Bildhauern des 18. Jahrhunderts. Er wird nicht nur geschätzt, sondern die Klassizisten berufen sich auf ihn. Er ist über die Verbindung zu Adam Friedrich Oeser, dem Dresdner Kunstkreis und Winckelmann in Rom Ausgangs- und Angelpunkt der klassizistischen Reaktion. Das Wort von „edler Einfalt und stiller Größe“ soll im Wiener Kreis zuerst aufgetaucht sein. Freilich wurde er auch mißverstanden, denn sein Werk, vor allem sein kirchliches, gehört gewissermaßen auch zu den Voraussetzungen des genialischen Stils des Rokoko. Man denke nur an seine Arbeiten für den Dom in Gurk! An seine Wirkung auf die Wiener Rokokoplastik, auf die Münchner Straub und Günther.

Im Bereich der Malerei scheinen auch einige Austro-Italiener wie der Dalmatiner Bencovich, die Venezianer Ricci und Piazzetta, der zeitweilig für Wien tätige Neapolitaner Francesco Solimena, ihren Einfluß auf die Generation der Trogerschüler geübt zu haben. Vor allem ist hier Carlo Innocenzo Carlone (1686–1775) aus Scaria zu nennen, der mit seinen in schwebender Leichtigkeit vorgetragenen Fresken und Skizzen und durch seinen Einfluß auf Maulbertsch Wegbereiter des Rokoko geworden ist. Die Skizze wurde in diesem Kreis mit Nachdruck gefördert. Sie besitzt fast noch stärkere Signifikanz für den erstrebten Ausdruck und Stil der Freskomalerei als im Bayerisch-Schwäbischen.

Ihr größter Meister ist zwar kein Trogerschüler, aber immerhin seit 1740 Schüler der Wiener Akademie: Franz Anton Maulbertsch (1724–1796). Schon von seiner Herkunft ergeben sich Anhaltspunkte zu Beziehungen zum Bayerisch-Schwäbischen Kreis. Er ist als Sohn eines Malers in Langenargen am Bodensee geboren. In der dortigen Pfarrkirche hängt ein Altarbild Spieglers. Weingarten mit seinen großartigen Asamfresken liegt nicht weit entfernt. Auf Reisen in seine Heimat, etwa als dort sein Vater stirbt (1748), mag er sich – über die Donaulinie – in Oberschwaben umgesehen haben. Von 1745 bis 1752, dem Jahr seines ersten Freskos in Maria Treu in Wien, ist er in Wien nicht nachweisbar und wohl mit Unterbrechungen auf Studienreisen. In St. Walburg in Eichstätt und im Ulmer Museum haben wir zwei frühe Altarbilder von ihm. In diesem Zeitraum entstehen aber in Zwiefalten jene Fresken von Spiegler, die sozusagen Quelle eines neuen genialischen Stils in der süddeutschen Freskomalerei sind. Hier, wie auch im Kreis seiner Schüler und Freunde, die z. T. aus Schwaben und Bayern stammen, liegen die Querverbindungen auf der Hand. Ein Franz Sigrist – in Österreich und Ungarn tätiger Schwabe – hat 1760 das Deckenfresko in der Vorhalle von Zwiefalten geschaffen, ein spätes Meisterwerk des genialischen Stils. Es ist deshalb schon nicht möglich, von einer parallelen, jedoch völlig unabhängigen Entwicklung in Österreich zu sprechen. Österreich und Süddeutschland sind in dieser Phase – wie zu Zeiten des Donaustils – zusammen zu sehen, dafür sprechen schon die vielen Querverbindungen durch Herkunft, Lehrzeit und Gesellenwanderschaft. Und irgendwie ist für jeden Süddeutschen Wien noch immer die Hauptstadt schlechthin gewesen.

Die Hauptstadt des Rokoko freilich war München, und seine letzte Instanz war, wie Max Hauttmann sagte, François Cuvilliés. Hier hat es unter dem Kaisertum Karls VII. eine kurze rauschhafte Blüte erlebt. Eine Kulmination, der wir nicht nur die große, völlig moderne Kirchenarchitektur der Fischer und Zimmermann verdanken (die uns Bernhard Rupprecht in seiner Dissertation über die Rokokokirche dargestellt hat), sondern auch einen neuen genialischen Stil des Rokoko, der weite Bereiche und verschiedene Kunstgattungen, auch die Kleinkunst (bei Bustelli) durchdringt und mit einigen Schöpfungen – nicht wenigen allerdings – Weltrang besitzt. Es ist bezeichnend, daß die bedeutendsten Bildhauer des bayerischen Rokoko zunächst ihre Lehrzeit in Wien absolvieren, aber dann nach München zurückkehren: der Oberpfälzer Günther und der schwäbische ‚Bayer' Johann Baptist Straub.

Andererseits empfangen Giovanni Giuliani und Franz Xaver Messerschmidt von ihren Münchner Lehrern Faistenberger und Straub wesentliche Eindrücke, wie denn auch Straub eine wichtige Quelle des fränkischen Rokoko zu sein scheint. Der Hauptmeister des fränkischen Rokoko ist jedoch bezeichnenderweise ein in Wien ausgebildeter Böhme: Ferdinand Tietz. In Wien erfährt das genialistische Rokoko durch einen Maler seine späte Vollendung, in München durch einen Bildhauer. Ignaz Günther, der mit Maulbertsch in mancher Hinsicht vergleichbar ist, setzt diesem Rokoko die Glanzlichter der Vollendung auf und erhebt es zu absolutem Rang in der Weltgeschichte der Kunst. Er ist gleich Donner und Holzer auf dem Höhepunkt seines Schaffens gestorben. Die schrittweisen Konzessionen an den Klassizismus, die Niederlagen blieben ihm so erspart. Am Anfang seines Werkes steht die Auseinandersetzung mit dem Werk Egid Quirin Asams und dem der Permoser-Schüler Donner und Paul Egell. Am Ende steht die Pietà von Nenningen.

Blickt man auf die Sensibleren unter den kleineren Talenten, so wird die Landkarte des genialischen Stils sogleich dicht – fast wie bei der Donauschule. Unter den Bildhauern wären die Hiernle und Jorhan in Landshut, die Degler und Schlott in Bamberg, die Lindt in Burghausen, die Schmädl in Weilheim, die Götz und Deutschmann in Passau, die Obermayer in Straubing und eine kleine Legion von Stukkatoren zu nennen. Im Bereich der Freskomalerei die Schwaben Enderle und Christ, Anwander und Huber. Der Asamschüler Otto Gebhard in Prüfening ist ein geradezu typischer Mitläufer, der sich in Frauenzell, vor eine große Aufgabe gestellt, zu einer erstaunlichen Leistung aufschwingt (1752). Ein Augsburger Zeitgenosse von ihm rühmt übrigens, daß er „ungemein viel Genie" (!) beweise. Auch sein Gefährte Martin Speer in Regensburg, ein Schüler Francesco Solimenas, gehört mit einigen Fresken und zahlreichen Altarblättern (z. B. in Vierzehnheiligen) hierher. Merkwürdig bleibt, daß sich bei Johann Michael Franz in Eichstätt (geb. in Dirlewang im Allgäu, seit 1744 als Eichstätter Hofmaler nachweisbar) Stilbeziehungen zum österreichischen Kreis um Maulbertsch und Johann Bergl ergeben. Doch liegt bei dem um 1760 entstandenen Iphigenienfresko im Festsaal des Hirschberger Schlosses offenbar eine Rückwirkung des Wiener Kreises vor. Eichstätt war durch seine Fürstbischöfe aus österreichischem Geblüt mit Wien sehr verbunden. Verbindend wirkte sich auch der habsburgische Territorialbesitz in Schwaben — Vorderösterreich — aus. In der Bodenseegegend zumal finden wir eine Künstlerpersönlichkeit, in der das genialische Wesen vielleicht am ausgeprägtesten zu bemerken ist: Joseph Anton Feuchtmayr, ein ‚Maulbertsch der Bildhauerkunst’, ihm durchaus ebenbürtig. Seine Statuen in der Wallfahrtskirche Birnau und im Treppenhaus von Schloß Waldsee in Württemberg geben ein äußerstes an exaltierter Expression im Rokoko. Ihr ‚Manierismus’ — das Wort liegt hier auf der Hand — zeigt uns aber zugleich, wo eine der Wurzeln des süddeutschen Rokoko und seiner ‚genialischen Schule’ zu suchen ist.

Alois J. Weichslgartner

Der Akademiedirektor und sein Compagnon

Ein Kapitel Augsburger Rokokomalerei um Bergmüller und Holzer

Im Rathaussaal der schwäbischen Marktgemeinde Türkheim hängt das Bildnis eines vornehmen Mannes, mit wallender Allongeperücke, mit elegant um die Schultern geworfenem Professorenmantel und mit weit aus dem Jackenärmel hervorragendem Spitzenhemd. Der Mann mit dem vollen, ebenmäßigen Gesicht lehnt selbstbewußt an einer Brüstung, die fast wie ein Schiffsbug sich aufschwingt. Pinsel und Palette weisen ihn als einen Künstler aus. Die dekorativ in eine weitgeöffnete Rokokomuschel eingefügte Inschrift besagt, daß es sich um ein Porträt des fürstbischöflich-augsburgischen Hofmalers und Direktors der Augsburger Malerakademie Johann Georg Bergmüller handelt. Um ein Selbstbildnis sogar, denn aus der Signierung geht hervor, daß Bergmüller dieses vom Augsburger Kupferstecher Johann Jakob Haid ausgeführte Schabkunstblatt selbst entworfen hat.

Die Türkheimer sind stolz darauf, daß sie den berühmten Augsburger Hofmaler Bergmüller als einen der Ihren betrachten dürfen. Und nicht weniger stolz sind sie auf die Tatsache, daß ihr Heimatort im späten 17. Jahrhundert von einem Wittelsbacher Fürsten zu seiner Residenz gewählt worden ist. Sein Ölporträt hängt ebenfalls im Rathaussaal: Es ist Herzog Maximilian Philipp von Bayern, der jüngere Bruder des Kurfürsten Ferdinand Maria. Als ihm das Münchner Hofleben nicht mehr behagte, zog er sich auf seine schwäbischen Besitzungen zurück und machte aus dem unbedeutenden Dorf Türkheim einen ansehnlichen Marktflecken, wo es sich behaglich leben ließ.

Ohne die Förderung durch Herzog Maximilian Philipp hätte Bergmüller wohl sein ganzes Leben als schlichter Kunsthandwerker in Türkheim verbracht. Dort wurde er am 15. April 1688 als Sohn des Schreinermeisters und Altarbauers Johann Bergmüller geboren. Die Bergmüller waren ein schwäbisches Handwerkergeschlecht, das seinen Ursprung auf die uralte Bergmühle bei Ronried zurückführte. Johann Bergmüller hat sich erst kurz vor der Geburt seines später so berühmt geworde-

nen Sohnes in Türkheim niedergelassen, weil er davon ausging, daß dort seit dem Einzug der herzoglichen Hofhaltung für einen Kunsthandwerker besonders gute Verdienstmöglichkeiten bestanden.

Der junge Bergmüller wuchs in Haus und Werkstatt seines Vaters auf. Schon früh zeigte er eine besondere Begabung im Umgang mit Bleistift und Farben. Von seiner Entdeckung für die Kunst hat sein Zeitgenosse und erster Biograph, Georg Christoph Kilian, eine hübsche Geschichte erzählt. Wie er berichtet, kamen dem Herzog Maximilian Philipp bei einem Besuch in der Bergmüllerschen Schreinerwerkstatt zufällig einige auf Holz- und Papierabfälle gekritzelte Zeichenversuche des talentierten Sprößlings in die Hand. Er war von ihnen so angetan, daß er den damals vierzehnjährigen Schreinerlehrling nach München zu seinem Hofmaler Johann Andreas Wolff in die Lehre schickte.

Herzog Maximilian Philipp hat sich als Kunstmäzen nicht sonderlich hervorgetan. Ihm waren die Jagd, der Wein und gutes Essen zeitlebens wichtiger als höfisches Zeremoniell und die Förderung der Künste. Doch bei Bergmüller machte er eine Ausnahme. Er ließ es sich 600 Gulden kosten, damit dieser bei Wolff in München eine gediegene handwerkliche und künstlerische Ausbildung als Maler erhielt. Und er hatte für Bergmüllers Lehrzeit so gut vorgesorgt, daß sie auch über seinen Tod im Jahre 1705 hinaus fortgesetzt werden konnte. Als Bergmüller 1708 nach sechsjähriger Lehrzeit seinen Meister verließ, erhielt dieser von der Hofkasse sogar noch ein Ehrengeschenk, wie aus den Münchner Quartalbüchern hervorgeht. Darin hat ein Schreiber fein säuberlich vermerkt:

„Dem Hoff- und Kamer Mahler Andreas Wolff bei Freisprechung seines Lehrjungen Johann Georg Perkmüller von Türkheimb gebürtig, den Ihre hochfürstliche Durchlaucht höchstseeligen Angedenkens die Mahlereikunst aus Gnade erlernen ließ, zu einer Verehrung eine Silber vergoldete Kandl zugestellt, welche gekostet 63 Gulden . . .”

Johann Georg Bergmüller, Selbstbildnis des Künstlers

Der bereits 1716 verstorbene Wolff stand damals im Zenit seines Schaffens. Er war der führende Maler am Münchner Hof. Als Schüler seines Vaters Jonas Wolff führte er das Schaffen Carl Loths und damit das ins Bayerische abgewandelte Erbe der italienischen Barockmalerei weiter. Wolff hatte eine Abneigung gegen Bildungs- und Studienreisen, erwarb sich jedoch durch Bücher und Abbildungen ein umfassendes Wissen über die Kunst seiner Zeit, das er in seinen Bildern selbstschöpferisch auswertete. Wir besitzen von ihm zahlreiche ausgezeichnete Altargemälde, beispielsweise in der Kirche Sankt Michael in Berg am Laim (bei München), in der Sankt Georgskirche in Amberg, im Passauer Dom, in der Landshuter Martinskirche, in Andechs, Dießen, Kremsmünster und Waldsassen. Er genoß also im gesamten altbayerischen Raum und noch weit ins Österreichische hinein hohes Ansehen.

Wolff war sehr vielseitig. Er hatte sich in seiner Jugend beim Hofbildhauer Balthasar Ableithner in der Bildhauerei und im ‚Fundamentalzeichnen' versucht. Daneben galt sein Interesse auch der Architektur. Wolff lieferte sogar für den Klosterbau in Schäftlarn und für die Ausgestaltung des Schlosses Haimhausen sachkundige Bauentwürfe. Ein Platz in seiner Werkstatt als Lehrling oder Geselle war sehr begehrt und dementsprechend selten frei.

Bergmüller ging bei Wolff in eine gute Schule. Er soll in den letzten Lehrjahren bereits an größeren Aufträgen seines Meisters mitgearbeitet haben. In München galt der Türkheimer Schreinerssohn als ein vielversprechendes Talent, das man ohne Risiko weiterempfehlen konnte. Da Wolff kein sonderlicher Freund der Freskomalerei war, wird sich Bergmüller in München auch bei anderen Malern umgesehen haben. Sonst wäre es kaum möglich gewesen, daß er nach dem Ende seiner Lehrzeit sich sofort als Barockfreskant verdingen konnte.

Damals suchte im fernen Düsseldorf der Kurfürst Johann Wilhelm einen Künstler für die Ausmalung der neu erbauten Spitalkirche. Man wies ihn in München auf den jungen Bergmüller hin. Dieser scheint den Auftrag zur vollen Zufriedenheit der Kurfürsten ausgeführt zu haben. Und noch dazu sehr schnell, denn bereits 1709 war er wieder in der Heimat und malte für die Bennokapelle in Türkheim das erste uns bekannte, aber leider nicht erhalten gebliebene Ölgemälde. Sein Vater hat damals den Altar umgebaut und neu gefaßt. Über das Altarbild berichten die Rechnungen der Kapellenverwaltung für das Jahr

17

1709: „Das hierin bedürftige Plättl, die Unbefleckte Empfängnis Mariä, hat sein Sohn gratis verehrt und gemahlen . . ."

Von nun an konnte sich der junge Künstler über Auftragsmangel nicht mehr beklagen. Sein Düsseldorfer Erfolg erleichterte ihm den Start in der Heimat. Bereits 1710 malte er für das Münster in Konstanz ein Altarbild mit der Darstellung des Marientodes. Noch im gleichen Jahr schuf er für die Pfarrkirche in Kreuzpullach bei Schäftlarn den Freskenzyklus vom Leiden Christi und dazu mehrere Altarblätter. Damals muß er der Augsburger Bürgerstochter Maria Barbara Kreizerer, die schon drei Jahre darauf seine Frau wurde, zum ersten Male begegnet sein. Sie dürfte ihn auf den Gedanken gebracht haben, sich in Augsburg als Maler niederzulassen. Vorher jedoch reiste Bergmüller 1711 für längere Zeit in die Niederlande und erhielt dazu aus der Münchner Hofkasse 50 Gulden Zuschuß, „damit er sich mehreres perfektionieren könne", wie es in den Münchner Quartalbüchern heißt. Man wird diese Reise als Bergmüllers Versuch werten müssen, vor der Familiengründung seine bisher in erster Linie von der italienischen Malerei beeinflußte Kunst am Schaffen der niederländischen Meister zu messen.

Im Dezember 1712 war Bergmüller wieder in Augsburg und betrieb nunmehr zielstrebig sein Seßhaftwerden, wozu das Bürger- und das Meisterrecht in der freien Reichsstadt die Voraussetzung war. Am 17. Dezember richtete er ein dementsprechendes Gesuch an den Augsburger Stadtrat: „. . . Demnach hat ledts benandter die Mahlers Kunst bey Herrn Andrea Wolff vornehmen Mahler und Künstler in München lauth beykommenden original Lehrbriefes ordentlich erlernet und meiner Kunst verschiedene specimina gegeben, durch dieselben große renome und bey Ihro churfürstliche Durchlaucht zu Pfaltz und Düsseldorf mit sonderbares Lob vermög Attestati gemachet, nunmehr aber entschlossen bin, mich mit einer ehrlichen Bürgerstochter allhier zu verehelichen, das Bürgerrecht zu erheyrathen und mit obrigkeitlicher genemhaltung meine Kunst allda zu prosequieren . . ."

Der Name Bergmüller muß in Augsburg bereits einen guten Klang gehabt haben, denn die reichsstädtische Bürokratie reagierte mit einem für damalige Verhältnisse fast unglaublichen Tempo. Bereits am 5. Januar entschied der Rat der Stadt, das Gesuch anzunehmen. Am 16. Januar 1713 wurde der erst fünfundzwanzigjährige Bergmüller in die Augsburger Künstler-

schaft aufgenommen, und einen Tag darauf erhielt er auch den städtischen Heiratskonsens. Seine Ehe mit der Gantnerstochter Maria Barbara Kreizerer scheint mehr eine Liebesheirat als eine Versorgungsehe gewesen zu sein. Dementsprechend gut harmonierten die beiden 33 Jahre lang bis zum Tod der Ehefrau, wie die Zeitgenossen zu berichten wußten. Es wurden ihnen fünf Kinder geboren, zwei Söhne und drei Töchter. Vier von ihnen gingen ins Kloster. Der Sohn Johann Baptist wählte mit Erfolg den Beruf seines Vaters, widmete sich jedoch später hauptsächlich verlegerischen Arbeiten, vor allem als Kunstverleger.

Schon seine Entdeckung für die Kunst durch Herzog Maximilian Philipp hatte Bergmüller mehr oder weniger dem Zufall zu verdanken. Seine rasche Aufnahme in Augsburg und seine große Bedeutung für das Augsburger Kunstleben in den folgenden Jahrzehnten mußte er, neben seinem beachtlichen Fleiß und Können, ebenfalls einem für ihn glücklichen Umstand zuschreiben: Bergmüller kam dorthin, als die Augsburger Kunst nach einem vom Generationswechsel herbeigeführten Niedergang sich eben wieder zu erholen begann und dringend neue Talente brauchte.

Die größte Glanzzeit der Barockmalerei hatte in der freien Reichsstadt mit dem 1674 erfolgten Wegzug Joachim von Sandrarts nach Nürnberg und mit dem Tod Johann Heinrich Schönfelds im Jahre 1683 geendet. Bereits 1670 war Johann Spillenberger nach Wien gegangen, und Joseph Werner der Jüngere übersiedelte 1682 nach Bern, um dort eine private Kunstakademie zu gründen. Hans Ulrich Franck, der realistische Schilderer des Dreißigjährigen Krieges, war 1675 gestorben und Franz Friedrich Franck 1687. Zu Beginn des neuen Jahrhunderts folgte ein weiterer Aderlaß: 1704 starben der Historienmaler Johann Heiß und der Porträtist Johann Ulrich Mayr, 1705 der erst achtundzwanzigjährige Historienmaler Isaak Fisches und ein Jahr darauf sein gleichnamiger Vater.

Die um 1670 von Sandrart gegründete Kunstakademie konnte sich bei dieser Sachlage zuerst nicht richtig entwickeln und mußte 1703 während des Spanischen Erbfolgekrieges geschlossen werden. Erst 1710, also kurz vor der Niederlassung Bergmüllers in Augsburg, wurde die Kunstakademie wiederbegründet, und zwar nun als eine paritätische städtische Institution, mit einem katholischen und einem evangelischen Direktor.

Bergmüller entfaltete in Augsburg von Anfang an eine rege Tätigkeit. Bereits 1712 hatte er für die Stadtpfarrkirche St. Jakob in Straubing ein Altarbild mit der Enthauptung der heiligen Katharina gemalt, das mit dem Vermerk „Johann Bergmiller pinxit Augusta Vindelicorum 1712" signiert ist. Aus dem Jahre 1713 sind Altargemälde von seiner Hand in Mering, Landshut und Buxheim bekannt. Von da an bricht die wissenschaftlich gesicherte Werkreihe bis zu Bergmüllers Lebensende nicht mehr ab. Allein aus den ersten zehn Jahren seiner Tätigkeit in Augsburg sind gut zwei Dutzend zeitlich fixierbare Ölbilder erhalten. Dazu kommt eine ganze Reihe Wand- und Deckenfresken in Eichstätt und Augsburg. Trotzdem scheint sich Bergmüller in seinen ersten Augsburger Jahren als ein noch Lernender betrachtet zu haben. Er muß bereits vor seiner Heirat Schüler der Augsburger Malerakademie geworden sein, der er noch 1715 einen Gulden Mitgliedsbeitrag bezahlt hat. Dann jedoch fühlte er seine Kenntnisse und Fähigkeiten so sehr wachsen, daß er selbst zum Lehrenden wurde.

Auf Bergmüllers später so glänzend bewährte Lehrbefähigung weist bereits das 1723 entstandene theoretische Werk des vielseitigen Künstlers hin. Es ist ein mit Kupferstichen illustriertes Lehrbuch über die menschlichen Proportionen mit dem langatmigen Titel: ‚*Anthropometria . . . Oder: Statur des Menschen, von der Geburt an nach seinem Wachstum und verschiedenen Alter nach den Regeln der Proportion accurat abgezeichnet und allen Liebhabern dieser Edlen Wissenschafften zu höchst nützlichem Gebrauch an Tag gegeben und in Verlag genommen von Johann Georg Bergmüller, Historien-Mahler in Augsburg. Mit Ihre Römischer Kayserlicher Majestät allergnädigst ertheiltem Privilegio. Augspurg, gedruckt und auch zu finden bey Johann Jacob Lotter 1723.*' Wie rasch sich Bergmüller in die Spitzengruppe der schwäbischen Kirchenmaler vorgearbeitet hat, läßt sich besonders gut aus einem Tagebucheintrag des Abtes Rupert Neß von Ottobeuren entnehmen, der 1726 den Satz notierte: „Weil Herr Bergmüller unter die Künstler jetziger Zeit gerechnet wird, so habe auch von seiner Hand etwas machen lassen . . ." Damals entstanden die heute noch im Kreuzgang der Abtei Ottobeuren hängenden beiden Bilder vom Einzug König Davids und vom Einzug Christi in Jerusalem. Bergmüller wußte recht gut, was er wert war. Während alle anderen Gemälde des Kreuzganges für jeweils 25 Gulden erworben werden konnten, verlangte er für seine beiden Bilder den damals recht

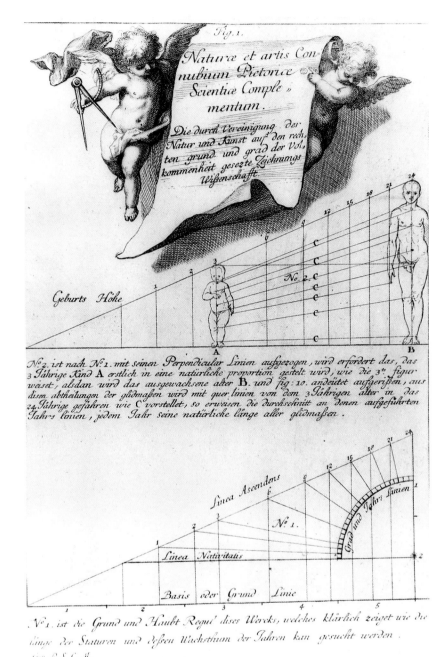

Anthropometria. Kupferstich von Johann Georg Bergmüller, 1723

hohen Preis von 175 Gulden. Vielleicht hängt diese Forderung auch damit zusammen, daß Bergmüller nicht mit Bildaufträgen überschwemmt werden wollte. Sein Interesse galt schon damals weniger der Ölmalerei als dem Fresko, einer Maltechnik, die seiner Begabung besonders entgegenkam und in der er auch seine besten Leistungen vollbracht hat.

Zur Zeit der Ottobeurer Bildaufträge arbeitete Bergmüller gerade an den Deckenfresken in der Abteikirche von Ochsenhausen. Außerdem schuf er in diesen und den folgenden Jahren Fresken für mehrere Augsburger Kirchen und für den Bibliothekssaal von Kloster Banz.

Wenige Jahre eifrigen Schaffens genügten dem Schreinerssohn aus Türkheim, um sich in der Augsburger Stadthierarchie einen angesehenen Platz zu sichern. Bereits 1721 war ihm der ehrenvolle Auftrag zuteil geworden, die Marienkapelle im Augsburger Dom auszumalen. 1722 folgte ein weiterer Freskoauftrag im bischöflichen Ordinariat, und 1723 wurde der katholische Künstler, trotz der damals noch ziemlich starren konfessionellen Trennung unter den Bürgern, mit der Ausmalung der evangelischen Barfüßerkirche betraut. Weitere Wand- und Deckenbilder folgten in der Dominikanerkirche und in der Katharinenkirche, in Heilig Kreuz und in der Klosterkirche Maria Stern. Im Jahre 1727 erwarb Bergmüller vom Maler Jonas Umbach ein Haus in der Jesuitengasse und schuf sich damit einen standesgemäßen Wohnsitz, dessen Fassade er mit Malereien schmückte.

Als 1730 Johann Rieger, der erste katholische Direktor der Augsburger Malerakademie, starb, wußte man unter den einheimischen Künstlern als Nachfolger keinen besseren und würdigeren als Bergmüller. Dieser hatte sich von der Malweise seines Lehrers Wolff schon ziemlich weit entfernt und dem eleganteren, wenn oft auch oberflächlichen Rokoko angeschlossen.

Mit Bergmüllers Berufung zum Akademiedirektor begann der wichtigste und in seiner Nachwirkung bedeutungsvollste Abschnitt seines Lebens. Mag man ihn als Künstler noch so hoch einschätzen — es besteht doch kein Zweifel darüber, daß seine eigentliche Bedeutung für die Augsburger und für die schwäbisch-altbayerische Rokokokunst in seiner besonderen Fähigkeit lag, einen großen und talentierten Schülerkreis um sich zu sammeln. Bergmüller führte die durchschnittlichen Talente bis an die Grenze ihrer Leistungsfähigkeit und lenkte die Spitzenkönner in die richtigen Bahnen. Mit Recht spricht man deshalb von einer eigenen ‚Bergmüller-Schule'. Ebenso muß man ihm das Hauptverdienst daran zuschreiben, daß in Augsburg fast das ganze 18. Jahrhundert hindurch ein künstlerisches Niveau herrschte wie in kaum einer anderen deutschen Stadt.

Der ausgezeichnete Ruf Bergmüllers als Künstler und als Lehrer lockte die jungen Talente aus allen Himmelsrichtungen an. Von mindestens zwei Dutzend mehr oder weniger bedeutenden Malern des 18. Jahrhunderts wissen wir, daß sie entweder im engeren Schülerkreis der Bergmüller-Werkstatt ausgebildet oder zumindest von Bergmüller an der Malerakademie unterrichtet worden sind. Natürlich kamen die meisten seiner Schüler aus Schwaben, zum Beispiel Franz Martin Kuen, Johann Zick, Joseph Anton Huber und Johann Anwander. Doch Christian Thomas Wink stammte aus Eichstätt, Johann Wolfgang Baumgartner aus Kufstein, Gottfried Bernhard Götz aus Mähren und Johann Evangelist Holzer aus Südtirol, um hier nur einige zu nennen.

Johann Evangelist Holzer, Selbstbildnis des Künstlers, 1736

Unter allen Bergmüller-Schülern ragt Johann Evangelist Holzer weit hervor. Er hat als einziger von ihnen seinen Meister übertroffen, obwohl ihm für ein eigenständiges Schaffen nur einige Jahre vergönnt waren. So hart, wie das Schicksal mit ihm umgegangen ist, so schlimm hat die unverständige Nachwelt seinem Werk mitgespielt. Deshalb fällt es heute schwer, Holzers frühreifes Genie in seinem ganzen Umfang zu beurteilen. Doch die wenigen erhalten gebliebenen Zeugnisse seiner Künstlerschaft reden eine so deutliche Sprache, daß man die Begeisterung verstehen kann, mit der die Zeitgenossen von diesem wohl größten Malertalent des Rokoko geschwärmt haben.

Johann Evangelist Holzer, Entwurf zum Deckenfresko der Benediktinerklosterkirche Münsterschwarzach, 1737

Man nannte ihn den „teutschen Raffael", und der Wiener Hofmaler Martin Knoller urteilte bewundernd: „Holzer war zweifellos der erste unter den Frescomalern Teutschlands."

Auch dem Ausland war Holzers Name ein Begriff. Der italienische Kunstschriftsteller Carlo Bianconi, zu seiner Zeit eine
europäische Autorität in allen Fragen der Kunst, schrieb 1771
in einem Brief an den Marchese Ercolani über die Augsburger
Fassadenmalerei: „Beobachten sie insonderheit die von Hol-
zern, einem Maler, der vor 30 Jahren in seiner Jugend gestorben ist, und der damals schon Wunder that . . ."

Er war ein echtes Naturtalent, dieser Holzer, um den die

Überlieferung ein Netz von Bohémien-Legenden gewoben hat,
die seiner Persönlichkeit kaum gerecht werden. Er wurde am
24. Dezember 1709 in Burgeis bei Mals im oberen Etschtal als
Sohn eines Müllers geboren. Zusammen mit seinem Bruder
Lucius kam er in die Klosterschule der nahen Benediktinerabtei Marienberg und sollte Priester werden. Doch der junge Holzer hatte sich in den Kopf gesetzt, den großen Malern nachzuei-
fern. Er zeigte auch so bedeutendes Talent, daß ihn schließlich
sein Vater, auf die Fürsprache des Abtes von Marienberg, mit
15 Jahren zum Maler Nikolaus Auer nach St. Martin im Passei-
er Tal in die Lehre gab.

Auer war nach der Überlieferung Bergmüllers erster Schüler, er kehrte jedoch bereits 1719 in seine Südtiroler Heimat zurück. Als vielbeschäftigter Lokalmeister erwarb er sich bald hohes Ansehen, kam jedoch nie über den Rang eines guten Kunsthandwerkers hinaus. Jedenfalls erhielt Holzer von ihm drei Jahre lang eine gediegene Grundausbildung, die seinem großen Talent die ersten Entfaltungsmöglichkeiten erschloß. Am Ende seiner Lehrzeit hat Holzer für die Abteikirche Marienberg sein erstes uns bekanntes Bild gemalt, eine Darstellung des heiligen Joseph als Patron der Kranken und Sterbenden. Dieses Altarbild, noch deutlich vom Stil Auers abhängig, auch in der Komposition wie in der Farbgebung noch mit manchen Mängeln behaftet, stellt dennoch für einen Achtzehnjährigen eine beachtliche Talentprobe dar.

Bald darauf hat Holzer seinen Lehrmeister verlassen; er wanderte über die Alpen nach Bayern. Warum er nicht zuerst nach Augsburg zu Auers Lehrer Bergmüller ging, sondern gleich bis hinauf an die Donau zum Straubinger Maler Joseph Anton Merz, ist uns nicht genau bekannt. Angeblich war Merz mit seinem Bruder Andreas 1728 bei der Ausmalung der Abteikirche Oberaltaich in Streit geraten und brauchte dringend einen tüchtigen Gesellen. Auch Merz war kein überragender Könner, jedoch immerhin eine Klasse besser als Auer. Vor allem verstand er sich auf die Freskotechnik, die Holzer in ihren Grundzügen bei ihm gelernt haben dürfte. Wie die großen Deckenbilder in Oberaltaich beweisen, war Merz ein Maler voller Erfindungsgabe und Kompositionsgeschick, der jedoch noch im 17. Jahrhundert wurzelte und weder Raumillusionen noch Pozzos Art meisterte, noch mit den Gesetzen der Untersicht zurechtkam.

Als in den Gewölben von Oberaltaich der letzte Pinselstrich getan war, machte sich Holzer erneut auf die Wanderschaft. Merz hatte für ihn nicht genügend Beschäftigung, und außerdem wird Holzer gespürt haben, daß der Straubinger Lokalmeister ihm nicht mehr als das Handwerk geben konnte. So kam er 1730 „jung, arm, mit zerrissenen Kleidern und wirren Haaren", wie es Andreas Felix von Oefele 1740 in seinen Manuskript gebliebenen Kunstnotizen beschrieben hat, nach Augsburg. Dort wurde er bald mit Bergmüller bekannt, der erst kurz zuvor Direktor der Malerakademie geworden war. Holzers Leistungen scheinen den arrivierten Meister sehr beeindruckt zu haben, denn Bergmüllers Biograph Georg Christoph Kilian berichtet, er habe den Südtiroler Malergesellen „nicht als Scholar, sondern vielmehr als Compagnon" in sein Haus aufgenommen.

Bei Bergmüller vervollkommnete Holzer seine kompositorischen und perspektivischen Kenntnisse; hier kam er wohl zum erstenmal auch mit den graphischen Techniken in nähere Berührung. Darauf deutet jedenfalls der erste uns bekannte, noch ungelenke Kupferstich Holzers, ein Ex libris mit dem Wappen Bergmüllers, hin. Interessant an diesem Stich ist vor allem die französische Inschrift, die Bergmüller als Augsburger Patrizier vorstellt: „Jean George Bergmiller Directeur de L'Academie des Peintres et Capitain de La Ville."

Ex libris für Johann Georg Bergmüller

Die engste Zusammenarbeit zwischen Bergmüller und Holzer ist für die Fassadenmalerei bezeugt, die ja Bergmüller nach langer Stagnation in Augsburg wiederbelebt hat. Der Unverstand des 19. Jahrhunderts und die Bombenzerstörungen des letzten Krieges haben von diesen Fassadenmalereien so gut wie nichts übrig gelassen, so daß heute in vielen Fällen nicht mehr geklärt werden kann, welchen Anteil der Meister und welchen sein Schüler daran hatte. Glücklicherweise ist aber eine ganze Reihe von Originalentwürfen Holzers erhalten geblieben. Außerdem hat Johann Esaias Nilson nach Holzers Tod eine Kupferstichfolge mit Nachbildungen seiner wichtigsten Fassadenmalereien geschaffen. Daraus kann man schließen, daß Holzer auf diesem Gebiet zuerst einen eigenen und für den so traditionellen Augsburger Häuserschmuck neuen Stil gefunden hat. Während Bergmüller in die repräsentative Architekturmalerei nur ganz sparsam figürliche Darstellungen einfügte, griff Holzer immer mehr zu großflächigen allegorischen und religiösen

Johann Evangelist Holzer, Bauerntanz. Entwurf für eine Fassadenmalerei, 1738

Szenen, in denen sich seine späteren Leistungen als Freskomaler aus dem Geiste des Rokoko mit seltener Frische ankündigten.

Zwischen 1731 und 1737 entstanden neben einer Reihe von Altarbildern die Fassadenmalereien für den Gasthof ,Drei Kronen', mit einer Pietà und einem allegorischen Göttergastmahl, für das sogenannte ,Meißnerische Handelshaus' und für den Gasthof ,Zur goldenen Traube' mit Szenen aus dem Alten Testament. Es ist bezeichnend für Holzers Schwanken zwischen religiöser Inbrunst und einer ausgeprägten Freude am Lebensgenuß, daß er an die Wand des Drei-Kronen-Gasthofs die Beweinung Christi durch Maria und darunter ein üppiges Göttergelage gemalt hat. Die Überlieferung berichtet, daß Holzer 1731 wieder in das Kloster Marienberg eintreten wollte, um Priester zu werden wie sein Bruder Joseph Lucius, dort jedoch aus unbekannten Gründen nicht aufgenommen wurde. Vielleicht ist damals in seiner Südtiroler Heimat Holzers einziges Selbstporträt entstanden, das jetzt im Innsbrucker Ferdinandeum hängt. Es zeigt einen jungen Mann mit einem vollen, fleischigen Gesicht, kühlem, alles durchdringenden Blick und einem skeptisch-melancholischen Zug um die Mundwinkel.

Aber schon im Jahre 1736 schmückte der junge Südtiroler das Haus des Stechers und Kunstverlegers Johann Andreas Pfeffel mit Fresken von solcher Meisterschaft, daß ein Zeitge-

Dießen am Ammersee, Hochaltar
der ehem. Augustinerchorherren-
Stiftskirche St. Maria von François
Cuvillés d. Ä., um 1738

nosse darüber urteilte, ihnen sei „vor allen seinen übrigen Gemählden, die er in Augspurg gemacht, der Preiss zuzugestehen." Am Pfeffelschen Haus hatte Holzer die Sage von Castor und Pollux mit einer Allegorie auf den Sieg der Kunst kombiniert. Diese Malereien standen mit dem Ausscheiden Holzers aus der Werkstatt seines väterlichen Freundes Bergmüller in einem engen Zusammenhang. Weil er noch nicht das Meisterrecht hatte, schloß er sich Pfeffel an, denn in Augsburg durfte nur seine Kunst ausüben, wer entweder Bürgerrecht und Meisterwürde besaß oder aber sich unter die Protektion eines Meisters begab. Weshalb Holzer Bergmüller verließ, ist nicht bekannt. Vermutlich wollte er allmählich selbständig werden, während er bis dahin seinem Lehrer unter anderem bei den Fresken in der Dießener Stiftskirche geholfen hatte. Dazu kam wohl noch ein sehr privater Grund: Bergmüller hätte es gerne gesehen, wenn Holzer eine seiner Töchter geheiratet hätte. Doch dieser konnte sich dazu nicht entschließen und verlobte sich später, 1739, mit der Wirtstochter Maria Anna Bauhöfinn aus Haunstetten bei Augsburg.

Bergmüllers und Holzers Biograph Kilian hat für die gescheiterten Heiratspläne recht unterschiedliche Begründungen geliefert. Das einemal schrieb er, sie seien „durch einige Bedenklichkeit" bei Bergmüllers Tochter vereitelt worden, das anderemal schob er die Schuld Bergmüllers Frau zu: „Holzer würde auch ohne Zweifel, nach dem Wunsch Herrn Bergmüllers, dessen Eidam geworden sein, wan der künftigen Frau Schwieger, Herrn Holzers Klugheit und starke Einsichten, nach ihren weiblichen Begriffen, nicht zu hoch oder wohl gar anstössig vorkommen wären . . ."

Wie auch immer die Heiratsaffäre sich abgespielt hat: Sie konnte das gute Einvernehmen zwischen dem Akademiedirektor und seinem ehemaligen Compagnon nicht beeinträchtigen. Bergmüller verschaffte Holzer sogar kurz nach ihrer Trennung einen Auftrag für die Stiftskirche von Dießen, nämlich ein Altarbild mit der Darstellung des Engelsturzes. Auch für die folgenden Jahre ist ihr freundschaftlicher Kontakt dokumentarisch gesichert.

Mit der Trennung von Bergmüller hatte Holzer seine Lernjahre endgültig abgeschlossen und war bald auch ohne Meisterrecht ein Künstler, der mehr Aufträge erhielt, als er ausführen konnte. Bereits im Frühjahr 1737 erteilte der Eichstätter Fürstbischof Johann Anton von Freiberg dem erst siebenundzwan-

Krippe anstelle des Hochaltarblatts in der ehem. Augustinerchorherren-Stiftskirche in Dießen, um 1738

zigjährigen Holzer den Auftrag, seiner neuerbauten Sommerresidenz mit einem großen Fresko im Festsaal den repräsentativen Mittelpunkt zu geben. Der Frühling war sein Thema, wie es sich für einen so anmutig zum Hofgarten gelegenen Saal geziemt, der höfischen Glanz atmen und doch ohne übertriebenen Pomp auskommen soll. Man spürt wohl bei diesem Fresko (dessen Erscheinung gelitten hat) noch Holzers Herkunft von Bergmüller. Es ist auf einen höfisch-dezenten Ton abgestimmt und nicht ganz frei von akademischer Haltung. Und doch wuchs Holzer durch die Anmut und Klarheit der Komposition über seinen Lehrmeister hinaus. Die Kunstwissenschaft bescheinigt ihm heute, daß er damals – vor Asam, Tiepolo und allen anderen – das erste stilreine Rokoko-Deckenbild Süd-

Johann Evangelist Holzer, Hochaltarbild der Jesuitenkirche in Eichstätt, 1738/39

Holzer hat dieses in den Farben und in den Lichtabstufungen fein ausgewogene Fresko in einem Zuge innerhalb weniger Wochen geschaffen. In Eichstätt war man davon so begeistert, daß der Fürstbischof den jungen Künstler zu seinem Hofmaler ernannte und ihn ein Jahr später damit beauftragte, für die Schutzengelkirche der Jesuiten das Hochaltarbild — eine erneute Schilderung des Engelsturzes, doch größer als in Dießen — zu malen. Da in der gleichen Kirche auch einige Gemälde Bergmüllers zu finden sind, bietet Eichstätt die seltene Gelegenheit, das Werk von Meister und Schüler mit einem Blick gegeneinander abzuwägen.

Mit dem Eichstätter Fresko hat Johann Holzer seinen Anspruch angemeldet, in allen Bereichen der Malerei Großes zu leisten. Sein Freund Bergmüller hat sich bis ans Lebensende damit begnügt, neben seiner akademischen Lehrtätigkeit fast nur die religiöse Malerei zu pflegen. Holzer versuchte sich in Eichstätt erstmals am höfischen Kunststil und brachte es 1738 sogar fertig, gleichzeitig der Welt und der Kirche sein Talent anzubieten. Schon 1737 war ihm der ehrenvolle Auftrag zuteil geworden, Balthasar Neumanns eben im Rohbau fertig gewordene Abteikirche von Münsterschwarzach auszumalen. Es war der umfangreichste Auftrag seines Lebens, dessen Ausführung sich bis 1740 und damit bis wenige Wochen vor seinem plötzlichen Tod hinzog.

Man kann es als ein erneutes Beispiel für das schon vorher erwähnte Spannungsverhältnis zwischen tiefer Frömmigkeit und lebenslustiger Weltbejahung in Holzers Leben werten, daß er fast gleichzeitig an seinen Entwürfen für den Benediktinerhimmel von Münsterschwarzach und für seine burschikosen Bauerntanz-Szenen an einem Augsburger Gasthaus gearbeitet hat. Holzer schuf diese innerhalb des süddeutschen Rokokofreskos einzigartige Fassadenmalerei im Jahre 1738, bevor er im Sommer auf das Malergerüst in Münsterschwarzach zurückkehrte. Wie alle seine Fassadenbilder ist auch dieses für das ‚Gasthaus zum Bauerntanz‘ dem Wetter und menschlicher Unzulänglichkeit zum Opfer gefallen. Aber wir besitzen davon einen kolorierten Originalentwurf, der allein schon genügt, die Begeisterung und Hochachtung zu verstehen, mit der Holzers Zeitgenossen diese geniale Darstellung des Volkslebens aufgenommen haben. Noch Jahrzehnte später war davon Bianconi hellauf begeistert; er schrieb in einem Brief:

„An einem Gasthause hat Holzer in frischem Kalk einen

deutschlands geschaffen hat: Mit dem einfachen Kunstgriff einer niederen Balustrade reißt er gleichsam die Decke des Saales auf und holt den Himmel zu ihm herunter. Apoll beginnt auf dem Sonnenwagen seine Fahrt über das Himmelsgewölbe. Phosphorus vertreibt mit seiner Fackel die Nacht- und Wintergeister; die Gestalt der Nacht wagt noch einen Blick auf die Blumen streuende Frühlingsgöttin, bevor sie sich zum Schlummer in ihren weiten blauen Mantel hüllt. Auf der Erde aber freuen sich die Menschen über ihre Erlösung aus Schnee, Eis und Kälte, über das Licht und das reiche Blühen in der Natur.

Bauerntanz in natürlicher Größe geschildert, welcher zeigt, wie sinnreich dieser Künstler in Erfindung gewesen, und was für ein Talent er besessen. Ich glaube nicht, daß die menschliche Einbildungskraft die schöne Natur eindringlicher schildern könne. Hier sind einige tanzende Bäuerinnnen schwäbisch gekleidet, und Sie sehen sie, mit den Füßen in der Luft, deutsche Capriolen machen; so, daß sie lebendig von der Mauer abgesondert zu seyn scheinen. Es tanzen mit ihnen einige Jünglinge, die in ihren Gesichtern die Freude ihres Gemühtes . . . ausdrücken . . . Der Graf, Franz Algarotti, welcher gewiß die schönen Künste zu schätzen wußte, konnte sich eines Tages nicht satt daran sehen, als wir es miteinander betrachteten . . .''

Bianconi hatten es offensichtlich die Tänzer angetan, die aber nur einen Teil der Holzerschen Darstellung ausmachten. Neben ihnen reihen sich auf der farbigen Entwurfszeichnung pausbäckige Musikanten, ein Tisch mit ausgelassenen Zechern und schließlich die Magd am offenen Feuer, die ihnen am Bratspieß ein Huhn und darüber im Kochtopf eine kräftige Suppe zubereitet, aneinander, alles in praller aber nie derber Schilderung.

Dieses aus dem Leben geschöpfte Wirtshausbild scheint gleichsam die Vorübung gewesen zu sein für eine religiöse Malerei, die trotz aller frommen Zurückhaltung den gleichen Geist atmet und die Menschen in gleicher Realistik darstellt. Weil Holzers Freskenzyklus in Münsterschwarzach mit Neumanns großartigem Bauwerk als Spätfolge der Säkularisation durch seinen Abbruch zwischen 1821 und 1827 vernichtet wurde, erweist allein das Fresko in der Wallfahrtskirche Sankt Anton, die sich am Berghang über Partenkirchen zwischen die Bäume hineinschmiegt, seine geniale Begabung als Kirchenmaler. Es gibt kein Kirchenfresko, das man damit vergleichen könnte! Hier hat Holzer den Weg zum stilistisch und thematisch eigenständigen deutschen Rokokofresko gewiesen, den nach ihm leider niemand weitergegangen ist.

Wie in volkstümlichen Bilderbogen oder auf Votivtafeln werden im unteren Rund des großen Kuppelfreskos die Wundertaten des heiligen Antonius in realistischen Einzelszenen, die eine sparsame Architekturmalerei zur Einheit zusammenfaßt, geschildert. Vor der Wunderkraft des Heiligen fliehen der Tod und der böse Geist. Der schon hoffnungslos gewordene Bettler und der todkranke Aussätzige richten sich wieder auf. Geheilte Kranke halten ihre Krücken zum Heiligen empor, der über ihnen von Engeln auf einer Wolke zum Himmel, dem Jesuskind

Johann Evangelist Holzer, Kuppelfresko in Sankt Anton, in Partenkirchen, 1739

entgegen, getragen wird und von dort mit verzückt erhobenen Händen gleichsam das Heil auf die Erde herabzieht.

Zwischen der höfischen Allegorie von Eichstätt und den eben beschriebenen volkstümlichen Darstellungen ist Holzers größtes und vermutlich auch bestes Werk entstanden – die sieben Deckenfresken von Münsterschwarzach. Wir können uns davon nur noch anhand der zeitgenössischen Schilderungen und zweier ziemlich detailliert ausgeführter Ölentwürfe ein Bild machen. Holzer hatte unter anderem den Auftrag erhalten, den hohen Kuppelraum mit den Bildnissen aller Heiligen des Benediktinerordens zu schmücken, eine Aufgabe, die nicht nur wirkungsvolle Details und eine geschickte Gruppierung erforderte, sondern ebenso eine harmonische Gesamtkomposition. Daß Holzer diese Aufgabe beispielhaft gelöst hat, bestätigen alle, die sein Werk vor der Zerstörung gesehen haben. Und daß er damit seiner Zeit weit voraus war, dafür gibt es keinen besseren Beweis als das Kuppelfresko der Klosterkirche von Rott am Inn. Dort hat der jedenfalls sehr begabte Matthäus Günther drei Jahrzehnte später ganze Figurengruppen und zahlreiche Kompositionselemente aus Holzers Entwurf für Münsterschwarzach mit nur geringen Änderungen kopiert.

Johann Holzer war mit seiner Arbeit in Münsterschwarzach gerade fertig geworden, als ihn Kurfürst Clemens August zu sich rief, damit er die Hofkapelle seines neuen, zwischen Osnabrück und Oldenburg gelegenen Jagdschlosses Clemenswerth ausmale. Holzer scheint damals, worauf eine Ölskizze im Germanischen Nationalmuseum in Nürnberg hindeutet, über Freskoaufträge für die Würzburger Residenz verhandelt zu haben. Damit er nicht in Würzburg festgehalten werden konnte, schickte der Wittelsbacher Prinz seinen Hofarchitekten Schlaun eigens nach Münsterschwarzach, um Holzer dort abzuholen. Die Reise verlief ohne Zwischenfall bis Bonn, wo Holzer vom Kurfürsten empfangen wurde. Auf dem weiteren Weg über Münster nach Clemenswerth erkrankte Holzer an heftigen Unterleibsschmerzen und hohem Fieber. Statt des Malergerüstes erwartete ihn in Clemenswerth das Totenbett. Er starb dort am 21. Juli 1740 so plötzlich, daß er nicht einmal mehr sein Testament machen konnte.

Wegen der überstürzten Abreise hatte Holzer in Augsburg das Hochaltarbild für Münsterschwarzach unvollendet zurückgelassen. Es zu vollenden wußte man keinen Würdigeren als Bergmüller. Der Lehrer trat das Erbe seines eigenen Schülers an, wie Georg Christoph Kilian in seinem biographischen Werk berichtet: „Holzer hinterließ das Hochaltar-Blatt, auch nach Closter Schwartzach gehörig, so S. Felicitas mit ihren sieben Söhnen in der Marter vorstellet, untermahlt, und sein gewester Patron und Freund Herr Bergmiller mußte es ausmahlen, doch von der Scitze Herrn Holzers in etwas abweichen. Aber wie wunderte er sich, da er dieses aufzurichten selbst nach Schwartzach reiste, als er Holzers Geist an dem Kirchen-Himmel sahe, behielte auch große Estime vor ihn, so lang er lebte . . ."

28

Johann Georg Bergmüller, Allegorie auf den Planeten Venus, Kupferstich

Die Reise nach Münsterschwarzach brachte Bergmüller gleich drei neue Bildaufträge ein, die er zwischen 1742 und 1744 in seinem Augsburger Atelier ausführte. Sein Briefwechsel über diesen Auftrag mit Abt Christoph Balbus blieb erhalten. Er ist ein Meisterstück der rechten Mischung zwischen künstlerischem Selbstbewußtsein und dem damals üblichen devoten Ton gegenüber hochgestellten Personen: „Eur Hochwirden und genaden etc. werden an überschikten gemählden ein gnediges Belieben tragen, in demme ich weiss, daß ich das Meinige gewis darbey gedan habe. Und wirdt es auch ein jeder Kunstverständige nicht anderst sagen verdient haben. Verhoffe demnach Eur Hochwirden und genaden etc. werden es auch gnedigst auff und annehmen, in welcher Zuversicht lebet mich dann in tiefster underthenigkeit gehorsambst empfehle . . .“

Bergmüller wußte auch sonst recht geschickt mit der Schreibfeder umzugehen. Er hat sich sogar in seinem zweiten theoretischen Buch, das geometrische Probleme behandelt, an Versen versucht. Das mit 24 Kupferstichen nach Zeichnungen Bergmüllers illustrierte Werk erschien 1752 unter dem barock-umständlichen Titel: *Geometrischer Masstab der wesentlichen Abtheilungen und Verhältnisse der Säulenordnungen, aus dem Quadrat der Dorischen Säulen-Ordnung für alle übrigen Ordnungen nach Pytagorischer Lehrart hergeleitet und zu einer unveränderlichen und aus den inneren Gründen hergenommenen Richtschnur aller Maase, Theile und Verhältnissen der Stärke jeder Ordnung auf eine sehr leichte Weise angewendet, gezeichnet und herausgegeben von Johann Georg Bergmüller, Hochfürstlich Augspurgischen Cabinet- und Hofmalern, auch der Augspurgischen Kunst-Academie Directorn. Im Verlage zu finden bey dem Verfasser.* Der Vorbericht des Buches schließt mit folgendem Gedicht, in dem Aufgabe und Inhalt des Lehrbuches poetisch zusammengefaßt sind:

> Was einst Pytagoras hielt Hecatomben wehrt
> Nachdem er es erfand und Euclid gelehrt
> Nach den Verhältnissen Quadrate aufzubauen
> Das dient dem muntern Fleiß, die Gründe einzuschauen.
> Worauf der Griechen Wiz die Baukunst hat gegründt,
> Wie alle Theil in sich genau verbunden sind,
> Nicht eignem Einfall nach, nein, nach Natur und Wesen,
> Magst du die Blätter nur beseh'n, erwegen, lesen
> So find'st du leicht auf einmal
> Der Säulen Theile, Mas und Zahl.

Die beiden Kupferstich-Bücher sind kein Nebenprodukt der Bergmüllerschen Akademietätigkeit, sondern ein chararakteristischer Ausdruck seines etwas nüchtern-pedantischen Wesens und seines Bemühens um eine mathematische Festlegung der künstlerischen Arbeitsvorgänge. Sie weisen mit Nachdruck aber auch darauf hin, daß Bergmüller als Zeichner und Graphiker ein umfang- und ideenreiches Gesamtwerk hinterlassen hat. Wir kennen von ihm über 50 Originalzeichnungen und gut viermal so viel graphische Arbeiten, die von ihm selbst oder nach seinen Entwürfen von anderen geschaffen worden sind. Allein das Sieben-Schwaben-Museum in Türkheim besitzt von Bergmüller einige Zeichnungen und über hundert Graphiken. Die meisten Zeichnungen sind offensichtlich als Entwürfe für Ölgemälde und Fresken oder als Vorlagen für Schülerzeichnungen entstanden. Bergmüller hat sich dabei aller damals üblichen Techniken bedient, von Bleistift- und Rötelzeichnungen bis zu lavierten oder weiß überhöhten Feder- und Pinselzeichnungen auf weißem oder buntem Papier, mit schwarzer, brauner, grauer oder blauer Tusche.

Der Akademiedirektor war bis an sein Lebensende ein sehr fruchtbarer Historien- und Altarbildmaler. Wir besitzen von ihm über hundert Ölbilder, darunter Altargemälde beispielsweise in Salzburg, Ehingen, Biberach, Eichstätt, Aldersbach und Wettenhausen, in der Stiftskirche Zwettl, in Dießen und Dillingen, in der Wieskirche bei Steingaden, in Kremsmünster, Weißenhorn und vor allem in vielen Augsburger Kirchen. Sein Schaffen ging also weit über den Augsburger und den ostschwäbischen Raum hinaus. Das letzte Ölgemälde, darstellend die ‚Vier Monarchien‘, schuf Bergmüller 1762 für das Kloster Heilig Kreuz in Donauwörth. Eine fremde Hand, wahrscheinlich sein Sohn, hat neben Bergmüllers Signatur an den unteren Bildrand die Worte geschrieben: „Sua pictura ultima − sein letztes Gemälde.“

Allein schon die Altarbilder würden ausreichen, um Bergmüller als einen der besten und fleißigsten Künstler des 18. Jahrhunderts in ganz Süddeutschland auszuweisen. Doch begründet und über Jahrzehnte hin erhalten hat sich der Meister seinen künstlerischen Ruf vor allem als Freskomaler. Seit seinen frühen Werken in Ochsenhausen, Eichstätt, Banz und Augsburg wurde er mit Aufträgen geradezu überschüttet. Von seiner Hand sind mindestens drei Dutzend größere Fresken bekannt, zum Beispiel in Fulpmes, Haimhausen, Ummendorf,

Johann Georg Bergmüller, Deckenfresken der ehem. Prämonstratenser-Klosterkirche in Steingaden,
1741 bis 1751

Telfs, Ellingen und Grafrath. Seine bedeutendsten Schöpfungen bergen die Stiftskirche von Dießen am Ammersee und die Klosterkirche in Steingaden.

Die Deckenbilder in Dießen gehören noch in die mittlere Schaffensperiode des Malers. Sie sind zwischen 1732 und 1736 unter Mithilfe Holzers entstanden. Bergmüller hatte den schwierigen Auftrag, die Geschichte des Klosters darzustellen und nicht weniger als 28 Heilige und Selige aus dem Geschlecht der Grafen von Andechs und Dießen in einer himmlischen Glorie zu vereinen. Das dreigeteilte Hauptfresko im Langhaus fügt in ausgewogener Komposition die Gründung und die päpstliche Bestätigung des Dießener Chorherrnstifts mit einer Episode aus dem Leben der heiligen Mechthildis zusammen, wobei Maria als Himmelskönigin, umgeben von den Kirchenpatronen, die beiden Bildern gemeinsame Mitte ist. Die flacheingezogene Kirchenkuppel schien Bergmüller der rechte Ort zu sein, um in einer bewegten Szenerie gleichsam einen ‚hauseigenen' Heiligenhimmel aufzurichten.

Eine noch schwerere Aufgabe war in Steingaden zu lösen. In Dießen hatte man bei der Planung des Kirchenbaues das Freskoprogramm gleich mitberücksichtigt. In Steingaden dagegen galt es, das ziemlich schmale Langhaus der ursprünglichen Kirche mit Deckenfresken aus dem Leben des heiligen Norbert und aus der Klostergeschichte zu schmücken. Bergmüller hat diese Aufgabe hervorragend gelöst, indem er das Gesamtthema in vier große Einzelbilder aufteilte und jedem Fresko sein eigenes Kolorit gab. Herbert Schindler schreibt darüber in seinem Buch ‚Barockreisen in Schwaben und Altbayern': „Ein jedes Bild ist verschieden angelegt. Bei dem einen bestimmt eine Landschaft, bei dem nächsten ein Interieur, bei wieder einem anderen eine kühn über die ganze Fläche gespannte Rampe den Bildaufbau. Äußerst geschickt ist das jeweilige Geschehen auf der Vorderfläche wie auf einer Bühne zusammengerafft. Im letzten Bild über der Orgelempore erfreut uns eine atmosphärische, frühlingshafte Bildstimmung . . . Hier ist Bergmüller, dem man so leicht eine akademische Trockenheit nachsagt, ein lebendiger Schilderer mit schwäbischer Freude am Schalk . . ."

Die Steingadener Fresken sind zwischen 1741 und 1751 entstanden, als Bergmüller bereits das sechste Lebensjahrzehnt vollendete. Er stand noch rüstig auf den Brettern und malte unermüdlich, bis ihm ein Unglück widerfuhr: Als er 1754 in Augsburg die Hofkapelle der fürstbischöflichen Residenz ausmalte, stürzte er vom Gerüst und wurde durch ein nachrutschendes Brett am Hinterkopf verletzt. Nach diesem Mißgeschick hat er nur noch um 1754/55 die Fresken in der Pfarrkirche von Telfs in Tirol und um 1760 in der Pfarrkirche von Heiligkreuz bei Kempten geschaffen.

Zwei Jahre darauf ist Bergmüller im Alter von 74 Jahren gestorben. Persönlichkeit und Charakter des Künstlers kurz zusammenfassend, berichtete darüber Kilian in seiner Bergmüller-Biographie: „Er war ein recht liebenswürdiger und venerabler Mann, der so wol in seinem Christenthum als auch Lebenswandel so rechtschaffen als klug und ein aufrichtiger Menschenfreund ware . . . Er war außer dem Podagra, damit er alle Jahre beschwehrt, aber außerordentlich gedultig dabey gewesen, von lebhafte und gesunder Leibes-Constitution . . . So vollbrachte er den Lauf seines rühmlich geführten Lebens Anno 1762, den 30. Mart. an einem Schlagfluß . . ."

Damit ging für Augsburg die ‚Ära Bergmüller' zu Ende. Es war kein abrupter Wechsel, sondern ein langsames Hineingleiten in das späte Rokoko, für das der Asam-Schüler Matthäus Günther als der nunmehr in Augsburg führende Künstler in erster Linie zu nennen ist. Günther scheint mit seiner noch ungebrochenen Schaffenskraft und seiner ‚neuen Manier' den alternden Bergmüller etwa seit 1755 allmählich an die Wand gespielt zu haben. Er wurde auch dessen Nachfolger als katholischer Direktor der Augsburger Malerakademie. An Fleiß und Begabung stand er Bergmüller keinesfalls nach. Im nachhinein können wir beiden den gleichen hohen künstlerischen Rang zuerkennen. Matthäus Günther, der auf der Leistung Asams und Bergmüllers bereits aufbauen konnte, erweist sich dabei als der modernere Künstler. Gegenüber ihrer reichen Lebensarbeit blieb der steile Aufstieg Johann Holzers bis zu seinem frühen Ende eine Episode, eine wichtige allerdings: bedeutete sie doch den Einbruch der Genialität in den mehr bürgerlich gearteten Lebensrahmen Altaugsburger Kunstschaffens. Wäre Holzer nicht schon in seiner Jugend gestorben, hätte seine Kunst noch weiter ausreifen und in der Breite sich entfalten können, so würde das Gesamtbild der süddeutschen Rokokomalerei heute vielleicht ganz anders sich darbieten. So aber blieb nach dem unerreichten Wegbereiter Cosmas Damian Asam dem süddeutschen Rokoko der kongeniale Vollender — im Sinne Tiepolos — versagt.

Alois J. Weichslgartner

Eine Malerfamilie des 18. Jahrhunderts

Die Gebhards aus Prüfening

Die Gebhards von Prüfening! Das ist eine der vielen bayerischen Künstlerfamilien des Barock und Rokoko. Eine der interessantesten wohl: der Vater ein bedeutender Tafelmaler, der Sohn Otto ein schwungvoller Freskant und dessen Bruder Andreas, wie später Ottos Sohn Valentin, ein begabter Kunsthandwerker, der sich vor allem auf Dekorarbeiten und auf die Miniaturmalerei verstand.

Draußen in Großprüfening, vor den Toren Regensburgs, steht heute noch ihr Haus: ein stattlicher, zweigeschossiger Barockbau mit einem mächtigen Walmdach. Der kleine Friedhof im nahen Dechbetten birgt die Familiengrabstätte. Man muß schon suchen, um an der Friedhofsmauer die Grabsteine zu finden, die mannshoher Buchsbaum verdeckt. Die Inschriften sind schon stark verwittert, aber immer noch lesbar. Die eine Tafel ist dem Stammvater des Geschlechts und seiner Frau gewidmet: „Hier ruht in Gott Annamaria Gebhartin, gestorben am 27. Novembris 1746, ihres Alters 73 Jahr, hat mit ihre Eheherr Johann Gebhard, Kunstmahler in Prifening christlich gehaust 43 Jahr und acht Kinder ehelich erworben. Dann ruhet hier auch der kunstberühmte Johann Gebhard, Mahler, so in Gott entschlafen den 13. Februaris 1756, seines Jahralters 80. Gott sey ihm gnedig Amen . . .”

Daneben hängt der Gedenkstein für die beiden Künstlerbrüder: „Hier ligt begraben der Edl und Kunstreich Herr Otto Gebhardt, Mahler in Prifling, so in Gott seelig verschieden den 8ten Marzi 1773, seines Alters 73 Jahr. Alda ruht auch der kunstreiche Herr Andere Gebhardt, so gestorben den 14. Februaris 1774, seines Alters 70 Jahr.”

Wir wissen also ziemlich genau Bescheid über den äußeren Lebensablauf und Lebenszuschnitt dieser Künstlerfamilie. Das Hauptverdienst daran hat Hans Wutzlhofer, der im Jahr 1934 über Johann Gebhard seine Doktorarbeit schrieb und darin eine Fülle von Einzelheiten zum Mosaik eines Künstlerlebens in der hohen Barockzeit zusammensetzte. Wutzlhofer hat sein Hauptaugenmerk dem Stammvater Johann gewidmet. Otto

Gebhard ist dabei etwas zu kurz gekommen. Er wird von Wutzlhofer als zweitrangiger Maler geschildert, der ganz im Schatten seines Vaters stand. Die neueren Forschungen widersprechen dieser Wertung. Die Werkstattgemeinschaft von Vater und Sohn war lange Zeit so eng, ihre Stilverwandtschaft so groß, daß es wohl nie gelingen wird, beider Werk ganz voneinander zu trennen. Doch das immer deutlicher sich abzeichnende Spätwerk Otto Gebhards bezeugt, daß er seinem Vater zumindest ebenbürtig war. Viele Werke Ottos sind erst durch die Kirchenrestaurierungen der letzten Jahre wieder als seine Schöpfung erkennbar geworden. Eine ausführliche Würdigung seines Lebens und Schaffens steht noch aus. Sie wird durch einige Lücken in seiner Biographie erschwert, die bisher niemand auszufüllen vermochte. Über Otto Gebhards Vater dagegen sind die schriftlichen Nachrichten recht zahlreich und detailliert, vor allem auch über dessen erste Lebensjahrzehnte.

Wie mancher andere damals in Bayern wirkende Barockmaler kam Johann Gebhard aus Südtirol. Am 1. Juli 1676 wurde er in der ‚Bachleiten‘ nahe Feldthurns als Sohn eines Eisenschmieds geboren. Bereits mit zehn Jahren kam er als Ministrant in das nahe Benediktinerinnenkloster Säben bei Klausen, wo der Nerianerfrater Franz Metz als Mesner wirkte. Dieser stammte aus Braunau am Inn und war ein ausgezeichneter Maler, der bei dem berühmten Carl Loth in Venedig gelernt hatte. In der Klosterchronik von Säben wird berichtet, daß Metz dort sein eigenes Atelier hatte und einen größeren Schülerkreis ausbildete, zu dem acht Jahre lang auch Johann Gebhard gehörte.

Das Kloster Säben war erst 1685 durch Benediktinerinnen der Abtei Nonnberg in Salzburg neu besiedelt worden. Mit ihnen war Franz Metz als Klostermaler und Mesner hierher gekommen. Gleichzeitig fand in Säben der Benediktinerpater Otto Krafft aus dem Kloster Prüfening ein neues Tätigkeitsfeld, der vorher Beichtvater auf dem Nonnberg gewesen war und nun hier in doppelter Eigenschaft als Spiritual und Administrator wirkte. Er muß ein weitschauender und sehr tatkräftiger

Otto Gebhard, Verehrung des hl.
Augustin durch die Weltteile,
Ölskizze

Mann gewesen sein, sonst hätten ihn seine Mitbrüder in Prüfening sicherlich nicht 1693 zum Abt gewählt. Bereits ein Jahr nach seiner Wahl kehrte Abt Krafft zu einem längeren Besuch nach Säben zurück. Offensichtlich lag ihm daran, sich den vor allem als Porträtmaler sehr bedeutenden Franz Metz als Klostermaler für seine Abtei zu sichern, dazu den inzwischen 18 Jahre alt gewordenen Gebhard als vielversprechenden Gehilfen. Es gelang ihm, die beiden für Prüfening zu gewinnen, wie die Säbener Klosterchronik berichtet: ,,. . . Den 7. August seyn Ihro Hochwürden und Gnaden Herr Prälath von Seeben wiederum abgerraist und mit sich schon oben eingefirrten frater Franz und einen Ministrantenknaben Johannes Gebhart, deßen Lehrjung, genomben . . .''

In Prüfening trat Franz Metz als Frater Innozenz in den Benediktinerorden ein, und Johann Gebhard wurde Kammerdiener bei Abt Krafft. Das scheint aber nur eine Pro-Forma-Anstellung gewesen zu sein. Dem kunstbegeisterten Abt lag vielmehr daran, für den Malermönch Innozenz einen fähigen Nachfolger heranbilden zu lassen. Deshalb schickte er Lehrer und Schüler wiederholt auf Kunstreisen, vor allem nach Italien; deshalb auch ermöglichte er Johann Gebhard um 1700 einen längeren Aufenthalt in Nürnberg zum Besuch der dortigen Malerakademie. Schon bald erwies sich seine Vorsorge als sehr nützlich, denn Frater Innozenz erblindete um das Jahr 1704 und scheint allmählich auch etwas wunderlich geworden zu sein. Am 3. Februar 1724 starb er in Prüfening. Gebhard wurde als Klostermaler sein ebenbürtiger Nachfolger, konnte sich aber nicht dazu entschließen, wie dieser ins Kloster einzutreten. Er heiratete nach seiner Rückkehr aus Nürnberg im Jahre 1702 die Haushälterin Maria Anna des Abtes Krafft, eine Stuhlschreiberstochter aus Straubing, und machte sich in Großprüfening selbständig. Dort baute er sich mit tatkräftiger Hilfe seines Gönners ein Haus und richtete in einem saalartigen Raum des Obergeschosses sein Atelier ein.

Johann Gebhard war nicht der einzige Künstler, der sich damals in Prüfening niederließ. Der aus Greding stammende Abt Otto Krafft war ein kunstliebender und baufreudiger Barockprälat mit hochfliegenden Plänen und voll Energie, sie auch auszuführen. Er legte eine Elfenbein- und Kupferstichsammlung an und gründete eine Gemäldegalerie, für die er sich von Metz und Gebhard Bilder eigener Erfindung und Kopien nach berühmten Meisterwerken anfertigen ließ. Wohl auf seine Ein-

ladung hin wurden die bekannten Bildhauer und Stukkatoren Franz Anton Neu und Joachim Anton Pfeffer in Prüfening seßhaft. Aus ihrer Schule gingen die Brüder Machein hervor, von denen der ältere, Georg Anton mit Namen, überregionale Bedeutung als Bildhauer gewann. Sein Hauptwerk ist das prachtvolle Chorgestühl in der Prämonstratenserkirche von Schussenried. Vielleicht wäre Georg Anton Machein für immer in Prüfening geblieben, wenn nicht dort eine Art Klosterrebellion seine Zukunftsaussichten wesentlich eingeschränkt hätte.

Abt Krafft hatte erst ein gutes Dutzend Jahre regiert, da wurde den Mönchen sein Aufwand für die Kunst und die Künstler zu viel. Unter Führung des Priors Erhard Schwendner beantragten sie 1710 beim kurfürstlichen Geistlichen Rat in München und bei der päpstlichen Kurie in Rom die Absetzung ihres Prälaten wegen angeblicher Verschwendung des Klostervermögens für seine Kunstliebhabereien. Fünf Jahre zog sich dieser Streit hin, bis er schließlich 1715 mit einem Sieg des Abtes endete.

Bei den Verhandlungen vor dem Geistlichen Rat spielte das Mäzenatentum des Prüfeninger Prälaten gegenüber Johann Gebhard eine wichtige Rolle. Aus den Prozeßakten geht hervor, daß seine Gegner ihm die großzügige Hilfe beim Hausbau Gebhards und die vielen Zuwendungen in Form von Aufträgen und Reisekostenzuschüssen stark ankreideten. Gebhard sei, so schimpften die Kritiker, nicht durch sein Talent und seiner Hände Arbeit wohlhabend geworden, sondern auf dem Umweg über den Klostersäckel. Doch dieser verteidigte sich nicht weniger energisch als sein Gönner und konterte die Angriffe mit einer langen Liste von Gemälden, die er in einem Dutzend Jahren geschaffen hatte. In einer ,,Unterthenigen Erinnerung an die genedig anwesente Kayserliche Comißion'' gab er einen sehr aufschlußreichen Einblick in sein Schaffen, das offensichtlich schon damals weit über jene räumliche Begrenzung hinausging, die sonst einem Klostermaler der Barockzeit gesetzt war. In dieser Verteidigungsschrift heißt es: ,,Ich habe mit meiner Profeßion obige Zeit hindurch Gott zu ewigem Dankh gesagt ein nambhaftes auch ehrliches Stuckh Gelt verdient – und zwar in Sonderheit, all andere vilfeltig khleine Arbeith zu umbgehen, bei volgent loblichen Clöster und Gottshäuser als Weißenohe, Neustatt, Scheurern, Schwandorf, Thonaustauf, Kirchdorf, Sulzbach, Aichkhürchen, Allersperg, Freising, Ober- und Nidermünster, Sünzing, Vilshoven, Carmeliter Closter Straubing, Frauenberg, Gottshaus Kelhaimb, Rohr, Wessenbrunn, Reichenbach, Dergense, Kaysershaimb, Piellnhoven, Pettendorf, Oberullran, Spithalkirchen, Aichstett, Oberaltach neben andern Gottshäusern mehr, allwohin ich allenthalben khlein und große Altarplöter neben anderen unterschidlichen Mallereyen verferttiget, zu geschweigen, wie auch seiner Eminenz Herrn Cardinalen und verschidne Herrn Abgesandte in Regensburg bei meiner Wenigkeit bestelt, und machen lassen, aus welch aller Arbeith mit daran Streckhung meines unaussezlichen Fleiß und Mühe ich . . . ein ehrliches Stukh Gelt gewunen. Deßen aber ungeachtet ist mir gleichwollen noch von meines Eheweibs Befreunden zu Fortsezung solch meines angefangenen Hauspaus ain ergibiger Vorschuß beschechen, welchen ich noch mit meiner Arbeith zu erhollen, und daran abzuzallen habe . . ."

Mit Hilfe dieser Liste hat Hans Wutzlhofer das Gebhardsche Frühwerk erforscht. Es gelang ihm, eine ganze Reihe unsignierter Gemälde als dessen Schöpfungen nachzuweisen. An manchen der genannten Orte blieb sein Forschen ergebnislos. Während der Säkularisation sind viele Bilder der Barockzeit verlorengegangen. Wie hemmungslos damals wertvollstes Kunstgut verschleudert und vernichtet wurde, veranschaulicht ein Bericht des Prüfeninger Benediktinerpaters Johannes Kaindl: „Bei der Aufhebung des Stiftes Briving wurden manche Stücke von Mezzis Pinsel nebst ein oder anderen des Johann Gebhard zu zweieinhalb Kreuzer verkaufet. Unkundige Licitanten dachten nur die Leinwab zu nutzen, die Malerey wurde von Ihnen zur Vernichtung bestimmt . . ."

Einen zweiten Aderlaß mußte Bayerns barocker Bilderschatz in der zweiten Hälfte des vorigen Jahrhunderts hinnehmen, als man aus Unverstand gegenüber der Barockkunst und im übertriebenen Eifer, gotische Kirchen stilrein auszustatten, selbst barocke Meisterwerke zugunsten pseudogotischer Nachschöpfungen aus den Kirchen verbannte. Es läßt sich anhand des Gebhardschen Frühwerkes nur annähernd abschätzen, wie groß in den folgenden Jahrzehnten sein Arbeitspensum gewesen sein muß. Alle Anzeichen deuten darauf hin, daß er nach 1710 kaum weniger produktiv war als vorher. Erhalten geblieben sind beispielsweise das Hochaltarbild in der Klosterkirche zu Ensdorf von 1712, das Sebastiansbild in der Dreifaltigkeitskirche Regensburg-Steinweg von 1713, die Altarbilder in der Abensberger Karmeliterkirche von 1715 und 1716, die Himmelfahrt Mariens sowie weiter zwischen 1718 und 1720 entstandene Altarbilder in der Pfarrkirche von Kösching, das Hochaltargemälde mit der Marter des heiligen Vitus in Offenstetten und die Altarbilder in der Abteikirche Weißenohe aus der Zeit um 1725.

Im wesentlichen arbeitete Johann Gebhard für kirchliche und klösterliche Auftraggeber. Besonders gute Beziehungen pflegte er zum Benediktiner- und zum Karmelitenorden. Bei den Benediktinern hatte er zuerst in Abt Krafft einen Mäzen mit weitreichenden Verbindungen. Später trat Gebhards Sohn Georg Josef, der in Prüfening als Pater Angelus schon in jungen Jahren Prior wurde und bereits 1754 mit 46 Jahren im Rufe der Heiligkeit starb, an dessen Stelle. Bei den Karmeliten übernahm ein Bruder seiner Frau, der in verschiedenen süddeutschen Karmelitenklöstern hohe Ordensämter bekleidete, die Vermittlerrolle. Er konnte das mit um so besserem Gewissen tun, weil Johann Gebhard ein Künstler von überdurchschnittlichem Können war, der nur Aufträge annahm, denen er sich gewachsen fühlte. So scheute Gebhard lange Zeit davor zurück, sich an die Freskomalerei heranzuwagen. Bis gegen 1720 malte er seine Bilder selbst dann auf Leinwand, wenn sie für den Deckenschmuck bestimmt waren. So geschah es beispielsweise um 1710 mit den Allegorien für den Prälatursaal in Oberaltaich und noch 1721 mit den beiden Bildern aus dem Themenkreis des Alten Testaments für die Stiftskirche in Waldsassen. Wiederholt schuf Johann Gebhard zwar die Altargemälde, überließ aber die Wand- und Deckenfresken anderen Künstlern, wie z. B. in der Abensberger Karmelitenkirche oder vor allem in der Abteikirche von Ensdorf, wo er das Hochaltarblatt malte, die Deckenfresken dagegen der junge, damals noch ziemlich unbekannte Cosmas Damian Asam. Erst um 1718 überwand Johann Gebhard seine Hemmungen und schuf für die Prüfeninger Klosterkirche die Deckenfresken.

Mit diesen Fresken in Prüfening beginnen die Wirrungen und Unklarheiten um den Anteil von Vater und Sohn am Schaffen der nächsten Jahrzehnte. Der 1823 verstorbene ehemalige Prüfeninger Pater Johannes Kaindl berichtet nämlich in seiner handgeschriebenen Klosterchronik, Otto Gebhard habe die Kirche ausgemalt. Otto war damals höchstens 16 Jahre alt. Kaindl irrt in dieser Beziehung wohl ebenso wie bei seiner Mitteilung, Johann und Otto Gebhard seien Brüder und beide Schüler des Frater Innozenz Metz gewesen, was nun auf keinen

Fall stimmen kann. In diesen Angaben dürfte die Quelle vieler später davon abgeleiteter Ungereimtheiten und falscher Zuschreibungen zu suchen sein. Eine endgültige Wertung der Prüfeninger Fresken ist nicht möglich, weil sie im 19. Jahrhundert stark übermalt und dabei arg überarbeitet worden sind. Aber das Ungelenke und Starre mancher Gestalten kann man nicht allein darauf zurückführen. Als Ganzes genommen, handelt es sich offensichtlich um erste Versuche mit der Freskotechnik. Die Bilder kommen einem vor wie an die Decke projizierte Tafelgemälde, geschaffen im vergeblich bleibenden Bemühen um perspektivische Verkürzungen nach den Gesetzen der Untersicht. Es wäre durchaus möglich, daß Otto Gebhard seinen Vater dazu gebracht hat, es einmal mit der Freskomalerei zu versuchen, und daß er daran selbst in größerem Maße mitgearbeitet hat.

Otto Gebhards Anfangsjahre liegen weitgehend im Dunkeln, doch die wesentlichsten Fakten sind urkundlich gesichert. Er wurde am 25. November 1703 in Regensburg geboren und nicht bereits 1700 in Abbach, wie man früher annahm. Daß er bei seinem Vater in die Lehre ging, steht ebenfalls fest. Die Nachricht in der Pfarrchronik von Kösching, daß Johann Gebhard bei seinen Besuchen in den Jahren 1718 und 1720 von einem ‚Sozius‘ begleitet war, kann nur ihn betreffen, weil sein ebenfalls künstlerisch begabter, 1706 geborener Bruder Andreas damals noch zu jung war. Noch deutlicher als alle Nachrichten und Vermutungen spricht die starke Stilverwandtschaft zwischen Vater und Sohn für Ottos Ausbildungsgang im Prüfeninger Maleratelier. Vor kurzem ist mir dafür auch der Tatsachenbeweis gelungen. Von der Fachwelt bisher unbeachtet, hängt in den Städtischen Kunstsammlungen in Augsburg ein mit „Otto Gebhard pinxit" signiertes kleines Ölgemälde (das erste von ihm mit Sicherheit bekannte), das die Marter des heiligen Vitus darstellt. Ein Vergleich mit dem Hochaltarbild von Offenstetten, das mit „Johann Gebhard fecit in Prifling 1722" signiert ist, ergab die weitgehende Übereinstimmung beider Bilder. Ottos Kopie, die wohl gleichzeitig mit der Fertigstellung des Originals entstanden ist, als er etwa 18 Jahre alt war, ist allerdings weniger sorgfältig, dafür aber schwungvoller, fast möchte man sagen genialischer ausgearbeitet, gerade so, als ob es sich um den Entwurf für ein Freskogemälde handeln würde.

Warum Otto Gebhard das Werk seines Vaters, wenn auch mit Abänderungen und in einem durchaus schon persönlichen Stil, kopiert hat, wissen wir nicht. Man könnte sich vorstellen, daß er es als Talentprobe gemalt hat, um sich bei einem angesehenen Maler als Geselle oder an der Malerakademie in Augsburg als Schüler bewerben zu können. Er wird ja nicht dauernd bei seinem Vater gearbeitet, sondern schon in den zwanziger Jahren versucht haben, bei anderen Meistern noch etwas dazuzulernen. Pater Kaindl berichtet in seiner Klosterchronik, der 1729 verstorbene Abt Krafft habe Otto Gebhard „auf Reisen und nach Italien" geschickt.

Nach seinen Lehrjahren trat Otto Gebhard erst verhältnismäßig spät als eigenständiger Maler hervor, und zwar um 1730 mit zwei Altarbildern für die Alte Kapelle in Regensburg. Damals scheint man sich bereits auf eine gemeinsame Werkstatt geeinigt zu haben, denn ab 1725 signierte Johann Gebhard kein einziges erhalten gebliebenes Bild mehr mit seinem Namen. Umgekehrt datiert die erste bekannte Signatur Otto Gebhards nach dem Vitusbild erst aus der Zeit nach dem Tod seines Vaters. In den Jahren dazwischen sind die Bilder entweder ganz ohne Urhebervermerk oder es sind dem Familiennamen die Anfangsbuchstaben der Vornamen von Vater und Sohn vorangestellt.

Der entscheidende Wendepunkt in der künstlerischen Entwicklung Otto Gebhards war nach den neuesten Forschungen die Ausmalung der Regensburger Emmeramskirche neben Cosmas Damian Asam in den Jahren 1731 bis 1733. Sie beweisen beim Vater einen wesentlichen Fortschritt in der Freskotechnik, vor allem was die Untersicht betrifft, und lassen den Sohn erstmals als eigenständige Künstlerpersönlichkeit erkennen. Wir haben einen Beleg dafür, daß nicht Cosmas Damian Asam die ganze Kirche allein ausgemalt hat; er findet sich in einem Buch mit dem weitschweifigen Titel: *Mausoleum oder Herrliches Grab des bayerischen Apostels Sancti Emmerami, gezieret mit viller anderer Heilig-Seeliger Begräbnussen so in Sanct Emmeram zu sehen, sampt ainer Histori, was Denkwürdiges von Ursprung bis auff das Jahr 1752 in obenbenannter Stadt Regensburg sich zugetragen . . .* Hier wird nun sehr lapidar mitgeteilt: „. . . Die andere Malerey im Nachtchor und in denen zweyen Gaengen, nebst der miteren Kirchen, von Herrn Gebhard, Mahlern in Prueflingen verfertiget . . ."

Inzwischen hat der Regensburger Gewerbeoberlehrer Hans Schlemmer bei seinen Forschungen zur Geschichte der Benediktinerabtei Sankt Emmeram in der Handschrift *Hierosophia* des Emmeramer Klosterchronisten Pater Jakob Passler eine Notiz aus dem Jahre 1747 entdeckt, die mit einem Schlag das Rätselraten um den Anteil des Vaters und des Sohnes an den Fresken beendet, die Malereien in den beiden Seitenschiffen Johann Gebhard zuweist und Otto Gebhard als Schöpfer des Deckenbildes im Nachtchor vorstellt.

Kaum hatte Otto Gebhard das Fresko in der Emmeramskirche vollendet, verließ er die Heimat und das Vaterhaus. Nach diesem ersten Erfolg ist er auf Jahre hinaus in der Regensburger Gegend nicht mehr nachzuweisen. Wohin er ging, wissen wir nicht – oder noch nicht. Wäre er in Prüfening geblieben oder bald wieder dorthin zurückgekehrt, dann ließe sein weiterer Lebensweg sich zumindest in den Kirchenbüchern erkunden. Es spricht sehr vieles dafür, daß er während der Arbeit in Sankt Emmeram näher mit Cosmas Damian Asam bekannt wurde und anschließend in dessen Werkstatt als Gehilfe eintrat.

Mit Asam zu arbeiten, hieß ein unstetes Leben führen: von Regensburg nach Ettlingen und nach Wahlstatt in Schlesien, nach Prag, München und Ingolstadt, um nur einige der Asamschen Arbeitsstationen zu nennen. Das bedeutete aber auch, dem größten deutschen Freskomaler des Spätbarock genau auf die Finger sehen und dabei mehr lernen zu können als irgendwo sonst in Deutschland. Als Gebhard um 1740 nach Regensburg zurückkehrte, hatte sein Schaffen sichtlich an Reife und Kontur gewonnen durch das künstlerische Gedankengut und die stilistischen Raffinessen des bayerischen Freskokönigs. Einen schriftlichen Beweis für Gebhards Tätigkeit in der Asam-Werkstatt besitzen wir freilich nicht.

Aber einen anderen schriftlichen Beleg haben wir. Er läßt uns erkennen, wie eng damals die familiäre Zusammenarbeit war und welchen Anteil daran Ottos Bruder Andreas hatte. In alten Kirchenrechnungen aus den vierziger Jahren des 18. Jahrhunderts im Pfarrarchiv von Donaustauf steht vermerkt: „Herr Otto Gebhard Maller in Regensburg und dessen Vatter Maller zu Prüfeling für die zwey große Muetter und beede kleine Altarplöther 80 Gulden. Herr Otto Gebhardt vor das Gemähl oder Plädl so in Mitten des Antependiy Sanctum Wendelinum vorstellend 4 Gulden und 15 Kreuzer . . . Herr Andree Gebhardt Maller bey Sanct Emmeram wegen Fassung von zwey Altären je 170 Gulden, für gemachte Goltarbeith am Wendelinialtar 24 Gulden und 36 Kreuzer, für Vergolthung des Antependiy am Frauenaltar 22 Gulden . . .'' Man hielt also eine genaue Ar-

beitseinteilung ein, wobei Andreas Gebhard den kunsthandwerklichen Part übernahm. Er erhielt dafür weit mehr bezahlt, als der Herr Pfarrer für Altargemälde auszugeben bereit war. Doch der Schein trügt, weil im Honorar auch die Kosten des Blattgoldes enthalten waren. Andreas Gebhard war damals Klostermaler der Abtei Sankt Emmeram; er hatte dieses Amt 1739 durch die Heirat mit der Witwe Anna Maria des Klostermalers Balthasar Listl erhalten.

Die Donaustaufer Kirchenrechnungen erleichtern die Klärung der Frage, wer die ausgezeichneten Fresken in der Benediktinerkirche zu Reichenbach geschaffen hat. Sie sind nicht signiert. Doch der Reichenbacher Pater Plazidus Trötscher vermerkte in seinem Tagebuch als Urheber den Andreas Gebhard und seinen Vater. Trötscher hat diese Notiz erst 1747 nach Abschluß der Kirchenausmalung geschrieben. Vielleicht kam er erst kurz vorher nach Reichenbach, als Andreas Gebhard nur mehr mit Dekormalereien beschäftigt war. Er irrte mit Sicherheit, wenn er diesen für einen bedeutenden Freskomaler hielt. Auch Wutzlhofers Ansicht, die drei großen Deckenfresken mit der Geburt Christi, der Huldigung der Könige und der Darstellung Jesu im Tempel sowie die Wandbilder mit Szenen aus der Reichenbacher Klostergeschichte seien das alleinige Werk Johann Gebhards, ist inzwischen strittig geworden. Die ausgezeichnete Innenrestaurierung nach dem großen Kirchenbrand des Jahres 1959 hat die ursprüngliche Fassung der Bilder wieder hervortreten lassen. Die Fresken erinnern jetzt in Farbgebung und Stil derart stark an spätere Werke Otto Gebhards, daß zumindest dessen Mitarbeit angenommen werden muß. Diese Meinung wird noch durch das gemeinsame Signum von Vater und Sohn am Hochaltarbild von Reichenbach, eine beinahe ekstatische Himmelfahrt Mariens, unterstrichen. Johann Gebhard war übrigens damals schon fast 70 Jahre alt. 1750 stieg er in der Stadtpfarrkirche von Cham nochmals auf das Malergerüst, um gemeinsam mit seinem Sohn Otto das große Deckenfresko mit der wild tobenden Schlacht von Tolosa zu malen. Dann legte er wohl den Pinsel endgültig aus der Hand. Sechs Jahre darauf ist er in Prüfening gestorben.

Für Otto Gebhard aber waren die Fresken in Reichenbach und Cham erst der Auftakt zu einem umfangreichen Spätwerk, das ihn zur Spitzengruppe der bayerischen Rokokofreskanten aufschließen ließ. Es begann 1751 mit dem pathetisch wogenden Figurenreigen rund um das Erlöserkreuz in der Dominikanerinnenkirche Heilig Kreuz zu Regensburg und erreichte bereits ein Jahr darauf mit dem riesigen Fresko in der Benediktinerkirche von Frauenzell seinen Höhepunkt: eine groß aufgezogene Himmelfahrt Mariens inmitten eines reichen szenischen Rahmenwerks, mit einer Allegorie der Vier Erdteile, den Aposteln am leeren Grab und dem Empfang der Gottesmutter durch die himmlischen Heerscharen. Bis vor einigen Jahren wurde dieses Deckenbild dem Regensburger Maler Martin Speer zugeschrieben, weil dieser in Frauenzell das Bild unter der Empore gemalt und signiert hat. Doch nach der so hervorragend gelungenen Restaurierung, die erst vor kurzem abgeschlossen werden konnte, wurde die bereits vorher von Herbert Schindler geäußerte Feststellung zur Gewißheit, daß Otto Gebhard der Meister von Frauenzell ist.

Daß er dort zusammen mit seinem Bruder Andreas gearbeitet hat, geht übrigens aus einer Notiz Pater Kaindls in seiner Handschrift *Subsidia ad res Prifligenses* hervor, in der es heißt: „Otto und Johann die Gebharde, Maler in Großbriwing waren . . . ihrer Zeit gesuchte Arbeiter, die aber wegen der Leiden Ihrer Gesundheit der Vortheile ihrer Kunst nur selten froh werden konnten. Valentin, Ottos Sohn, ein vortrefflicher Fasser, machte sich in Pfaffenberg ansäßig, wo er auch starb, am Podagra, als der Familienkrankheit. Diese Gebharde glaubeten, sie hätten dieß Übel zu Kloster Frauenzell, wo sie die Kürch ausgemalt haben, aus angesteckten Bettern geerbet . . .”

Die Kirche in Frauenzell sprach so eindrucksvoll von der Freskokunst Otto Gebhards, daß er in den folgenden Jahren Aufträge über Aufträge erhielt. Er wurde nun der meistbeschäftigte Rokokofreskant des ganzen Regensburger Umlandes. 1757 malte er die Pfarrkirche von Pfaffenberg aus, 1760 die Pfarrkirche von Hohenschambach bei Hemau. Viele Anhaltspunkte sprechen dafür, daß Otto Gebhard neben einer ganzen Reihe von Ölbildern und Altarblättern u. a. auch die Fresken in den Pfarrkirchen von Laaber, Tegernheim, Waldeck, Laaberberg, Stadtamhof, Mockersdorf und Hainsacker sowie in der Wallfahrtskirche Hellring gemalt hat, dazu das große Deckenbild im Speisesaal des Klosters Walderbach. Ein Teil dieser Werke dürfte bereits in den vierziger Jahren des 18. Jahrhunderts entstanden sein, an machen mag noch der Vater mitgeschaffen haben.

Welche Quellen für die Gebhard-Forschung noch erschlossen werden können, zeigt besonders anschaulich das Beispiel der Städtischen Kunstsammlungen in Augsburg. Dort befinden sich als Teil der 1925 der Galerie gestifteten Sammlung Röhrer sieben von Otto Gebhard signierte bzw. ihm durch Werkvergleich zugeschriebene Ölbilder, meistens Entwürfe zu Deckengemälden. Eines davon ist ein Entwurf zu einer Gewölbedekoration mit Bildern aus dem Leben Jesu, signiert „O. Gebhard”. Mit Hilfe dieses Entwurfs gelang es mir, endgültig nachzuweisen, daß die Deckenbilder in der Wallfahrtskirche St. Salvator bei Donaustauf, die thematisch und in der Komposition weitgehend mit dem Augsburger Entwurf übereinstimmen, ebenfalls von Otto Gebhard stammen, was schon früher Herbert Schindler aus stilistischen Gründen vermutet hatte.

Trotz aller Bemühungen zeichnet sich das Lebenswerk Otto Gebhards in seiner ganzen Breite und Vielfalt erst in Umrissen ab. So manche Frage muß noch geklärt werden, so manche Vermutung durch weitere Nachforschungen erhärtet werden. Eine besonders reizvolle Aufgabe stellt dabei das kleine Deckenfresko im Chor der Kirche von Hohenschambach: Auf Wolken schwebende Engel tragen das Bild der Gottesmutter; darunter stehen und knien in lockerer Gruppierung Benediktinermönche und Menschen in barocker Kleidung, die sich unter den Schutz Mariens stellen. Auch in Frauenzell steht in der große Huldigungsszene des Deckenfreskos mitten in der großen Schar der Marienverehrer eine kräftige Gestalt mit vollem schwarzem Haar, die aus dem höfischen Rahmen der Darstellung heraussticht und als Selbstbildnis Otto Gebhards angesehen wird. In Hohenschambach kehrt diese Gestalt mit bereits ergrautem Haar wieder. Hier scheint Gebhard gleich die ganze Familie abkonterfeit zu haben: die Eltern, die Geschwister und seine Frau Maria Christina. Hinter dieser Gruppe steht ein bärtiger Mann mit verklärtem Gesicht und blicklosen Augen, der vielleicht das Andenken an den großen Lehrmeister der Gebhards, Frater Innozenz Metz, wachhalten soll. Der alternde Gebhard, er kehrt damit zurück zu den Anfängen der Familientradition und hebt mit seinem Werk die Vergangenheit hinein in die Ewigkeit.

Schon damals, 1760 in Hohenschambach, mag Otto Gebhard gespürt haben, daß ihm nur mehr wenige Jahre blieben. Seine letzten großen Deckenbilder in der Regensburger Rupertuskirche, in Beratzhausen, Walderbach und Schwabelweis muß er unter vielen Mühen geschaffen haben. Wie sein Bruder Andreas wurde er immer wieder von sehr schmerzhaften Gichtanfällen geplagt, der Berufskrankheit der Freskomaler. Bereits 1766 schrieb Pater Rupert Aign, der Pfarrverweser von Dechbetten, in sein Tagebuch: ,,. . . In festo Sebastiani hab ich des Herrn Gebhart Mahlers beicht gehört und ihm das Sanctissimum gereichet, weil er wegen Podagra und Chiragra nicht ausgehen kunnte . . .'' Von da ab scheinen sich die Gichtanfälle immer mehr gehäuft zu haben. 1768 konnte Otto Gebhard nicht einmal an der Beerdigung seiner Frau teilnehmen, wie ebenfalls Pater Aign in seinem Tagebuch berichtet: ,,. . . Der Otto Gebhard, ihr Mann, wie auch sein Bruder Andreas kunnten wegen Unpäßlichkeit und großer Bestürtzung dem Begräbnus im Friedhof zu Dechbetten am 16. Marzi 1768 nicht beywohnen.''

Dieser Schicksalsschlag und sein schmerzhaftes Altersleiden vermochten Otto Gebhard nicht in die Untätigkeit zu zwingen. Wenige Monate vor seinem Tode wagte er sich im Sommer 1772 in der Pfarrkirche von Schwabelweis an der Donau nochmals auf das Malergerüst und beendete das Gebhardsche Familienwerk mit einer neuerlichen Schilderung des Georgsmartyriums, jenes Themas, das einst sein Vater in seinem ersten Fresko für die Abteikiche von Prüfening behandelt hatte. An Ausdehnung und künstlerischer Qualität kann dieses Fresko den Rang der Deckenbilder von Reichenbach, Frauenzell und Beratzhausen nicht erreichen. Aber es steht immer noch weit über den Schöpfungen vieler Zeitgenossen. Mit keinem Pinselstrich verrät das Bild, welche Anstrengungen es den alten, kranken Mann gekostet haben muß. Als er endlich sein Signum ,,Otto Gebhard pinxit'' darunter setzen konnte, setzte er damit auch den Schlußstrich unter sein Schaffen.

Otto Gebhard starb am 8. März 1773, ein Jahr darauf sein Bruder Andreas, und bereits 1779 auch Ottos Sohn Valentin, der letzte uns bekannte, schon handwerklich verflachte Erbe der Gebhardschen Familienbegabung. Achtzig Jahre lang hat diese Familie über drei Generationen hinweg einen bedeutenden Beitrag zur Barockmalerei in Bayern geleistet und vor allem die Kunst in der Oberpfalz maßgeblich mitgestaltet. Johann Gebhard gab das künstlerische Erbe eines Carl Loth und Innozenz Metz an den Sohn weiter. Dieser wiederum vermittelte auf seine Art die Kunst des Vaters und des Malerfürsten Asam jenen Künstlern in Bayern, die in den Klassizismus hineinreichen.

Im Regensburger Raum war es vor allem der Steiermärker Matthias Schiffer, der vermutlich in der Gebhard-Werkstatt gearbeitet hat. Im größeren europäischen Rahmen finden sich bestimmte Parallelen zu Gebhard, sogar im Werk von Franz Anton Maulbertsch, dem genialen Vollender des Rokoko in Österreich. Wir wissen noch viel zu wenig von diesen Verflechtungen der donauländischen Rokokokunst. Das Schaffen der Gebhards sollte Anlaß dazu sein, diesen Spuren mehr als bisher nachzuforschen.

Hedwig Lindl-Schmelz

Johann Baptist Zimmermann — Hofstukkator und Freskant

Sein Weg von Gaispoint nach Nymphenburg

Als stadtnahe Sommerresidenz vom höfischen Leben nicht abgesondert, von den Pflichten der Repräsentation jedoch eher befreit − so zeigt sich Nymphenburg mit seiner der Natur zugewandten Heiterkeit. Ausgehend von dem festen strengen Mittelblock entstand unter drei Kurfürsten eine Anlage, die art- und zeitverwandt ist mit Schönbrunn oder auch den beiden Belvedere des Prinzen Eugen in Wien. In den Jahren 1755 bis 1757 wurde der große Saal neu ausgestaltet: Stukkatur und Freskomalerei gaben ihm eine bewegte und farbenfrohe Heiterkeit. Halb versteckt weist eine Inschrift im nördlichen Wandbild auf den Künstler hin: Zimermann pinxit.

Wer war dieser Zimmermann, der anscheinend so bescheiden und doch wieder so selbstbewußt seinen Namen in diesen großartigen höfischen Festraum setzte? Selten − sogar in der Zeit des Rokoko, wo Innendekoration fast alles bedeutet −, daß ein Innendekorateur seinen Namen groß an die Wände schreibt. Aber dieser Johann Baptist Zimmermann konnte sich das erlauben: schon der Titel „Hof-Stukkator", den Kurfürst Karl Albrecht ihm 1729 verliehen hatte, gab ihm Bedeutung, Würde und Gewicht. Hier im Großen Saal des Schlosses Nymphenburg stand der Hof-Stukkator und Freskomaler Zimmermann − nun 77 Jahre alt − am Ende einer erfolgreichen und glänzenden Laufbahn als Künstler; er, der in armen Verhältnissen geboren, als kleiner Stukkator-Geselle begonnen hatte, und der in früher Jugend schon zu sagen pflegte: „Ich habe keinen Namen, aber ich mache mir einen."

Am 3. Januar 1680 trug der Pfarrer von Wessobrunn in das Taufbuch der Pfarrkirche ein, daß dem Elias Zimmermann und seiner Ehefrau Justina zu Gaispoint der erste Sohn geboren und auf den Namen Johann Baptist getauft wurde. Er korrigierte noch hinter den Namen der Eltern das Wort „inguilin", das heißt Insasse. Demnach hatten die Eltern kein eigenes Haus, sondern wohnten nur in Miete und gehörten so jedenfalls dem ärmsten Teil der Bewohner von Wessobrunn an.

Ort, Landschaft und Zeit seiner Geburt sind für ihn von maßgebender Bedeutung: Wessobrunn, der kleine Ort zwischen Weilheim und dem Peißenberg − eigentlich krusteten sich damals nur ein paar ärmliche Bauernhöfe um die weiten hellen Mauern des Klosters −, erlangte im 17. Jahrhundert aus rätselhaften Anfängen heraus eine seltsame Bedeutung als Heimat ganzer Maurer- und Stukkatorfamilien. Gezwungen vielleicht durch die Dürftigkeit der Felder, des bäuerlichen Besitzes, durch die Kargheit des Bodens, aber doch wohl auch beeinflußt von der regen Bautätigkeit dieses sogenannten Pfaffenwinkels, in dem Stiftskirchen und Klöster dicht beieinander saßen, erlernten die Männer frühzeitig das Maurer- und Bossier-Handwerk. Sie zogen alljährlich im Frühling hinaus in alle Welt und verdienten ihr Brot als Maurer und Stukkateure, während die Frauen im ‚Dorf ohne Männer' Land und Hof bestellten. Mit den Herbststürmen kamen sie heim, zahlten mit dem ersparten Geld ihre Schulden, brachten aber auch aus aller Welt Risse, Zeichnungen und Kupferstichwerke mit, aus denen sie an langen Winterabenden lernten und zeichneten. Den Jungen aber erzählten sie von den Wundern der Welt, von den Prachtbauten der Fürsten und Äbte.

Bald waren Wessobrunn und die Wessobrunner ein feststehender Begriff in dieser baufreudigen Zeit. Seit Johann Schmutzer die Wallfahrtskirche Vilgertshofen erbaut und mit seinem eigenartigen Stuck − reichen, schweren, scharf geschnittenen Akanthusranken − geschmückt hatte, formte sich das Bild dieser Wessobrunner Stuckmanier zu einer besonderen Schule in der Geschichte der süddeutschen Architektur. Wie nirgends sonst finden wir hier in und um Wessobrunn das Geheimnis der Einheit, in der Leben, Kunst und Religion zu einer höheren Wirklichkeit werden. Die Söhne und Enkel übten das Handwerk der Väter, sie lernten jung schon bauen und schnitzen, Gips bereiten und Stuck schneiden, zeichnen und malen, sie übten sich draußen in der Welt und führten zur Kunst, was als einfaches Handwerk begann. Im Schatten des Klosters geboren, gläubig und fromm erzogen, brachten sie alle Voraussetzungen mit, auch die große Liebe und die innere Bereitschaft, um die Kirchenräume zur Ehre des Höchsten mit dem Jubel ihrer Stukkaturen und Malereien zu schmücken.

In diese arme und zugleich reiche Welt hinein wurde Zimmermann geboren. Es war die Zeit, da Henriette Adelaide zahlreiche italienische Baumeister und Künstler an den Hof berief, die Zeit, da die prachtvolle Theatinerkirche und das Gartenschloß Nympenburg emporstiegen, da der neue Stil, der italienische Barock, sich kräftig Eingang verschaffte. Aber Zimmermann wuchs fern von dieser höfisch-italienischen Welt auf, er lebte mit einer zahlreichen Geschwisterschar — von den fünf Brüdern und Schwestern ist der jüngere Bruder Dominikus als Erbauer der Wieskirche zu Weltruhm gekommen — und im Sommer hütete er wohl das Vieh und streifte in Wald und Feld herum. Daher mag ihm wohl die Lust an allem Getier des Feldes und des Waldes gekommen sein und das nahe Naturverhältnis, das wir später in seinen Stukkaturen und Fresken immer wieder finden. Wahrscheinlich haben sie alle hier ihren Ursprung, all die Rehe und Hunde, die Reiher und Fasane, die Sumpf- und Wasservögel, die Spechte und Singvögel. Im Winter aber schnitzte er Laubwerk, jenen Akanthus, den er in den Klostergängen von Wessobrunn und im Jagdsaal so formvollendet vor sich hatte, und zeichnete aus Büchern der Augsburger Stecher. Möglich auch, daß ihn sein Vater dabei in die Lehre nahm.

Hart war das Handwerk, und nach den Gesetzen der Zeit mußte der Künstler in erster Linie ein guter und vollendeter Handwerker sein, mußte lernen, wie das Ornament aufgerissen, wie der Stuck richtig gemischt und in verschiedenen Lagen angeworfen wurde, mußte genau aufpassen, in welchem Stadium des ‚Einziehens‘ und Trocknens das Schneiden und Modellieren zu beginnen hatte, mußte achtgeben, wie der Draht eingesteckt und wie ein fester Kern unter besonders heraussstehende Teile — Körper, Arme und Köpfe — gebaut werden sollte. All dieses handwerkliche Können aber war nur die Grundlage und Vorbedingung für die künstlerische Ausbildung, wollte man nicht zeit seines Lebens nur ein kleiner Maurer und Stukkateur bleiben.

Und Johann Baptist hatte das Zeug in sich, ein wirklicher Künstler zu werden. Ehrgeizig und begabt, drängte er nach dem frühen Tod des Vaters — er war eben 16 Jahre — hinaus aus der Enge des Dorfes, dorthin, wo die großen und berühmten Künstler lebten, woher die schönen Kupferstichblätter kamen, die von Kindheit an seine Freude waren. Was lag näher, als daß er nach dem nahen Augsburg ging, dem damaligen Zentrum des Kunsthandwerks und der Kupferstecherei, das seine große Tradition länger als Nürnberg bewahrt hatte. Schon manche Wessobrunner, wie Schmutzer und sein Nachfolger Stiller, hatten sich dort angesiedelt, und sie alle zehrten von dieser künstlerisch wachen und regsamen schwäbischen Metropole.

Es ist uns ein Gesuch des Johann Baptist an den Augsburger Magistrat erhalten, mit dem er darum bittet, „es möge ihm gnädigst die hochobrigkeitliche Erlaubnis gewährt werden, seine Kunstmalerei im ledigen Stand einstweilen und als Beisaß exerzieren zu dürfen. Im Winter nähre er sich mit Delineationssachen für die Kupferstecher und gelte schon bald als ein Könner.“ Das Gesuch wurde wohl genehmigt.

Dem eifrig Strebenden und Lernenden erschloß sich nun eine neue Welt und er erwarb sich die unbedingte Sicherheit in der Zeichnung nicht nur des Ornamentes und des Blattwerkes, sondern auch des Figürlichen, jene Handfertigkeit, die beinahe schon an Virtuosität grenzt. Denn der Stukkator mußte unabhängig vom Modell arbeiten können, damit er schnell und sicher komponieren, jede Stellung perspektivisch richtig berechnen und große Flächen rasch — vor dem Eintrocknen des Stucks — dekorieren konnte.

Archivalische Nachrichten über seine Jugendzeit fehlen. Er wird sich nach des Vaters Tod und der Mutter Wiederverheiratung mit dem Stukkator Christoph Scheffler wohl bald darum bemüht haben, selbständig Geld zu verdienen. Dabei muß man in Betracht ziehen, daß diese Jugend in die Wirren und Nöte des Spanischen Erbfolgekrieges fiel. War auch der Donner der Geschütze von den Schlachtfeldern bei Donauwörth und Höchstädt fern an der Donau verrollt, die niederbayerischen Bauern standen doch auf und die Oberländer zogen gen München. Die Schreckensnachricht der Sendlinger Mordweihnacht wird wohl auch in den Pfaffenwinkel gedrungen sein.

In eben dem Jahr, da die Reichsacht über den Kurfürsten Max Emanuel verhängt wurde, 1706, hören wir von Zimmermann, daß er sich mit Elisabeth Ostermayr verheiratet und in Miesbach niedergelassen hat. Am 6. Oktober 1707 wurde dort sein erstes Kind auf den Namen Johann Josef getauft zu Ehren des Eigentümers und Gerichtsherrn von Miesbach, des Grafen Johann Josef von Maxlrain, der auf der nahen Wallenburg seinen Sitz hatte. Dieser Graf – erster Gönner und Förderer von Zimmermanns Kunst – war dem jungen Künstler freundschaftlich zugetan und verschaffte ihm wohl die ersten Aufträge.

Leider sind seine frühen Schöpfungen im Refektorium von Kloster Tegernsee, in Ottobeuren, in den Refektorien der Klöster von Weyarn und Beyharting – beide im Einflußbereich des Grafen von Maxlrain gelegen – nicht erhalten; so können wir nur annehmen, daß er sich bei diesen Werken noch eng an das Wessobrunner Vorbild mit seinen scharf geschnittenen Akanthusranken und sich rollendem Laubwerk angelehnt haben wird.

Das ist gerade des Interessante an Zimmermanns Werk, daß er, dessen Leben 78 Jahre währte, die ganze Entwicklung der Ornamentik vom Hochbarock bis zum Ende des Rokoko mitmachte. Nicht weniger als vier große Stilwandlungen lassen sich feststellen: von der schweren Akanthusranke zum feinen Rankenwerk, vom Bandwerk zum Muschelwerk, von der klaren Felderteilung an Wand und Gewölbe bis zur letzten malerischen Verunklärung, von der Symmetrie der Felder und Formen bis zur völligen Asymmetrie, von der gefügten Form bis zur absoluten Freiheit von allen Gesetzen. Dennoch schlägt Zimmermanns Eigenart und seine charakteristische Handschrift überall durch.

Bei aller Arbeit für den gräflichen Beschützer strebte er weiter und trachtete danach, aus dem stillen und etwas abgelegenen Winkel von Miesbach herauszukommen. So machte er am 14. März 1710 eine Eingabe an den kunstsinnigen Bischof Johann Franziskus Eckher von Kapfing und Lichteneck und bat um das Bürgerrecht in Freising. Der Bischof gab es auch sofort mit einer Empfehlung an den Bürgermeister weiter. Es hat aber den Anschein, daß der Graf ihn nicht aus der Arbeit entlassen habe, wie Zimmermann fünf Jahre später in einer neuerlichen Eingabe um das Bürgerrecht schreibt. Im Jahre 1715 – also bald nach dem Ende des Spanischen Erbfolgekrieges – erschien Zimmermanns Frau mit vier Kindern vor dem Magistrat zu Freising und gab die verlangten persönlichen Auskünfte, namentlich über den Stand des Vermögens, das damals 700 Gulden betrug. Nachdem Zimmermann die Bürgerrechtstaxe, die vom Bischof auf 12 Gulden ermäßigt worden war, gezahlt und alle Formalitäten erfüllt hatte, ließ er sich im Herbst 1715 in Freising nieder. Wahrscheinlich erhoffte er sich vom Bischof, der damals daran ging, den Dom erneuern zu lassen, Förderung und Arbeit.

1715 – wir stehen an der Wende einer Zeit. Nicht nur, daß die nun folgenden Friedensjahre Kunst und Wirtschaft aufblühen ließen, auch der Kurfürst war aus der zehnjährigen Verbannung zurückgekommen, voll von Plänen, erfüllt von einer wahren Bauleidenschaft. Es galt Nymphenburg, das Erbe der Mutter, auszubauen und in Schleißheim dem Traum von der Kaiserkrone baulichen Ausdruck zu verleihen. Und landauf, landab taten es ihm Äbte und Prälaten gleich, denen die alten Kirchen unmodern und schmucklos, die Klosterräume zu dunkel und zu einfach dünkten. Es muß damals für einen Künstler wirklich eine Lust gewesen sein, zu leben und zu schaffen. Überall warteten Aufgaben, lockten weitgesteckte Ziele. Im künstlerischen Wettbewerb schärften sich die Krallen, übten sich die Streiter.

Die Klaue des Löwen hatte Zimmermann schon in seinen frühen Arbeiten gezeigt: Die Wallfahrtskirche Maria Schnee in Markt Rettenbach (1707) und die Kartausenkirche in Buxheim (1711/12) erweisen Zimmermann als meisterhaften Stukkator, der in den hellen, lichtgetönten Räumen seine feinen Laubranken, seine üppigen Fruchtschnüre und Engel mit spielerischer Sicherheit auf die Flächen setzt. Diese vollendet ausgestatteten Kirchen waren für ihn zugleich Sprungbrett zu neuen Arbeiten im eben errichteten Prachtbau des schwäbischen Klosters Ottobeuren, das von dem dortigen Benediktiner-Pater Christoph Vogt erbaut wurde. Um vertraglich festgelegte Beträge von 150 und 350 Gulden stuckierte Zimmermann hier die Michaeliskapelle und den großen Kreuzgang. Hier mußte er zum ersten Mal in direkten Wettbewerb treten mit italienischen Stukkateuren, die aber auf die Dauer nicht mit ihm konkurrieren konnten: Zimmermann beherrschte das Figürliche wie kaum ein anderer. Und eben diese Virtuosität zeigte er im Kreuzgang, wo er, neben Laub- und Fruchtgirlanden und Akanthusranken, in den Gewölbescheiteln 74 Schlußsteine anbrachte, auf die er 74 verschiedene Putti modellierte. Welch ein Zeichentalent, welche Phantasie und welche Fertigkeit gehörten dazu, auf diesem immerhin engbegrenzten Raum einen Kinderkörper in Basrelief bewegt und in immer verschiedenen Stellungen wiederzugeben!

Daß er zu gleicher Zeit und zwischen diesen Arbeiten – die sich Jahrzehnte hinzogen – auch an der Ausstattung der vom

Neues Schloß Schleißheim, Detail
vom Treppenhaus mit Stuckarbeiten
von Johann Baptist Zimmermann

Grafen von Maxlrain in Auftrag gegebenen Pfarrkirche von Schliersee tätig war, wo die Geldmittel fehlten, wo er sich daher bescheiden mußte, aber mit eigener Arbeit alles bewältigte, zeugt von seiner Vielseitigkeit und seiner Gewandtheit, sich stets auf den Einzelfall einzustellen.

In Ottobeuren war der Abt so mit ihm zufrieden, daß er ihn weiterbeschäftigte, und so schloß Zimmermann weitere Kontrakte, verpflichtete sich, in 36 Wochen die beiden oberen Stockwerke des Konventsgebäudes zu stuckieren, für 210 Gulden den Kapitelsaal mit sechs Stuckmarmorsäulen und Stukkaturen zu schmücken, den Kreuzgang im neuen Stock zu stuckieren „in conformitet des Ersteren", für 318 Gulden die „Custerey" auszuschmücken. Seine beste damalige Leistung aber war der Bibliothekssaal mit seinen 44 korinthischen Säulen, den acht lebensgroßen allegorischen Figuren, den zahlreichen Putten, all den Ranken und Girlanden.

Nicht selten ist im Leben eines Künstlers ein Zufall von schicksalhafter Bedeutung. So traf Zimmermann hier auf den virtuosen Venezianer Jacopo Amigoni, konnte neben ihm arbeiten, konnte viel von ihm abschauen und hinzulernen zu seiner Fresko- und Maltechnik. Schon früh hatte er sich auch der Malerei zugewandt, da er erkannte, wie wichtig es gerade zu seiner Zeit war, die Einheitlichkeit der Innenausstattung großer Räume zu gewährleisten. Aus dieser frühen Zeit sind uns einige Altarblätter und ein paar Fresken, so in Waldsee und in Maria Mödingen erhalten, in denen er sich langsam seinen Stil und seine spätere Meisterschaft erarbeitete. Amigoni brachte aber auch noch in anderer Weise die große Wende in Zimmermanns Leben: So wie er mit dreißig Jahren der Enge von Miesbach entfliehen und sich in Freising, dem damals aufstrebenden Bischofssitz, niederlassen wollte, so konnte er jetzt mit vierzig Jahren den Sprung in die kurfürstliche Residenzstadt München wagen, wohin ihn Amigoni wohl empfohlen hat.

Am 4. August des Jahres 1720 schloß er mit dem Hofbaurat Joseph Effner einen Kontrakt ab, in dem er sich verpflichtet, „die bei dem churfürstlichen Residenzgepeu Schleißheim neu angefangenen Hauptstiegen nach der Weisung der ihm vorgezeichneten Riß und Modell mit Stockhator-Arbeit auf das fleißigste zu zieren."

Nicht nur, daß Zimmermann jetzt in einen größeren, weiteren Lebenskreis kam, daß er eintrat in das Kollegium der großen Künstler, daß er mit international gebildeten und bekannten Baumeistern wie Effner und später Cuvilliés zusammenarbeiten konnte, er mußte nun auch wohl seine Arbeitsweise ändern, sich einfügen den Anweisungen der leitenden Architekten, dem Willen des allmächtigen Hofbaumeisters, der die Risse und Modelle machte und wissen wollte, daß seine Arbeiten auch in seinem Sinne ausgeführt wurden. Aber es zeigte sich später, daß Zimmermann es wohl verstand, als Künstler sich durchzusetzen und im Ornament und namentlich im Figürlichen freie Hand zu behalten. Meist ließ der Architekt ein Modell oder einen Riß ausführen, gewöhnlich im Maßstab 1 zu 100, die aber nur die Generalidee der Innendekoration gaben. Immer wieder zeigt sich – stellt man Modell und Ausführung nebeneinander – die Freiheit und Eigenart, die Handschrift des Stukkators. Welch ein Unterschied, vergleicht man die Arbeiten Charles Dubuts und jene Zimmermanns, die beide nach den Rissen Effners arbeiteten, noch dazu gleichzeitig am Schloß in Schleißheim. Das Treppenhaus zu Schleißheim wird durch Zimmermanns Stukkaturen ein wahres Kunstwerk, eine wahrhaft kaiserliche Treppe, wo Hermen leicht und schwebend Gesimse tragen, wo schon das moderne, von Frankreich übernommene Bandwerk neben Trophäen und Pflanzenornamenten zusammen mit Gitterwerk die Flächen schmückt. Nach dem Vertrag hatte er sich verpflichtet, in 17 Monaten die Treppenstukkaturen für 2000 Gulden fertigzustellen. Effner war so mit ihm zufrieden, daß er ihn mit Vorliebe beschäftigte und daß Zimmermann bis zum Jahre 1725 in Schleißheim allein 6680 Gulden verdiente. Effner und Cuvilliés brachten aus Paris das Letzte und Neueste an Ornamenten und Ornamentstichen mit, und Zimmermann war ein gelehriger Schüler. Band- und Gitterwerk, Festons und Muschelwerk nahm er schon früh in sein Repertoire auf.

Als 1726 Max Emanuel starb, geriet der monumentale Schloßbau von Schleißheim ins Stocken, denn Karl Albrechts Interesse wandte sich nun dem intimeren Nymphenburg zu.

Zimmermann hatte vom neuen Herrn 1729 den Titel „Hof-Stuccator" erhalten, er unterhielt eine große Werkstatt mit vielen Gesellen, hatte seine Finanzen geordnet, konnte sich ein stattliches Haus um 7800 Gulden am Rindermarkt kaufen, hatte in seinen beiden Söhnen tüchtige Mitarbeiter und schien gegen alle Fährnisse des Lebens gesichert. Seine Gesellen, die er in seinem Sinne und in seiner Manier ausbildete, waren Leute, auf die er sich unbedingt verlassen konnte. Er verwendete sie nach ihrer Eigenart, die einen waren im Laubwerk besser, die anderen im Figürlichen; sie mußten geschickt eingesetzt werden, damit die rasch anzufertigenden Arbeiten wie aus einem Guß erschienen.

Mit seiner Anpassungsfähigkeit war Zimmermann auch dem neuen Stil gewachsen und der neuen Zeit, die heraufkam, als dann im Jahr 1725 François Cuvilliés, erst dreißig Jahre alt, zum Hofbaumeister ernannt wurde. Der auffallend kleine Herr erwies sich als ein Genie, als ein Feuerkopf, sprühend vor Phantasie und Einfällen. Er, der in Paris auf Kosten Max Emanuels ausgebildet worden war, führte das Rokoko zu seiner höchsten, freiesten Stufe, schöpfte Möglichkeiten aus, wie sie in Frankreich, dem Geburtsland des Stiles, nie in Erscheinung traten. In Zimmermann fand er den kongenialen ausführenden Künstler. Es war durchaus ein Novum, daß der junge Architekt, der eine neue Linie, die eben in Paris herrschende, verfocht, der alles ändern und umgestalten wollte, sich des alternden Zimmermann bediente, der schon unter seinem Vorgänger gearbeitet hatte. Aber Cuvilliés wußte wohl, warum. Zimmermann war eigentlich das, was man einen Tausendsassa nennt. Er war nicht nur Stukkator, Bildhauer in Stuck, Freskomaler — er machte auch Modelle für französische Kamine, er schnitzte aus Wachs Modelle für Wandleuchter, modellierte Kapitelle, zeichnete Ornamente für Holzschnitzer, hinterließ eine Unmenge von Handzeichnungen mit Dekorationsentwürfen, malte Altargemälde auf Leinwand, ebenso die Entwürfe seiner riesigen Deckengemälde.

Mit zwei Werken intimer höfischer Dekorationskunst hatte sich Zimmermann mit seinem Arbeitstrupp dem neuen Dirigenten im Hofbauamt als ein Mann des neuen Stils empfohlen: in Benediktbeuern, wo er 1724 bis 1732 die Bibliothek, einige Zimmer und Säle im subtilen französischen Geschmack ausgestattet hatte, und dann in Alteglofsheim bei Regensburg, wo ihm — wohl schon im Benehmen mit Cuvilliés — die Dekoration der sogannten ‚schönen Zimmer‘ oblag.

Mit den dreißiger Jahren begann seine große Zeit. Kurfürst Karl Albrecht wünschte eine großartige Folge von Prunkräumen in der Münchner Residenz — war doch der Traum von einem wittelsbachischen Kaisertum nahegerückt. Unter Cuvilliés Leitung stuckierte Zimmermann die Reichen Zimmer. Hier

Johann Baptist Zimmermann, Bozzetto für das Deckenfresko des Steinernen Saals in Nymphenburg

Johann Baptist Zimmermann, Entwurf für eine Stuckdekoration

zeigt sich der große Wandel gegen alle Dekoration der vorausgegangenen Zeit: kein festes Rahmenwerk mehr, keine Deckengemälde, keine abgegrenzten Hohlkehlen mehr. Nun züngeln die Stukkaturen über die Hohlkehle in den weich eingezogenen Deckenspiegel hinein, steigern sich in den Ecken

und über den Türen ins Vertikale. Nun wächst eine ganze Landschaft in den Plafond hinein: Bäume, vom Wind zerzaust, erstrecken sich in die Höhe und Diagonale, Vögel fliegen und sitzen auf Blüten und Blättern, Diana und Venus, von Putten umspielt, lagern in antikisch-schöner Körperlichkeit auf dem Gesims, geflügelte Amoretten tragen Fackeln und Musikinstrumente. Puttenköpfchen schauen verschmitzt hinter Büschen und Sträuchern hervor. Das ist Zimmermanns Welt, die Welt seiner Phantasie und übersprudelnden Laune.

Und in eben diesen Jahren gibt ihm Cuvilliés seine schönste Arbeit: Im Park von Nymphenburg wächst die Amalienburg, die Karl Albrecht 1734 für seine Gattin Amalia, die große Jägerin, erbauen ließ. Es war eine Glücksstunde der Kunstgeschichte, daß hier zu einem Werk festlicher, beinahe zweckenthobener Architektur alles zusammentraf, was Größe und letzte Einfühlung verhieß: ein großzügiger und kunstsinniger Auftraggeber, ein genialer Architekt, ein hervorragender, phantasiebegabter Schnitzkünstler und ein Stukkator, der auf der Höhe seines Könnens stand.

Silbern auf Gelb sitzen die Stukkaturen im Schlafzimmer und im Jagdzimmer; hier kommt ihnen noch, wenn man so sagen will, eine dienende, nach oben hin abschließende Funktion zu, während die prachtvollen, geschnitzten Tableaus des Joachim Dietrich mit ihrem naturalistisch ausblühenden Muschelwerk den Ton angeben. Im Hauptsaal aber, dem runden Spiegelsaal, herrscht und triumphiert die Stukkatur, hier vor dem blaßblauen und milchig-grauen Grund der Decke entfaltet sie sich zu Bildungen von zauberischer Freiheit und Eleganz. Spiegel und Fenster umgeben den Raum und lassen ihn gleichsam schweben, die Hohlkehle darüber ist wellenartig aufgebogen, Ranken spielen darüber hin und Kartuschen greifen in sie hinein. Über den Wellenkämmen wachsen Bäume auf, lagern Figuren von kräftiger Plastik, Frauengestalten, die ihre Beine frei über das Gesims hängen lassen und die Embleme der Jagd und der Fischerei halten. Amoretten werfen von silbernen Booten ihre Netze aus, exotische Vögel picken und fliegen, Delphine treiben ihr Spiel, Fontänen sprühen auf und man glaubt fast, die silbernen Tropfen fallen zu hören. Wer einmal das Glück hatte, in diesem köstlichsten aller Säle ein höfisches Konzert zu erleben, wenn die Spiegel das Kerzenlicht des großen Lüsters hundertfach reflektieren, wenn der Raum hinauswächst in die abendliche Parklandschaft und die Landschaft gleichsam her-

Amalienburg, Spiegelsaal. Erbaut 1734 bis 1739 von François Cuvillés d. Ä., Stuck von Johann Baptist Zimmermann

einkommt, der wird diesen Eindruck schwer vergessen und er wird vielleicht verstehen, daß diese Einheit des Stils eine letzte ist, die keine Steigerung mehr verträgt.

In der Amalienburg zeigt Zimmermann die vollendete Beherrschung des Figürlichen, mit Grazie und spielerischer Eleganz läßt er Putten und Figuren sich bewegen. Lässig und elegant sitzt Diana, die Königin dieses Jagdschlößchens, über dem Eingangsportal, in natürlicher Gebärde sich streckend, sich umwendend nach dem Putto, der die Jagdhunde führt. Die feine Gruppe ist asymmetrisch angelegt, die Symmetrie des Ganzen wird nur gewahrt durch die glückliche Verteilung von Licht und Schatten in der Ponderation der Massen.

Nun hat Zimmermann, der Meister aus Wessobrunn, den höfischen Ton getroffen, den Cuvilliés von ihm erwartet hat: in der virtuosen Behandlung des Stucks, in der empfindsamen Aufteilung der Flächen und Decken. 1737 schmückt er mit Stukkaturen, wie auch mit Fresken die Jakobskirche am Anger, die durch den Krieg verlorengegangen ist, 1738 fertigt er Stuckierung und Fresken der Pfarrkirche in Prien.

Es folgen dann die schlimmen Jahre des Österreichischen Erbfolgekrieges, in denen die Aufträge wieder seltener hereinkommen. 1742 wird Karl Albrecht in Frankfurt zum Kaiser gekrönt. Aber gleichzeitig rücken die Österreicher mit Panduren und Kroaten in München ein. Die Kaiserherrlichkeit dauert

Amalienburg, Deckenstuck im
Spiegelsaal von Johann Baptist
Zimmermann

48

nicht lange: wenige Jahre später stirbt Karl Albrecht und Max III. Joseph wird sein Nachfolger. Das Leben erweist sich stärker als aller Krieg, auch die Kunst lebt weiter. Es ist die Periode des späten, schon beruhigten Rokoko, die sich jetzt ankündigt und der Zimmermann sich – wenn auch widerstrebend – anpassen muß: die vierte Stilwandlung innerhalb seines Lebens und Schaffens.

Die Aufträge für Fresken nehmen jetzt zu. 1739 bis 1744 schmückt er die ehemalige Hofkirche Sankt Michael in Berg am Laim mit der dekorativen Pracht seiner Deckengemälde, in der gleichen Zeit die Franziskanerkirche in Ingolstadt und die Kirche in Seligental bei Landshut. Im wundervollen Zentralbau der Kirche von Berg am Laim – Johann Michael Fischer hat sie erbaut – sind seine Stukkaturen ganz zart und zurückhaltend, sie ergeben den rechten Rahmen für das Gemälde, das die flache, tellerartige Kuppel zum Himmelsgewölbe formt. Durch die geschickte Verteilung der Farben – von Hell und Dunkel – erreicht er eine seltsame Wirkung der Tiefe und der Ferne. Das Dunkel sitzt unten an den Rändern, dort herrscht noch die ganze Erdenschwere. Der Monte Gargano steigt auf in warmen, braunen Tönen, Bäume wachsen in den Kuppelraum hinein, Bischöfe und Fürsten schreiten in der Prozession, dann aber lichten sich die Farben bis zu dem seidigen Blau des Himmels. Sankt Michael mit dem Flammenschwert schwebt über dem Berg in einer hellen Gloriole. Ähnlich malt Zimmermann in der Franziskanerkirche zu Ingolstadt die phantasievolle Legende des Gnadenbildes, nach diesem Schema auch das Deckenfresko in Dietramszell. Stolz mit Namen und Datum signiert er die Deckengemälde in der Dominikanerkirche in Landshut 1749, ebenso Stukkaturen und Malerei der kleinen Dreifaltigkeitskirche in Grafing 1748. Sowohl in Berg am Laim wie in der Schloßkapelle in Hohenaschau stammen die Altarblätter der Seitenaltäre von ihm, ganz im Stil seiner Deckengemälde, mit einer schwungvoll angedeuteten Vordergrundarchitektur, einer Perspektive, die den Blick sofort in die Tiefe und in die Höhe reißt, mit der Souveränität der Lichtsetzung, mit all den Effekten von Hell und Dunkel, wie sie dem Deckenmaler geläufig sind.

Inzwischen ist er siebzig Jahre alt geworden. Seine Söhne sind ihm tüchtige Helfer und könnten wohl schon allein ins Gerüst steigen, er könnte sich jetzt getrost zur Ruhe setzen. Aber rüstig und tatenfroh beginnt der Alte sein achtes Jahrzehnt. Gerade jetzt vollbringt er – in engster Zusammenarbeit mit seinem Bruder Dominikus – sein spätes Meisterwerk in der Ausstattung der Wieskirche, die sein Bruder im Auftrag des Klosters Steingaden erbaut. Am 1. September 1754 fand die Konsekration dieses seltenen Kirchenbaues statt. Architektur, Stuck und Malerei ergeben einen bisher nie gekannten wunderbaren Zusammenklang. Den Fresken kommt darin die geistige Wegbereitung und die künstlerische Vertiefung zu. Nun gibt es keine abschließenden, keine umschließenden Rahmen mehr – nun ist alles Bewegung, Ausdruck und gestaltete Form. Die Stukkaturen schlagen hinein in den sanft gewölbten Deckenspiegel, in die pastelltönigen Fresken, auf denen sich der Himmel zu öffnen scheint.

Noch kommen in dieser Zeit wichtige Aufträge auf Zimmermann zu: 1754 bis 1756 Neustift bei Freising und die Klosterkirche zu Schäftlarn. Hier verteilt er die Stukkaturen, zartes Muschelwerk, fein und zierlich auf die weißen Wände. Sie geben den diskreten Rahmen für die Gloriole der Deckenfresken. Wiederum öffnet das Gemälde, das die Gründung Schäftlarns von 1140 symbolisiert, die Flachkuppel zum weiten Himmelsgewölbe, wiederum zeigt Zimmermann seine Geschicklichkeit in der Komposition, in der Verteilung der Gruppen, im Zauber des Kolorits. Eine großzügig hingeworfene Landschaft unterstützt das Pathos der Klostergründung. Felsen und Türme und Burgen, Bäume, die sich in die Tiefe verlieren, geben die rechte Kulisse für die Hauptpersonen, den Bischof von Freising und den Propst von Schäftlarn, der vor dem Kirchenfürsten kniet und die Stiftungsurkunde in Empfang nimmt. Über diesem irdischen Kreis erhebt sich die himmlische Region; vor dem hellsten glühenden Licht, im Scheitelpunkt der Kuppel, steht das göttliche Lamm auf dem Buch mit den sieben Siegeln. Zimmermann meistert hier wie auch an seinen anderen Gemälden das ihm von den Klöstern gestellte mystische, allegorisch-symbolische Programm in erstaunlicher Lebendigkeit; er versteht es, das Pathos und das Überirdisch-Ekstatische im Duft seiner Farben zu mildern.

1756 gab er der Peterskirche in München ihr reiches Rokokokleid (im letzten Krieg zerstört, heute annähernd rekonstruiert) und vollendete die Innenausstattung von Neustift bei Freising. Im gleichen Jahr erfüllte er die gotische Klosterkirche in Andechs mit schwerem, reichem, fast tropisch sprießendem Muschelwerk, mit der satten Pracht seiner Fresken. Und noch ein-

Dominikus oder Johann Baptist Zimmermann, Entwurf für die Dekoration im Chor der Wieskirche

mal schuf er dann im Dienst des Hofes ein großes Fresko, den heute verlorengegangenen Plafond des Residenztheaters.

Sein letztes großes Werk für Max III. Joseph, unter der Oberleitung von Cuvilliés, war der Steinerne Saal in Schloß Nymphenburg, wo der 76jährige, wohl zusammen mit seinem Sohn Franz, das späte und temperamentvolle Fazit seiner Kunst gab. Golden stehen die Stukkaturen auf der grün-weißen Wandfläche, Rocaillen, schwer und flammend, bilden die Rahmen der Wandfresken, umranken die Grisaillen in der Hohlkehle, schwingen und züngeln hinein in das Deckengemälde, das auf die Gründung des Schlosses anspielt – die große Allegorie war ja das Lieblingskind des Rokoko: Nymphen huldigen der Göttin Flora, Gartenarchitektur, Boskets und Bäume wachsen in das Gewölbe hinein, unten am Rand sitzen die dunklen Figurengruppen. Nach der Gewölbemitte zu wird alles heller und leichter, da schieben sich rosige Wolken herein, über das azurene Blau spannt sich ein milder Regenbogen, der ganze Olymp tut sich auf, Apoll fährt auf dem Sonnenwagen und seine Pferde sind nur noch eine Vision in Licht. Das Werk ist unverändert erhalten, Stukkaturen und Fresken sind heute noch frisch und strahlend wie am ersten Tag ihrer Schöpfung.

Weit war der Weg der Kunst, den Zimmermann durchschritten hatte, von dem geschlossenen Rahmenwerk, den etwas steifen Akanthusranken der Wessobrunner Frühzeit, hinweg über französisches Bandwerk und zierliche Ranken bis zur flammenden Rocaille, weit war der Weg von den Deckengemälden eines Amigoni bis zu diesen letzten in Duft und Licht sich auflösenden Fresken, weit war der Weg von den Masken und Hermen der Wessobrunner bis zu den anmutigen Putten und Engelsköpfchen.

1757 hat Zimmermann den Steinernen Saal vollendet. Am 2. März 1758 wurde der 78jährige Maler und Stukkator auf dem Petersfriedhof an der Südseite der Peterskirche beigesetzt. Dem Sarge folgten außer seinen Angehörigen, Freunden und Schülern alle seine Gesellen und Mitarbeiter, der ganze Klerus der Pfarrei Sankt Peter, deren Kirche er so herrlich ausgeschmückt hatte.

Es ist wohl anzunehmen, daß die Kunde von seinem Tod weit hinaus ins Land ging, daß in vielen Kirchen und Klöstern Prälaten und Mönche seiner im Gebete gedachten. In Wessobrunn, wo er geboren war, schrieb der Pfarrer in das Totenbuch: „Nobilis Dominus Joannes Zimmermann Wessofontanus ac pictor aulicus et gypsarius Monachii celeberrimus Monachii obiit 1758" – zu deutsch: „Der edle Herr Johannes Zimmermann, aus Wessobrunn, ein sehr berühmter Hofmaler und Stukkator in München, starb zu München im Jahr 1758."

Gerhard P. Woeckel

Der kurbayerische Hofbildhauer Franz Ignaz Günther
(1725 – 1775)

Was die Kunst der Dürerzeit kennzeichnet, gilt in gleicher Weise für das einzigartige Phänomen des von der Landeshauptstadt München ausstrahlenden bayerischen Rokoko. In beiden Epochen gibt es eine erstaunliche Reihe von höchst individuellen künstlerischen Begabungen und zwar auf allen Gebieten der bildenden Kunst. Es ist deshalb keineswegs zu hoch gegriffen, wenn wir gerade den Künstler, von dem anschließend die Rede ist, in die allererste Reihe dieser Meister stellen.

Franz Ignaz Günther wurde in der Provinz, in einem kleinen Marktflecken, geboren. Er kam in sehr bescheidenen Verhältnissen zur Welt. Geboren wurde Günther am 22. November 1725 in Altmannstein im Schambachtal nordöstlich von Ingolstadt. Seit dem späten 15. und bis zum ausgehenden 18. Jahrhundert gehörte der Ort und seine Umgebung zum kurfürstlichen Rentamt München. Ein ganz wesentlicher Umstand für das Erlernen seines späteren Metiers bestand darin, daß der spätere Münchener Hofbildhauer dem eher bäuerlichen Handwerk entstammte. Schon sein Vater Johann Georg (1704 – 1783) und sein Großvater, Johann Leonhard (1673 – 1738), hatten sich mehrfach kunsthandwerklich betätigt.

Wie Franz Ignaz als Kind aussah, läßt das reizende Porträt im Kleinformat erkennen, das sein stolzer Vater von seinem Erstgeborenen malte, als der Sohn gerade ein Jahr alt war. Zu seinen Häupten ist es, wie folgt, bezeichnet: „F: IGNA:/GINTER/ALD/.I. IAHR" (Wiesbaden, Privatbesitz). Als der Bildhauer auf der Höhe seines Ruhmes stand, wurde er von dem Tiroler Martin Knoller (1725 – 1805), damals Hofmaler in Mailand, in einem ungemein lebendig aufgefaßten Porträt im Jahre 1774 gemalt. Von diesem Bild existieren zwei eigenhändige Ausführungen (München, Bayerisches Nationalmuseum und Wiesbaden, Privatbesitz). Bei genauerer Betrachtung vermeinen wir auch heute noch einen Abglanz jener unmittelbaren persönlichen künstlerischen Ausstrahlungskraft zu sehen, die auch in der Geniezeit des bayerischen Rokoko Münchener Provenienz zweifellos eine Ausnahmeerscheinung war.

Intensive genealogische Forschungen (1965) des Architekten und Diplom-Ingenieurs Richard Vollmann (†) beschäftigten sich u. a. auch mit dem von auswärts zugewanderten Urgroßvater unseres Bildhauers. Simon Günther (1644 – 1727) war als Schreiber, Mesner und seit 1676 auch als Lehrer in dem Altmannstein benachbarten Altmühlmünster im Altmühltal tätig. Die durch viele Jahre hindurch angestellten Recherchen von Vollmann brachten schließlich zu Tage, daß die Günther-Familie ursprünglich einem alten Südtiroler Bauerngeschlecht entstammte. Deren Vorfahren saßen im Verlauf des 14., 15. und 16. Jahrhunderts auf dem Güntherhof in Sarns. Im 17. Jahrhundert waren die Günthers auf dem Rainergut im gleichen Ort ansäßig. (Sarns liegt eine Stunde südlich von Brixen, auf dem linken Hochrand des Eisacktales.) Was Simon Günther (als Tagwerkersohn am 6. August 1644 in Brixen geboren) letzten Endes bewogen haben mag, seine angestammte Südtiroler Heimat aufzugeben, um, wie bereits angedeutet, um 1670 in die Johanniterkomturei Altmühlmünster einzuwandern, wird wohl niemals mehr mit definitiver Sicherheit zu beantworten sein.

Wenn man sich anschließend noch mit jener berechtigten Frage beschäftigt, ab wann sich die kunsthistorische Forschung mit dem überraschend vielseitigen Œuvre des großen Münchener Rokokobildhauers Franz Ignaz Günther beschäftigt hat, wird man vor allem den späteren Generaldirektor und Professor Dr. Adolf Feulner (gest. 1945) zu nennen haben. In zwei bahnbrechenden Veröffentlichungen (1920 und posthum 1947) war Adolf Feulner der Wiederentdecker der einzigartigen Kunst des kurbayerischen Hofbildhauers.

Nach dem allzu frühen Tod des Gelehrten ergab sich für den Autor des vorliegenden Berichts die Verpflichtung, in einem Zeitraum von über 40 Jahren das Lebenswerk Franz Ignaz Günthers auf den neuesten Stand wissenschaftlicher Erkenntnisse zu bringen und zugleich dessen Œuvre um überraschende, neue Funde zu bereichern. Es soll dabei keineswegs verschwiegen werden, daß es im gleichen Zusammenhang die unabdingbare Aufgabe des Autors war, gegen vermeintliche „Neuentdeckungen", d. h. allzu dilettantische Fehlzuschreibungen entschieden Stellung zu nehmen (siehe Weltkunst, 57. Jg., Nr. 13 vom 1. Juli 1987, S. 1841 ff.).

Bisher unbeachtet blieb, daß die persönlichen Beziehungen Franz Ignaz Günthers zu seinem Heimatort Altmannstein auch in späterer Zeit niemals ganz erloschen waren, wenn man hier einmal von dem berühmten Kruzifix (1764) absieht, das er der Pfarrkirche Hl. Kreuz seines Geburtsortes schenkte. Ein weiterer Beweis ist eine vergleichsweise wenig bekannte Kanzelbekrönungsfigur als „Pastor bonus"-Darstellung. Wohl um 1750 (?) schuf sie der ab 1754 in München ansässige Bildhauer Günther für die Kanzel der Patronatskirche St. Leodegar der Freiherrn von Bassus auf Sandersdorf und Eggersberg in Mendorf.

Das gleiche gilt für ein lange übersehenes Spätwerk. Es handelt sich um eine (um 1773 – 1775 entstandene) „Mater Dolorosa"-Darstellung (H. 145 cm) im weithin ausstrahlenden Typus der Münchener Herzogspital-Muttergottes. Die Kreuzgruppe war ursprünglich in der alten Simultankirche St. Michael in Weiden aufgestellt. Die dort seit 1656 mit der Seelsorge betrauten Kapuziner-Patres unterstanden bis zur Säkularisation (1802) der Zisterzienserabtei Waldsassen. Erst um 1900 wurde die Kreuzgruppe mit der zugehörigen Güntherschen Mater-Dolorosa-Figur in die damals neu erbaute Stadtpfarrkirche St. Josef in Weiden überführt. Im heutigen Freistaat Bayern ist Weiden die nördlichste Stadt, für die Franz Ignaz Günther eigenhändig eine, von München aus gesehen, Lindenholz-Skulptur mit marianischer Darstellung schuf.

Um von hier aus wieder auf die Vita Günthers zurückzukommen, liegt über seinen Kindheits- und Jugendjahren in Altmannstein Dunkel. Er verbrachte sie im Hause seines Vaters. Außer seiner vielseitigen Tätigkeit als „Schreiner" und seit 1738 auch als „Bildhauer" urkundlich genannt, war Johann Georg Günther d. Ä. von 1742/43 und erneut 1756 bis 1760 Amtsbürgermeister in Altmannstein. Zu bewundern ist sein fürsorglicher Entschluß, seinen nunmehr 18jährigen, hoch talentierten Sohn im Jahre 1743 zum renommierten Münchener Hofbildhauer Johann Baptist Straub (1704 – 1784) in München für sieben Jahre in die Lehre zu geben. Nach neueren Erkenntnissen fand der junge Günther bei einem Onkel väterlicherseits Unterkunft. Es handelte sich um Johann Amand Günther (1711 – 1762). Als „Weinfaktor und bürgerlicher Eisenhänd-

Franz Ignaz Günther, Mater Dolorosa, um 1773/75 (H. 145 cm), von einer Kreuzigungsgruppe, Weiden, Stadtpfarrkirche St. Josef

ler", der in der zum Pfarrbezirk St. Peter gehörenden Rosengasse ein stattliches Haus besaß, hatte es der Münchener Neu-Bürger Johann Amand Günther inzwischen zu Rang und hohem Ansehen gebracht.

Aufgrund anderer Recherchen sind die Stationen auf der Wanderschaft Franz Ignaz Günthers inzwischen viel überschaubarer geworden. Belegt ist zunächst ein kurzer Aufenthalt im Jahre 1750 in der erzbischöflichen Residenzstadt Salzburg. Längere Zeit, d. h. zwischen 1751 und 1752, hielt sich der junge Franz Ignaz zur weiteren Vervollkommnung seiner künstlerischen Ausbildung in der kurpfälzischen Residenzstadt Mannheim auf. Das intensive Studium der ingeniös geschnitzten und gezeichneten Werke des dort ansässigen kurpfälzischen Hof-bildhauers Paul Egell (1691–1752) gehört fraglos zu den am höchsten zu bewertenden Bildungsfaktoren des späteren Münchener Bildschnitzers und vorzüglichen Zeichners Franz Ignaz Günther.

Ein weiterer Fixpunkt, der für den noch in der Ausbildung befindlichen Bildhauer-Gesellen Günther von hochrangiger Bedeutung war, dürften die engen Beziehungen der in Altmannstein ansässigen Günther-Familie zu dem begabten Bildhauer Richard Georg Prachner (1705–1752) gewesen sein. Geboren in Gimpertshausen bei Breitenbrunn in der Nähe von Riedenburg, erwarb der eben Genannte im Jahre 1731 das Bürgerrecht in der Prager Altstadt. Durch Prachner dürfte Günther im vorletzten Jahr seiner Wanderschaft (d. h. um 1752) in die ungemein kunstfreundliche Stadt Olmütz (Olomouc) weiterempfohlen worden sein. Es war die zweite Hauptstadt des Landes Mähren. Dort besaß der aus mährischem Uradel stammende kaiserliche Rat Johann Ludwig Reichsgraf von Žierotin und Freiherr von Lilgenau (1699–1761) ein Stadtpalais. Der zum begüterten Landadel gehörende Graf wird damals die Bekanntschaft Günthers gemacht haben und sogleich von dessen künstlerischen Fähigkeiten völlig überzeugt gewesen sein. Jedenfalls betraute Reichsgraf Žierotin den bayerischen Bildhauer alsbald mit der erstaunlicherweise gut erhaltenen prachtvollen religiösen Ausstattung einer kleinen Patronatskirche. Es handelt sich um die Pfarrkirche zur Allerheiligsten Dreifaltigkeit in Kopřivná (früher Geppersdorf) im Altvatergebirge in der Nähe von Mährisch-Schönberg (heute Šumperk). Zum Hochaltar gehört die ungewöhnlich schöne, partiell feuervergoldete Silbermonstranz (H. 72,6; B. 33 cm). Nach einem Günther-Modell wurde sie um 1752/53 von dem ursprünglich aus Salzburg stammenden Olmützer Goldschmied Johann Simon Forstner ausgeführt (Meistermarke SF, Beschauzeichen der Stadt Olmütz, Kontrollstempel der Stadt Brünn sowie Feingehaltszeichen : 12 K). Wie die päpstlichen Insignien im Verein mit dem Žierotin-Wappen des Kirchenerbauers an der Westeingangswand der genannten Kirche sowie eine gerahmte römische Pergament-Urkunde im Chorraum beweisen, erreichte es der Reichsgraf in Rom, daß seine Patronatskirche in der abgelegenen Ortschaft (ca. 60 km nördlich von Olmütz) ungewöhnlicherweise zur BASILICA MINOR ernannt wurde. Für den

Franz Ignaz Günther, Immaculata vom Hochaltar der Pfarrkirche zur Allerheiligsten Dreifaltigkeit in Kopřivná (Geppersdorf), um 1752

jungen Günther war andererseits fraglos die Bezahlung seines Erstlingswerkes finanziell die Voraussetzung, daß er anschließend die Bildhauerklasse der k. und k. Akademie in Wien vom 17. Mai bis 10. November 1753 besuchen konnte. Er verließ sie mit dem sogenannten „Academischen Testimonium". Es bestand aus einem goldenen Schautaler, der an einem breiten Band um den Hals getragen wurde. Damit war Franz Ignaz Günther in Wien akademischer Bildhauer geworden, ein Rang, den seine anderen Münchener Bildhauerkollegen (Johann Baptist Straub und Roman Anton Boos) nie erreicht haben.

Aufgrund dieser besonderen Auszeichnung wurde Günther am 5. Juni 1754 durch die „gnädigste" Bewilligung des Kurfür-

Johann Simon Forstner, Immaculata, von einer Monstranz in der Pfarrkirche von Kopřivná (Geppersdorf), nach einem Entwurf von Franz Ignaz Günther

anwesen Oberanger 11 (früher Nr. 2) und Unterer Anger 30 um rund 4000 Gulden. In diesem Hause, wo sich seit etwa 1761 die (aus Eichenholz geschnitzte und einst polierweiß gefaßte) Hausmadonna befand (München, Bayerisches Nationalmuseum), starb der große Künstler am 26. Juni 1775. Er hatte nur ein Alter von 49½ Jahren erreicht.

Die klare Überschaubarkeit seines hier nur in groben Umrissen skizzierten Œuvres äußert sich auch in kunstgeographischer Hinsicht. Wenn man einmal von seinem bereits genannten Erstlingswerk in mährischen Kopřivna einmal absieht — ganz zu schweigen von seinem weltberühmten Spätwerk. Gemeint ist damit die original polychrom gefaßte, lebensgroße Pietà-Gruppe (1774), die wie ein Schwanengesang des damit zu Ende gehenden bayerischen Rokoko anmutet. Nach Anfertigung von zwei fast identischen Lindenholz-Modellen (München, Bayerisches Nationalmuseum, Inv. Nr. L 73/251, ehem. Slg. A. Feulner, und Stuttgart, Württembergisches Landesmuseum; Inv. Nr. 1983 – 199), die beide von Günther in München ausgeführt wurden, wurde die Pietà-Gruppe (163:142:68 cm), die auf der Rückseite signiert und 1774 datiert ist, von dem zum Münchener Hofadel gehörenden Reichsfreiherrn Maximilian Emanuel von Rechberg-Rothenlöwen (1736 – 1819) dem Münchener Hofbildhauer in Auftrag gegeben. (Nach: I. Fischer, Heimatgeschichte von Weißenstein und Umgebung, S. 191, wurde die höchst imposante Skulpturengruppe aus Lindenholz jedoch nur mit dem auch für die damalige Zeit reichlich gering bemessenen Betrag von 124 Gulden entlohnt.) Dieses Chefd'œuvre Günthers wurde in der freiherrlichen Patronats- und Friedhofskapelle „Ad B. Mariam Virginem Matrem Dolorosam" in der Rechberg'schen Ortschaft Nenningen (im heutigen Baden-Württemberg) aufgestellt.

Um damit wieder nach München zurückzukehren: Die bayerische Landeshauptstadt als Residenz eines besonders musisch eingestellten Hofes hat dem jungen Bildhauer an bleibenden künstlerischen Eindrücken gewiß ebensoviel vermittelt, wie der Genannte ihr umgekehrt später wieder zurückerstattete. Auch in dieser Hinsicht wurde München zur zweiten Heimat des Künstlers. Es ist in diesem Zusammenhang keineswegs zu übersehen, daß die großen Klöster und Stiftskirchen auch noch in dem damals zu Ende gehenden Rokoko einen erstaunlich gro-

sten Max III. Joseph zum „hofbefreiten" Bildhauer (freilich ohne Gehalt) ernannt. Drei Jahre später heiratete der Hofbildhauer Franz Ignaz Günther (bei St. Peter in München) am 17. Januar 1757 Maria Magdalena Hollmayr, Tochter eines Silberhändlers aus Huglfing bei Weilheim. Auf „offener Gant" erwarb der Bildschnitzer am 2. Oktober 1761 im Angerviertel das (im Kern bis auf das 14. Jahrhundert zurückgehende) Doppel-

Franz Ignaz Günther, Entwurf für das sog. ›große‹ Nymphenburger Porzellan-Kruzifix. Mehrfarbig lavierte Werkzeichnung über Bleigriffel

Das sog. ›große‹ Nymphenburger Porzellan-Kruzifix für den Hochaltar (1757) der 1944 zerstörten Cäcilien-Hofkapelle in der Münchener Residenz

ßen Bedarf an „moderner" religiöser Ausstattungskunst hatten. Sie bezieht sich ebenso auf die Neuaufstellung großer Hochaltäre als auch auf prunkvolles Silbergerät (Tabernakel, Heiligenbüsten, Reliquienstatuetten und Monstranzen). Von diesen Ausstattungen sind außer dem zerstörten vierfigurigen Hochaltar (1755 ff.) in der Stiftskirche St. Andrä auf dem Freisinger Domberg hier Altenhohenau am Inn (1757 ff.), Weyarn

(1755 – 1765), Rott am Inn (1759 – 1762) sowie Freising-Neustift (1765/66) und Mallersdorf in Niederbayern (1768 – 1770) zu nennen.

Von den frühen Münchener Jahren sagte der Bildhauer einmal selbst, er hoffe allen ein „Contento zu geben, daß ich jetzt guet und wohlfeil arbeithen mueß, um mich bekannt zu machen". Es ist deshalb mit Recht zu vermuten, daß die für die

55

einzigartige Schnitzkunst Günthers sich interessierenden, kunstverständigen Pfarrherren im bayerischen Alpenvorland sich glücklich schätzten, für ihre dörflichen Kirchen so meisterhaft ausgeführte Werke mit religiöser Thematik erhalten. Ohne daß es hier möglich wäre, auf Details einzugehen, seien hier summarisch güntherische Werke in der Pfarrkirche St. Rupertus (1758) in Eiselfing bei Wasserburg am Inn, in der Pfarrkirche St. Jakob (1767) in Vierkirchen bei Dachau sowie der besonders schöne Hochaltar mit der Gruppe der Hl. Familie (1764 ff.) in der Alten Pfarrkirche St. Joseph in Starnberg genannt.

Mit der farbig gefaßten, lebensgroßen, berühmten Schutzengelgruppe (H. 177 cm; heute im Bürgersaal in München) und dem im Gegensinn komponierten, farbig angelegten Entwurf (München, Staatliche Graphische Sammlung; Inv. Nr. 32082) sowie den im Jahre 1772 vollendeten, virtuos geschnitzten fünf Relieftüren der Kirche Unserer Lieben Frau hat sich Günther in der Landeshauptstadt München selbst ein bleibendes Denkmal gesetzt.

Unter einer völlig falschen Attribuierung an den schon um Jahre 1736 (!) in Freising tätigen Maler Joseph Unterleitner tauchte im Münchener Kunsthandel im Spätherbst 1986 eine über Bleigriffel grau lavierte Federzeichnung (235:180 mm) auf. In diesem Blatt, das Entwürfe für auf Rocaille-Sockeln stehende Wandfiguren mit Darstellungen der Heiligen Florian und Johann von Nepomuk zeigt, erkannten wir auf den ersten Blick ein sehr qualitätsvolles Werk des ausgezeichneten Bildhauers und Zeichners Franz Ignaz Günther. Mit Recht wurde das Blatt anschließend von der Staatlichen Graphischen Sammlung in München erworben (Inv. Nr. 1986:15). Ob die figuralen Entwürfe auch ausgeführt wurden, ist unbekannt. Die hier erstmals veröffentlichte Zeichnung, die in besonderer Weise auch die Licht- und Schattenwerte eines kirchlichen Innenraumes mit berücksichtigt, war für den potentiellen Auftraggeber bestimmt. Andererseits ist es keine Frage, daß sich gerade von dem an das Ende der fünfziger Jahre zu datierenden Sankt-Johann-von-Nepomuk-Figuren-Entwurf unverkennbare stilistische und motivische Beziehungen zu einer von der gleichen Hand ausgeführten, aus Lindenholz geschnitzten, themengleichen Statuette ergeben (H. mit Sternenkranz 79 cm). Das Besondere gerade an dieser Heiligenfigur ist, daß sie ursprünglich als Hausfigur in einer verglasten Nische aufgestellt war. Bewun-

Franz Ignaz Günther, Entwurf für Wandfiguren: hl. Florian und hl. Johann Nepomuk. Grau lavierte Federzeichnung über Bleigriffel

dernswert ist ihre unberührte, sog. „metallische" Fassung. Seit 1982 befindet sich dieses Meisterwerk Günthers im Württembergischen Landesmuseum in Stuttgart (Inv. Nr. 1982/79).

Frömmigkeitsgeschichtlich von besonderer Bedeutung in diesem Fall ist, daß der Heilige Johann von Nepomuk, am 19. März 1729 durch Papst Benedikt XIII. (1724–1730) in Rom heiliggesprochen, schon am 14. Mai des gleichen Jahres zum neuen Landespatron des Kurstaates Bayern durch Kurfürst Karl Albrecht ausgerufen wurde.

Obwohl dessen Sohn Kurfürst Max III. Joseph (1745–1777)

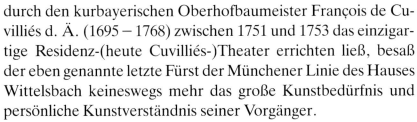

Franz Ignaz Günther, Statuette des hl. Johann Nepomuk

Franz Ignaz Günther, Pietà aus der Friedhofskapelle von Nenningen, 1774

durch den kurbayerischen Oberhofbaumeister François de Cuvilliés d. Ä. (1695 – 1768) zwischen 1751 und 1753 das einzigartige Residenz-(heute Cuvilliés-)Theater errichten ließ, besaß der eben genannte letzte Fürst der Münchener Linie des Hauses Wittelsbach keineswegs mehr das große Kunstbedürfnis und persönliche Kunstverständnis seiner Vorgänger.

Wenn man mit einigem Schaudern an die Peinlichkeit des allzu krassen Naturalismus und die durchweg mangelnde Perspektive sich erinnert, die bei eingehender Betrachtung der vier großen, bunt gefaßten Reliefaltäre (um 1747 – 1757) festzustellen

sind, die Johann Baptist Straub mit großer Werkstattbeteiligung für die Karmeliterklosterkirche St. Therese und Johannes vom Kreuz in Reisach am Inn schuf, wird man inne, daß dieser Münchener Hofbildhauer sich damit selbst disqualifiziert hat. Andererseits ist aber das große Kunstverständnis zu bewundern, das um die gleiche Zeit am Münchener Hof herrschte. Aufgrund dieser völlig richtigen Einstellung — wobei sicher Max III. Joseph die letzte Entscheidung traf — ging an den Hofbildhauer Günther der ihn ganz besonders auszeichnende höfische Auftrag, für die Hof- und Gartenseite des Schleißheimer

Schlosses im Jahre 1763 die höchst repräsentativen reliefierten Türen aus Eichenholz zu schnitzen. Es steht außer Frage, daß es sich hier um die schönsten geschnitzten Eichenholz-Türen handelt, die man vom Rokoko in Deutschland kennt.

Max III. Josephs hervorragende kunsthistorische Bedeutung besteht aber auch darin, daß er am 1. November 1747 die kurfürstliche Porzellanmanufaktur ins Leben rief. Zuerst im Schlößchen Neudeck in der Au etabliert, übersiedelte sie im Jahre 1761 nach Nymphenburg und zwar in ein Kavaliershaus im nördlichen Schloßrondell. Die für den Kurfürsten und seine Gemahlin bestimmten Raumfluchten über dem Antiquarium in der Münchener Residenz wurden durch den Oberhofbaumeister Johann Baptist Gunezrhainer (1696–1763) völlig neu ausgestattet. In Anwesenheit des gesamten Hofstaates wurde der unter dem Namen Cäcilien-Kapelle bekannte gottesdienstliche Raum von dem Freisinger Weihbischof Franz Ignaz Albert von Werdenstein am 9. Januar 1757 feierlich geweiht. Höchst eigentümlich an diesem Altar war ein zuerst von dem großen Porzellanforscher Friedrich H. Hofmann bemerktes großes Porzellan-Kruzifix mit den recht stattlichen Maßen von 40,5 Zentimetern Höhe bei einer Corpus-Breite von 20 Zentimetern. Weitere Recherchen bei Hofmann ergaben, daß das „große" Porzellan-Kruzifix – heute das erste nachweisbar religiöse Werk der Manufaktur – im Jahre 1755 auf schwarzgebeizten Kruzifix-Postamenten und Stöcken eines Münchener Hofkistlers um genau 30 Gulden zum Verkauf angeboten wurde. Geht man weiter davon aus, daß besagtes Kruzifix, offenbar ein Einzelstück, mitsamt der Cäcilienkapelle im Jahre 1944 zerstört wurde, gereicht es andererseits doch zum Trost, daß in der Nymphenburger Manufaktur die im 18. Jahrhundert angefertigten originalen Kruzifix-Modelle glücklicherweise erhalten geblieben sind. Aufgrund der dadurch ermöglichten Neuausformungen des (mit der späteren Modell-Nr. 624 versehenen) „großen" Porzellan-Kruzifixes sowie der durch uns vorgenommenen Konfrontierung des eigenhändig gezeichneten themengleichen um 1754 zu datierenden Entwurfes des Münchener Hofbildhauers Günther (Münchner Stadtmuseum, M/S I, Nr. 1205), war es uns erstmals möglich, das genannte Werk mit dem Oeuvre des zuletzt Genannten stilistisch einwandfrei zu identifizieren. Für die kurfürstliche Porzellanmanufaktur war es gewiß eine Sternstunde, daß mit diesem besonderen höfischen Auftrag gerade der weitaus bedeutendste Rokokobildhauer Franz Ignaz Günther betraut wurde. Sieht man das „große" Porzellan-Kruzifix einmal vom Standpunkt des fürstlichen Auftraggebers aus, entsprach es gewiß seinem persönlichen Wunsch, ein in seiner Manufaktur ausgeformtes Werk ständig als Kruzifix auf dem Hochaltar seiner Privatkapelle vor Augen zu haben: Einen vornehmeren Standort als den Cäcilienkapellen-Hochaltar im Herzen der Münchener Residenz hätte man im gesamten Hofbereich nicht finden können.

Wer sich rückblickend mit Franz Ignaz Günther näher beschäftigt, wird bald innewerden, daß seine Person ganz hinter seinem großen Werk zurücktritt. Als sensibles Kind des Dixhuitième ist er viel eher mit dem gleichzeitig in München wirkenden Oberhofbaumeister François de Cuvilliés d. Ä. vergleichbar. In der Spiritualisierung seines bildhauerischen Werkes ist Günther durchaus mit dem größten musikalischen Genie des 18. Jahrhunderts, mit Wolfgang Amadeus Mozart, zu vergleichen. Heute erscheinen uns beide Künstler als Inkarnation des Stilbegriffs ihrer Epoche. Auf seinem ureigensten Gebiet, der von ihm mit höchster Virtuosität beherrschten bayerischen Rokokoplastik, und seiner überragenden zeichnerischen Begabung hat der Münchener Rokokokünstler wahrscheinlich nicht seinesgleichen.

Signatur von Franz Ignaz Günther von der Rückseite der Nenninger Pietà

Dieter Dersken und Eberhard Horst

„Das verkünstelte Opernhausgepäu des Herrn von Cuvilliés"

Zur Geschichte des Münchner Residenztheaters

Die Geschichte des Münchner Residenztheaters beginnt in der Mitte des 18. Jahrhunderts, in der Zeit einer bedeutenden geistesgeschichtlichen Wende. Die Gedanken der Aufklärer Voltaire, Diderot und Rousseau bewegen die Gemüter. Alle Stände − Adel, Geistlichkeit und Bürgerschaft − werden von dem neuen Lebensbewußtsein ergriffen. An die Stelle des anspruchsvollen und titanenhaften Barock ist eine heitere menschenfreundlichere Auffassung getreten. Man träumt und spielt, liest die Idyllen Salomon Gessners und schwärmt vom Leben in der Natur. Man flieht die bedrückenden und kühlen Mauern der alten Schlösser. Luftige Jagdpavillons werden in die Natur gestellt, und selbst die Bürgerhäuser nehmen in ihrem Erscheinungsbild etwas von der Leichtigkeit und Verspieltheit jener Tage an.

Die Stadt München ist in diesen Tagen ein einziger Bauplatz. Überall wachsen Kirchen und Schlösser, schöne Palais und Bürgerhäuser mit hellen Farben und zierlichem Schnörkelwerk empor. In wenigen Jahren ‚schneidern' die Meister Effner, Dietrich, Zimmermann und Cuvilliés der alten Residenzstadt ein neues, elegantes Kleid. Das gesellige Leben, Musik und Theater, stehen nicht zurück. Englische, spanische und deutsche Wandertruppen gastieren in den Bräusälen der Stadt. Im Faberbräu an der Sendlingergasse gibt man deutsche Schauspiele und die beliebten Hanswurstiaden − die bayerische Abart der italienischen Commedia dell'arte. Am Hofe war das gesellige Leben in einer so kunstfreudigen Entfaltung begriffen, daß ein Gesandter aus den Niederlanden − gewarnt vor den unwirtlichen und kargen Verhältnissen − begeistert nach Brüssel berichtete: „Mon cher! Sie haben mich falsch beraten. Ich habe meine Damen zurückgelassen. Aber welch Unglück! Es ist alles komfortabel. Am Hofe seiner kurfürstlichen Durchlaucht habe ich gefunden, was ich an andern Höfen vergeblich suchte: ein großes Amusement und excellentes Theater. Man spricht hier perfectement französisch, so daß ich viel Diskurs hatte."

In den Märztagen 1750 gastierten im Georgisaal der Residenz französische Komödianten. Am 13. März, nach Schluß des Schauspiels, verursachte eine nachlässig verwahrte Flamme einen gewaltigen Brand: „Die Residenz war bereits im tiefen Schlaf, und es waren schon die beiden Flügel vom Georgensaal eingeäschert. Aber ehe die Flammen in das Kabinett dringen und Gebäude und Menschen verschlingen konnten, wurden die Schlafenden geweckt. Und dennoch fanden fünf Weibs- und drei Mannspersonen im Schutt ihr Grab. Eine unglückliche Hofdame stürzte mit der Treppe in die Flammen und wurde bald hernach halb verbrannt gefunden."

Betroffen von diesem unglücklichen Ereignis, dem auch das kostbare Archiv des Georgiordens zum Opfer gefallen war, bestimmte Kurfürst Max III. Joseph, daß fortan keine theatralischen Veranstaltungen mehr innerhalb der Residenz stattfinden dürfen.

Noch im gleichen Jahr erhielt der kurfürstliche Hofbaumeister François Cuvilliés den Auftrag, den Plan zu einem neuen Opernhaus, zu einem „Teatro nuovo presso la residenza", zu entwerfen. Das Haus sollte dort gebaut werden, wo ehedem das prachtvolle Badehaus Karls VII. stand. Da der Baugrund nicht reichte, nahm man jenen Teil des Orangeriegartens hinzu, in welchem die Fischgräben der Hofküche lagen. Durch einen Trakt sollte das Teatro nuovo mit den Reichen Zimmern der Residenz verbunden werden.

Wie sein Vorgänger Joseph Effner verdankt der Hofbaumeister seine künstlerische Ausbildung der Gunst des Kurfürsten. Max Emanuel hatte während seines Aufenthaltes in Brüssel den elfjährigen, klein gewachsenen François Cuvilliés in seinen Hofstaat aufgenommen. Bald erkannte er die große Begabung dieses Jungen und schickte ihn nach Paris, damit er dort die Architektur erlerne. Seit 1724 weilt Cuvilliés wieder in München, baut für den Hof und für den Adel, konkurriert geschickt mit dem etwas schwerfälligeren Hofbaumeister Effner. 1727, nach dem Regierungsantritt des Kurfürsten Karl Albrecht, ist er der

München, Cuvillés-Theater, Proszeniumsloge, 1751 bis 1753

führende Mann im Hofbauamt, und wenig später kann er durch die Gestaltung der Prunkgemächer der Residenz seinen hervorragenden künstlerischen Rang beweisen.

Die folgenden Jahre (1728–45) bringen dem kleinen Wallonen einen glanzvollen Aufstieg als erster Architekt Karl Albrechts, dem dann 1745 der Weg in die Ungnade folgt, bis ihm ein großer Auftrag des Kurfürsten Max III. Joseph – eben das Residenztheater – wieder die Gunst des Hofes einbringt.

Zum Bau des Residenztheaters ergeht am 25. Juli 1751 ein Befehl an die Gerichte Wolfratshausen, Tölz, Aibling und Dachau, unverzüglich von jedem Ort zehn Maurer nach München zu befördern. Die Ziegeleien der Umgebung Münchens haben die Hälfte aller gebrannten Steine gegen Barzahlung bei der Baudirektion abzuliefern. Die Ziegeleibesitzer weigern sich zunächst; aber ein erneuter drohender Befehl des Kurfürsten macht sie gefügig. – Ein knappes Jahr nach dem Baubeginn steht der Rohbau des Theaters fertig da. Am 15. September 1752 kann der Dachstuhl aufgesetzt und das Richtfest gefeiert werden. Der Kurfürst drängte zur Fertigstellung; aber unter den Bürgern der Stadt wollten die Gerüchte nicht verstummen, daß der Neubau auf morastigen Grund gesetzt, nicht genügend gesichert und deshalb zum Einsturz verdammt sei.

Für die Inneneinrichtung des Hauses werden in den Wäldern am Staffelsee über tausend Baumstämme gefällt. Doch wegen des starken Frostes weigern sich die Flößer, das Holz nach München zu triften. So ordnet der Kurfürst an, daß die Stämme auf Pferdeschlitten nach München geschafft werden.

Aber nicht allein das Drängen des Kurfürsten forciert den Bau. Dem beauftragten Hofbaudirektor Cuvilliés stand ein Stab erfahrener und berühmter Meister zur Verfügung. Cuvilliés führte ein strenges Regiment und duldete keine Dilettanten mit noch so bekannten Namen. Einer von ihnen, der vielbeschäftigte Theaterdekorateur Johann Paul Gaspari, führt bewegt Klage: „Die Cuvilliés nebst ihren Anhängern haben zur seelentrüglichen Mortification allen Wohlstand dergestalten zur Seiten gesetzt, daß sie nit Scheu trugen, mir auf öffentlichem Theatro niederträchtigst anzudrohen, mir tausend Fuess vorm salva venia Hintern zu geben."

Zu den engen Mitarbeitern François Cuvilliés am Zeichenbrett gehörten sein Sohn, der jüngere Cuvilliés, und sein begabter Schüler Karl von Lespilliez. Die Figuren und Großzieraten schuf der Bildhauer Johann Baptist Straub, einer der Haupt-

meister des kirchlichen Rokoko. Neben ihm standen die Schneidkistler Adam Pichler, Joachim und Nikolaus Dietrich. Als Freskanten hatte Cuvilliés den alten angesehenen Johann Baptist Zimmermann, den Meister der Stukkatur und Malerei, geholt. Von Mannheim kam der Maler und Marmorierer Ambrosius Hörmannstorffer: Es waren die gloriosen Künstler des bayerischen Rokoko, mit Namen, die dem Kenner und dem biederen Bürger etwas sagten; hatte man doch in mindestens einer Kirche schon einen Altar oder eine Kanzel von ihnen gesehen. Wie groß mochte daher die Erwartung aller sein, wenn man vernahm, daß sie jetzt gemeinsam an der Entstehung des neuen Theatergebäudes mitwirkten.

Am 12. Oktober 1753, am Namensfeste des Kurfürsten Maximilian Joseph, fand die Eröffnung des „Teatro nuovo presso la residenza" statt. Man gab Pietro Metastasios Opera *Il Catone in Utica* mit der Musik des kurfürstlichen Rates und Kammermusikdirektors Giovanni Ferrandini. Schon während des Baues hatte Cuvilliés den Titel eines Oberbaumeisters erlangt. Sein Fürst war offenbar mit ihm zufrieden, nicht aber die Hofkammer. Als 1754, ein Jahr nach der Eröffnung des Theaters, der Architekt beim Hofbauamt um eine Gehaltserhöhung nachsuchte, wurde er abschlägig beschieden mit der Begründung, „daß uns von des Cuvilliés Meriten ausser des verkünstelten Opernhausgepäus nichts bekannt."

„Juwel des Rokoko", so wurde das Münchner Residenztheater vor seiner Zerstörung in allen Kunstführern genannt. Diese Auszeichnung war durchaus berechtigt. Auch Frankreich, das in der Rokokozeit in allen Geschmacksfragen den Ton angab, hatte keinen schöneren Raum dieser Art. Worin aber bestand eigentlich der künstlerische Wert? Adolf Feulner, der unvergessene Münchner Kunsthistoriker und Entdecker des bayerischen Rokoko, hat auf diese Frage eine ebenso sachkundige wie brillante Antwort gegeben:

„Der ganze Aufbau hatte etwas Zufälliges an sich. Er war wie ein Gerüst, das vorübergehend für eine Festlichkeit improvisiert war. Nirgends eine feste Wand, überall drang der Raum durch, als ob man in einer Laube im Freien sich befände. Auch der Dekor hatte etwas vom Ausdruck des Improvisierten. Die Draperien lagen so, als ob sie im nächsten Augenblick der Luftzug wieder verschieben könnte. Die Girlanden, die Kartuschen waren wie natürliches Gewächs als festlicher Schmuck an einer Laube befestigt, nur durch die Form und Fassung in einer Sphä-

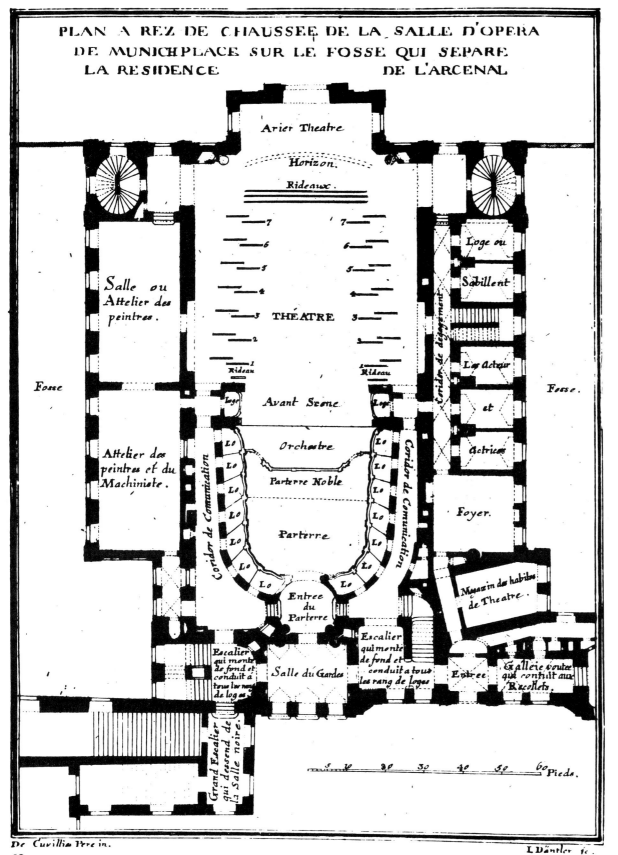

PLAN A REZ DE CHAUSSEE DE LA SALLE D'OPERA
DE MUNICHPLACE SUR LE FOSSE QUI SEPARE
LA RESIDENCE   DE L'ARCENAL

Arier Theatre

Horizon.

Rideaux.

7   7

6   6

5   5

Salle ou   4   4
Attelier des
peintres.   3   THEATRE   3

2   2

1   1
Rideau   Rideau

Fosse   Loge   Avant Scene   Loge   Fosse.

Lo   Orchestre   Lo

Attelier des   Lo   Parterre Noble   Lo
peintres et du
Machiniste.   Lo   Lo

Lo   Parterre   Lo   Foyer.

Lo   Lo

Lo   Lo

Lo   Entree   Lo
du
Parterre

Loge ou

Sabillent

Les Acteur

et

Actrices

Coridor de dejagement

Coridor de Comunication   Coridor de Comunication

Magazin des habits
de Theatre.

Escalier
qui monte
de fond et
conduit a
tous les rang
de loges

Escalier
qui monte   Salle du Gardes
de fond et
conduit a tous
les rang de loges

Entree   Gallerie voutee
qui conduit aux
Recollets.

Grand Escalier
qui descend de
la Salle noire.

5 10   20   30   40   50   60 Pieds.

De Cuvillies Pere in.   L Däntler fc.
62

Cuvillés-Theater, Grundriß. Stich von
L. Däntler nach François Cuvillés

re des Stilisierten gehoben. Der ganze Schatz an Motiven atmete Fröhlichkeit und Heiterkeit. Die Hermen waren ausgelassen, mit Ähren, Blumen maskiert und lachten, schrien, die Putten tummelten sich lustig über den Fürstenlogen und trugen nebenbei die Kurfürstenkrone. Die exotischen Palmen brachten die Erinnerung an eine erträumte Welt, sie wollten auch zur Steigerung der Stimmung dienen, in eine gehobene Atmosphäre versetzen. Die Ornamentik des Muschelwerks hatte schon einen neuen Grad der Natürlichkeit. Die saftigen Blätter, die wir auch im Potsdamer Rokoko und im Spätrokoko Frankreichs finden, die Hülsenfrüchte waren schon die Anzeichen dafür, daß das Irrationale des Muschelwerks sich bald verlieren wird. Ein neues Naturgefühl klopfte leise an die Türe.

Der freudige Eindruck wurde noch gesteigert durch die Farbe, durch das Weiß des Gerüstes, das Gold der Akzente, der Ornamente, Kartuschen, Palmen, durch das festliche Rot der Draperien. Die Farbe hatte noch besondere architektonische Funktion. Sie band. Bühne, Fürstenloge und Hauptrang waren betont. Wie ein Seidenband ging dieses leuchtende Rot durch den Raum, gesteigert an den Stellen, die am meisten ins Auge fallen sollten. Gerade wenn man der Funktion des Einzelnen nachgeht, entdeckt man bald die ordnende Hand des Künstlers, die von dem feinsten Gefühl geleitet, dem Festgefügten aus dem Wege ging und das Strenge durch geistreiches Spiel verschleierte.

In diesem Kontrast von Laune und Strenge, von Gelockertheit und Haltung, von geistreichem Witz und höfischem Zeremoniell, von ornamentalem Spiel und architektonischem Ernst, von Regelmäßigkeit und Ungebundenheit lag der Charakter des Raumes. Man brauchte nur auf Cuvilliés Stich die bunten Farben der Kostüme ergänzen, das bunte Spiel der Bänder, das Glitzern der Orden, das Weiß der Perücken, das Knistern der Seide. Für die vornehme Welt, die durch das Zeremoniell in bestimmter Rangfolge an die Person des Kurfürsten gebunden war, war der Raum geschaffen. Leichter noch hatte sich die spezifische Geistigkeit des Rokoko geöffnet, wenn auf der Bühne eine Mozartoper gegeben wurde, wo auch Scherz und Ernst in eine Sphäre spielerischer Künstlichkeit gebannt sind, wo prickelnde Koloraturtragik unser Herz rühren will. Wenn aus der Musik die gleichen einschmeichelnden Rhythmen erklangen, die die Architektur durchzogen. Diese Einheit höherer Art war ein unbeschreiblicher Kunstgenuß."

Während das alte Opernhaus am Salvatorplatz das ganze Jahr hindurch bespielt wurde, diente das neueröffnete Residenztheater den Aufführungen der großen Prunkopern während des Karnevals, den Ballfestlichkeiten und Maskeraden des Hofes. Cuvilliés konstruierte ein Räder- und Hebelwerk, das den zur Bühne geneigten Parkettboden hochheben konnte. So wurden Bühne und Zuschauerraum zu einem einzigen großen Festsaal. Der Directeur und Arrangeur der höfisch festlichen Veranstaltungen war der kurfürstliche Kämmerer Graf von Seeau. Max III. Joseph hatte ihn ,,in Anbetracht bisher zur gnädigsten Zufriedenheit geleisteter Dienste, dann sonstige besitzende besondere Eigenschaften in gnädigste Consideration gezogen" und zum ,,Intendanten der Musik und Spektakeln" ernannt. − Wenn es nach den bösen Zungen ging, wäre der Graf allerdings deswegen zum Musikintendanten ernannt worden, weil er der einzige Kavalier am Hofe war, ,,der einen Steyrischen auf der Violine spielen konnte".

Andere Stimmen, wie die Berliner Tageszeitung, nennen dagegen den Grafen einen Beschützer und Kenner der Künste. Bemerkenswert bleibt jedenfalls, daß Seeau fast ein halbes Jahrhundert lang das Münchner Theaterleben maßgebend beeinflußte.

1753 wird Ferrandini zur Auswahl einiger Sänger nach Italien geschickt. Dem Hofkapellmeister Giovanni Porta stellt man einen Vicekapellmeister zur Seite, Andrea Bernasconi. Er wird nach Portas Tod zum Ersten Kapellmeister ernannt. Seine elf für München geschriebenen Opern sind vollständig erhalten. Ebenso häufig wie seinen Namen finden wir im Opernspielplan als Textdichter den damaligen Wiener Hofpoeten Carlo Metastasio. Seine Dichtungen beherrschten über fünfzig Jahre lang die Opernbühne und hatten den zeitgenössischen Librettis bei allem lyrisch-empfindsamen Ausdruck eine konsequent durchgeführte Handlung voraus. Metastasios Stücke verlangten geradezu nach einer dramatischen Vertonung. Jedoch so brauchbar sie auch waren − ihre wenig abwechslungsreiche, schablonisierte Handlung führte die Opera seria schließlich zur Verflachung. Einige Titel der damals im Residenztheater aufgeführten Opern lassen die Vorliebe für pastorale, mythische und antikisierende Themen erkennen: *Diana placata, Il Trionfo della Constanza, Alessandro nell' Indie, Il Re Pastore*. Eine zeitgenössische Stimme mag für viele sprechen: ,,Montag, den 7. Januar abend fünf Uhr wurde in dem neuerbauten, so kostbar als prachtvollen Opernhaus eine überaus kunstreiche und sehr schöne Oper von Metastasio unter dem Titel Semiramis aufgeführt und hierbei nicht nur die allervortrefflichste Musik gehört, sondern auch die allersinnreichsten und sehenswürdigsten Flugmaschinen und Ballets unter beständigster Theaterverwechslung auf das anmutigste bewundert — wobei die gnädigsten Herrschaften gnädigst geruht haben en masque der opera beizuwohnen." — Neben Metastasio findet sich unter den Textdichtern der damaligen Oper der berühmte Komödiendichter Carlo Goldoni. Er ging seine eigenen Wege. Seine kleinen komischen Opern, die *Farsetti per musica* oder *Dramme giocose*, wie er sie nannte, brachten einen gelösteren, humorvollen Ton auf die Bühne.

Auch die fürstlichen Hoheiten wurden von der Spielleidenschaft angesteckt. Sie mischten sich unter die Akteure und übernahmen ganze Gesangspartien. Sie musizierten im Orchester, ja sie schrieben selbst Libretti und komponierten Festopern. 1760 wird vermutlich im Teatro nuovo die Oper *Talestri, regina delle Amazoni* aufgeführt. Musik und Text sind von Ermelinda Taléa, Pastorella Arcada. Unter diesem Schäfernamen war die Kurfürstin von Sachsen, Maria Antonia, eine Schwester des bayerischen Kurfürsten, bekannt. Diese hochwohlgeborene Künstlerin, bewandert in Poesie, Malerei und Musik, geehrt von ausländischen Akademien, sang obendrein noch bei der Uraufführung die Titelrolle. Ein englischer Reisender vergleicht die Musik mit den besten Händelschen Opernarien und lobt nicht minder ihren Vortrag. Wie die temperamentvolle Kurfürstin von Sachsen, so war auch die bayerische Kurfürstin Maria Anna Sophia von Sachsen mit den Künsten vertraut. Sie konnte sich zwar nicht mit ihrer berühmten Schwägerin messen; aber wir wissen, daß sie dramatische Werke aus dem Französischen und Italienischen übersetzt hat. Unter ihrer besonderen Protektion durfte das Ensemble Niesers, das bislang im Faberbräutheater an der Sendlinger Gasse gastierte, nun auch regelmäßig auf der kurfürstlichen Bühne spielen. Kein geringerer als Gotthold Ephraim Lessing, damals Dramaturg des Nationaltheaters in Hamburg, zollte anläßlich seines Besuches der deutschen Schaubühne in München so hohe Anerkennung, daß er bereit war, sein Trauerspiel *Emilia Galotti* und sein Lustspiel *Minna von Barnhelm* der Faberbräubühne zur Aufführung zu überlassen.

Auf der Opernbühne kündigte sich in diesen Jahren eine neue Ära an, die mit den Namen Gluck und Mozart verbunden ist. Bereits 1773 wurde als Carnevalsoper im Residenztheater Glucks *Orfeo ed Euridice* gegeben. Mit dieser Oper hatte Gluck den ersten Schritt zur Entfesselung des Dramma per musica von den starren Banden der italienischen Oper getan. Die Chöre wurden als dramatisch handelndes Element eingefügt, und auch dem Orchester wurde eine stärkere dramatische Funktion gegeben. Mit diesen Neuerungen waren große Anforderungen an das Theater- und Orchesterpersonal verbunden. Die Anekdote berichtet, daß die von Gluck begeisterte Kurfürstin schließlich goldene Dosen verteilen ließ, um das Personal bei Stimmung zu halten und zu einer guten Aufführung zu bewegen.

Aus dem Jahre 1775 berichtet der schwäbische Dichter Christian Daniel Schubart: „Auch eine opera buffa hab ich gehört von dem wunderbaren Genie Mozart, sie heißt ‚La finta Giardiniera'. Genieflammen zuckten da und dort; aber es ist noch nicht das stille Altarfeuer, das in Weihrauchwolken gen Himmel steigt. Wenn Mozart nicht eine im Gewächshaus getriebene Pflanze ist, so muß er einer der größten musikalischen Componisten werden, die jemals gelebt haben."

Die Uraufführung der *Gärtnerin aus Liebe* fand im Redoutenhaus an der Prannergasse statt. Das Ereignis hatte eine engere Bindung Mozarts an München nicht zur Folge. Ein paar Jahre später aber bewegten den jugendlichen Meister neue Hoffnungen. 1778 trat nämlich der bisherige Kurfürst von der Pfalz, Karl Theodor, die Regentschaft in München an. Schon aus seiner Mannheimer Zeit ging ihm der Ruf eines kunst- und musikliebenden Mannes voraus. Und so verdrießlich und ungemütlich der neue Herr auch den Münchner Ratsherren und Bürgern erschien — für das Musik- und Theaterleben war er tatsächlich ein ebenso geschickter wie kenntnisreicher Förderer, dem München viele glückliche Kunstereignisse verdankt. Eines davon war die Uraufführung der Oper *Idomeneo*, die Mozart in München zu Ende komponierte.

Mit großer Aufmerksamkeit verfolgte der Kurfürst die Proben. „Diese opera wird charmante werden", sagte er zu Mozart. „Er wird gewiß Ehre davon haben. Man sollte nicht meinen, daß in einem so kleinen Kopf so was großes stecke." Er gesteht auch: „Noch hat mir keine Musick den Effekt gemacht. Das ist eine magnifique Musick."

A Son Altesse Serénissime Electoralle

François Cuvillier, premier architecte de Vôtre Altesse Serénissime Electoralle, prend la liberté de se mettre à ses pieds et de lui representer très humblement, que la médiocrité de sa fortune, vû la nombreuse famille dont il est chargé, outre quarante sept années de Services qu'il a rendus à l'auguste Maison de Baviere, lui donna la confiance, avant son depart, de presenter une Supplique à Vôtre Altesse Serénissime pour obtenir une augmentation de gages de mil florins; il crut même pouvoir d'autant plus se flatter de cette grace, que Vôtre Altesse Serénissime, informée qu'il vivoit très difficilement, et que son fils et lui avoient toujours travaillé sans recompense, parut Surprise qu'il n'eut pour tout que mil florins de gages. Par des évenemens, que le Supliant ignore, Sa Supplique n'a pas eu de Succès; mais Vôtre Altesse Serénissime, guidée par sa bonté et sa generosité ordinaires, voulut bien, en lui accordant la permission de Voyager, pour faire Diversion à Sa douleur, lui donner l'esperance de se Souvenir de lui. Informé du traitement favorable qu'Elle vient de faire au Sieur Sespilier son élève, le Supliant croit que l'occasion S'offre, de rappeler à Vôtre Altesse Serénissime les flatteuses esperances qu'Elle a bien voulu lui donner, et de la Suplier de nouveau de vouloir bien avoir la bonté de lui accorder une augmentation de gages, qui marque une distinction entre le maitre et l'Eleve, fasse distinguer le premier, lui Soit un temoignage authentique de la Satisfaction que Vôtre Altesse Serénissime lui a fait la grace de lui marquer qu'Elle avoit de Ses travaux, et le mette en état de Soutenir les frais qu'il fait, en faisant voyager son fils à Ses dépens, dans la vûe de le rendre plus habile, et plus digne d'avoir le bonheur intime d'être employé au Service de Vôtre Altesse Serénissime. Le Supliant et sa famille continueront leurs prieres et leurs voeux pour la Santé et prosperité de Vôtre Altesse Serénissime Electoralle.

François Cuvillés, Gesuch um Gehaltserhöhung, 1754

In einem festlicheren Rahmen als *La finta Giardiniera* sollte *Idomeneo* zur Aufführung gelangen: Am 29. Januar 1781 hielt Mozart seinen Einzug in das Cuvilliés-Theater. Von nun an sollte seine Musik in diesem Haus nicht mehr verstummen. Architektur und Ausstattung dieses Teatro nuovo, die räumliche Anmut und Heiterkeit, der freudige Zusammenklang von Porzellanweiß, Rot und Glanzgold waren wie vorbestimmt für die festlich bewegte, von genialem Schwung getragene Musik des jungen Mozart. Es war einer jener in der Geschichte der Kunst seltenen Glücksfälle völliger Übereinstimmung von Raum, Zeit und Musik.

Freilich, der Erfolg des *Idomeneo* ließ nicht gerade darauf schließen, daß das Premierenpublikum sich dieses außergewöhnlichen Glücksfalles bewußt war. Die Voraussage des Kurfürsten, Mozart werde große Ehre haben, fand 1781 keine Be-

stätigung. Dies jedenfalls entnehmen wir der einzigen gedruckten Notiz, die über die Aufführung berichtet: „Am 29. des abgewichenen Monats ist in dem hiesigen neuen Opernhaus die Oper ‚Idomeneo' zum ersten Mal aufgeführt worden. Verfassung, Musik und Übersetzung sind Geburten von Salzburg. Die Verzierungen (Dekorationen) waren Meisterstücke unseres hiesigen berühmten Theaterarchitekts, Herrn Hofkammerrats Lorenz Quaglio . . ." Ohne die mindeste Äußerung eines Beifalles, ohne Erwähnung, ob die Oper Gefallen fand, geht die Zeitungsnotiz an diesem Ereignis vorüber.

Aber schon wenige Jahre später wird niemand mehr auf den Gedanken kommen, die unvergleichlichen Schöpfungen Mozarts einem anonymen Salzburger Kompositeur zuzuschreiben. Fast jede Spielzeit bringt nun die Erstaufführung einer Mozart-oper: 1785 *Die Entführung aus dem Serail*, 1791 *Don Giovanni*,

1793 *Die Zauberflöte*, 1794 *Figaros Hochzeit*, 1795 *Così fan tutte*.

Diese Mozartopern wurden noch im alten Opernhaus am Salvatorplatz, im „alten Haberkasten", wie man es nannte, gegeben. Aber das baufällige, verschmutzte Haus sollte nur noch wenige Jahre bespielt werden. Bereits 1795 wurde das Cuvilliés'sche Residenztheater, das bisher eine intern-höfische Funktion hatte, für alle Bürger der Stadt geöffnet. Zwanzig Jahre, bis zur Eröffnung des repräsentativen Nationaltheaters, stand nun die kleine Hofbühne im Mittelpunkt des Münchner Theaterlebens.

In diese Zeitspanne fällt die Erhebung Bayerns zum Königreich im Jahre 1806. Auch das Cuvilliés-Theater sollte Zeuge der großartigen Ereignisse sein. Die Residenzstadt München feierte den Einzug Napoleons als ein großes Freudenfest, und man gab zu Ehren des Kaisers im Hoftheater der Residenz zwei Festopern: *Das unterbrochene Opferfest* von Peter Winter und *Don Giovanni* von Mozart. Napoleon wohnte den Opernaufführungen jeweils einen Akt lang bei. Der Komponist Winter dirigierte seine eigene Oper und Kapellmeister Canabich Mozarts *Don Giovanni*. Die einmütige Bewunderung Napoleons galt aber der Sängerin Regina Hitzelberger: „Mademoiselle, ich bewundere Sie! — Cet instant vous a placé au-dessus de moi ... Diese Stunde stellt Sie über mich, denn Sie haben einen Sieg errungen, ohne Wunden zu schlagen."

Mit dem Regierungsantritt Ludwigs I. ändert sich die gesamte Theatersituation Münchens. Im Zuge seiner strengen Reformen löste König Ludwig die kostspielige italienische Oper auf, die unter dem Regisseur Antonio Brizzi noch einmal eine Vormachtstellung errungen hatte, dem nationalen Empfinden des Königs aber nicht behagte. Auch das Cuvilliés-Theater mußte wenige Jahre später seine Pforten schließen. Vorher war es noch von einem letzten Glanz gestreift worden: Ferdinand Raimund gastierte hier zu Beginn und gegen Ende des Jahres 1831 mit einigen seiner Zauber- und Feenstücke. Sein Spiel fand noch einmal ein volles Haus und ein begeistertes Publikum. Dann wurde die gesamte Innenausstattung des Theaters herausgenommen: der in Holz geschnitte Dekor, die Logenbrüstungen, Pfeilerverkleidungen, die Deckenanschlüsse und die großen Kronleuchter. Alles kam in einen Schuppen im Lehel. Der seines Schmuckes beraubte und nun kahle Raum diente schließlich als Dekorationsmagazin für das Nationaltheater.

Dies wäre das Ende des Cuvilliés-Theaters gewesen, wenn nicht der Nachfolger König Ludwigs, Maximilian II., dem Drängen der Intendanz nach einem kleinen Schauspielhaus nachgegeben hätte. Als man jedoch nach fünfundzwanzig Jahren ins Lehel fuhr, um die Dekorationsstücke zurückzuholen, mußte man feststellen, daß die einzelnen Teile großen Schaden genommen hatten, ja daß sogar ein Brand die schöngeschnitzten Deckenanschlüsse vernichtet hatte. Man begab sich an die Restaurierung und übermalte die graziösen Figuren eines Johann Baptist Straub einfach mit Ölfarbe.

Mit der Wiedereröffnung des königlichen Residenztheaters im November 1857 verband sich die Hoffnung auf ein eigenes, dem Hause angemessenes Repertoire. Aber erst mit dem Intendanten Karl Theodor Emanuel Freiherr von Perfall und seinem Spielleiter Ernst von Possart sollte das kleine Haus zu seiner eigentlichen Bestimmung gelangen. Vor allem Possart war es, der als Spielleiter und später als Intendant die Eigenart des Cuvilliés-Theaters erkannte. Wenn auch seine Darstellungskunst im Schauspiel Triumphe feierte, so war er doch als Theaterleiter kein besonderer Förderer der Sprechbühne. Seine ganze Liebe galt der Oper, und sein Verdienst war es, daß in den neunziger Jahren die Musik Mozarts wieder in das ihr gemäße Rokokohaus Cuvilliés zurückkehren durfte. So kam es zu einer wahren Mozartrenaissance, denn nun wurden die Opern wieder in ihrer ursprünglichen Form gegeben. *Die Hochzeit des Figaro* — unter der musikalischen Leitung von Hermann Levi am 15. Februar 1895 aufgeführt — brachte einen so außergewöhnlichen Erfolg, daß die Oper noch im gleichen Jahr fünfunddreißig Mal wiederholt werden mußte.

Der 29. Mai 1896 wird als ein wichtiger Tag in der Geschichte unseres Hoftheaters vermerkt bleiben. Die Neueinstudierung von Mozarts *Don Giovanni* machte uns mit der sensationellen Erfindung der Drehbühne des Hoftheatermaschinendirektors Karl Lautenschläger bekannt. Es war dies die erste Drehbühne auf dem europäischen Theater. Im gleichen Jahr las man auf dem Theaterzettel: „Die musikalische Leitung hatte Herr Hofkapellmeister Richard Strauß." Er, der späte große Repräsentant und Erneuerer des Musiktheaters, leitete nun die zyklischen Aufführungen der Mozartopern. Seit diesen Tagen bilden *Die Hochzeit des Figaro, Don Giovanni, Così fan tutte, Die Zauberflöte* und *Die Entführung aus dem Serail* den Mittelpunkt der Münchner Opernfestspiele. Die großen Dirigenten

Bühne des Cuvilliés-Theaters mit Dekoration von Ignaz Günther anläßlich
der Vermählung der Prinzessin Josepha mit Kaiser Joseph II. 1765.
Kupferstich von Valerian Funck

Hermann Levi, Richard Strauss, Felix Mottl, Clemens Krauss, Bruno Walter, Hans Knappertsbusch und Joseph Keilberth tragen sich in die Geschichte des Cuvilliés-Theaters ein.

Im Bereich des Schauspiels triumphiert immer wieder ein Darsteller, dessen Erscheinung und Gebaren noch nach fünfzig Jahren allen, die ihn erlebt haben, unvergeßlich vor Augen stehen − Ernst von Possart. ,,Als Napoleon in ,Madame sans gêne' saß Possart beim Aufgehen des Vorhangs in der berühmten Chasseur-Uniform, quittengelb im Gesicht, die dünne schwarze Haarsträhne in der Stirn, ganz vorn auf einem Empiresofa, während im Hintergrund eine scheue Gruppe von Generälen und Hofleuten sich drängte. Es war Nacht. Er las mit stark aufgetragenem Ingrimm eine Ausgabe der ,London Times'. Schließlich knüllte er die Zeitung brutal zusammen und mit erzener Stimme sagte er: ,Rustan!' − ,Sire?' − ,Wie spät?' − ,Zwei Uhr, Sire!' − ,Kaffee!' − Es war überwältigend!'' So erlebte Thomas Mann den Mimen Possart. „Er ist und bleibt, mit seinem verzuckerten Zynismus, seinem verklärten Schmierentum, dem erzenen Wohllaut seiner Stimme, der auf Hochglanz polierten Sprechkunst, die jedes Wort zu einem Treffer ins Schwarze macht, vollkommen unvergeßlich!"

Artur Kutscher erinnert sich: „Drei Generationen habe ich im Residenztheater spielen sehen: den Herrn von Possart als Intrigant Wurm in Schillers ‚Kabale', als Justizrat Berend, seine realistische Kabinettrolle in Björnsons ‚Fallissement' und seine Abschiedsvorstellung als Carlos in ‚Clavigo'. Seine raffinierte Mimik und rhetorische Dialektik machte gegenüber seinen Mitspielern Steinrück und Jacobi den Abstand einer ganzen Generation deutlich. – Ich sah die jugendliche Liebhaberin Lina Lossen, die das Schicksal Gretchens so erschütternd zu gestalten wußte, unseren feinen und tiefen Charakteristiker Kurt Stieler, den kraftvollen, immer originellen Otto Wernicke und Anne Kersten mit der stolzen Reihe ihrer klassischen Figuren Iphigenie, Elektra, Lady Macbeth und Brunhild."

Es müssen erregende Abende gewesen sein, als zum erstenmal Henrik Ibsen, August Strindberg und Gerhart Hauptmann auf der Residenzbühne erschienen. Aber der Naturalismus der Nordländer hatte weniger Erfolg, wogegen keine Spielzeit ohne Ludwig Thoma denkbar war. Unvergeßlich die Uraufführung von Hugo von Hofmannsthals melancholisch-feinem Lustspiel *Der Schwierige,* das 1924 mit Gustl Waldau und Elisabeth Bergner aufgeführt wurde und bis 1932 auf der Bühne blieb.

Das Münchner Publikum nahm an diesen Ereignissen lebhaften Anteil. Karl Alexander von Müller erinnert sich an jene zwanziger Jahre, in denen das „Ministerium eine Zeit lang mit mäzenatischer Laune" einen Teil der Münchner Prominenz zu den Erstaufführungen einlud: „Da sah man dann, mit dem üblichen Premierenpublikum vermischt, nebeneinander Thomas Manns ironisch scharfes Profil neben den jovialeren Umrissen Max Halbes und Josef Pontens, Bruno Frank, der fast wie ein geistiger Offizier wirkte, neben Michael Georg Conrad, der an einen alten fränkischen Bauernhengst gemahnte, oder den hageren Gandhikopf Leopold Webers. Einmal – war es nicht im ‚Konzert' von Hermann Bahr? – saß ich als trennende Schutzwand zwischen den beiden feindlichen Architekturhäuptern Theodor Fischer und German Bestelmeyer, hinter uns unterhielt sich Ricarda Huch mit Karl und Emma Voßler, ganz vorn, wie immer in der Mitte der ersten Reihe, saßen der kunstlieben-

de Mathematiker Pringsheim und seine rokokohaft-zierliche, geistreiche Frau, Bernhard Bleeker begegnete sich mit dem stillen Schinnerer und dem Malerehepaar Caspar, der fein durchgeprägte, vielseitig bewegte Kopf von Emil Preetorius mit dem blassen Seherantlitz Karl Wolfskehls und der feinnervigen künstlerischen Eleganz Wilhelm Hausensteins."

So blieb es bis zu den dreißiger Jahren. Die dann einsetzende Wandlung des Publikums war für niemand zu übersehen. „War früher eine Premiere im Residenztheater wie ein Familienfest, so sah man plötzlich kein einziges bekanntes Gesicht mehr. Es bildete sich eine neue Zuschauerschicht, und leise, aber unaufhaltsam wich der Geist aus dem Hause, der es zweihundert Jahre lang beseelt hatte. Selbst die Architektur geriet in Bewegung." (B. Hofberger)

Zu Anfang des Jahres 1944 wurde das Residenztheater geschlossen. Die kostbare Gesamtausstattung des Zuschauerraumes – soweit sie abnehmbar war – wurde herausgenommen und zum Schutz vor den Fliegerangriffen an zwei verschiedenen Orten eingelagert. Nicht mehr lange konnte in dem nunmehr schmucklosen und nur einfach bemalten Theater gespielt werden, denn schon am 18. März wurde das Haus durch Bomben zerstört. Am Abend vorher noch wurde *Don Ranudo di Colibrados* von Ludwig Holberg gegeben. „So endete die Geschichte des Rokoko-Kleinods wie die des ‚Don Giovanni': mit einem Buffo-Finale."

Nun ist es fast ein Wunder, daß dieses Haus, das seinen Namen längst an ein größeres und moderneres Theater abgetreten hatte, wiedererstanden ist – freilich nicht an seinem alten Platz neben dem Nationaltheater, freilich nicht als durchgehend bespielte Bühne. Stätte eines lebendigen Theaters, oder Theater festlicher Gelegenheiten, lautet heute die Frage. Hugo von Hofmannsthal hat hierzu schon vor Jahrzehnten eine Meinung geäußert, die heute noch so aktuell ist wie damals. Er sagte: „Für München ist es kein Zufall, sondern wirksamer Ortsgeist, daß sich ein solches geschmücktes Prunktheater wie das teatro presso la residenza lebendig im Gebrauch gehalten hat. Wechselt dort das gesungene Lustspiel ‚Figaro' und ‚Cosi fan tutte' ab mit dem gesprochenen, steht auf der gleichen Bühne heute Leporello, Osmin, Figaro, morgen ein Stück von Nestroy, Molière oder ein modernes Konversationsspiel, so ist das in der wahren Tradition, worin Theater zu einer lebendigen Einheit sich zusammenfaßt."

Lydia L. Dewiel

Aus dem Leben eines Augsburger Kupferstechers und Verlegers

Johann Esaias Nilson

Im Jahre 1831 erschien zu Augsburg ein schmaler Oktavband mit dem Titel *Sammlung belehrender Aufsätze.* Der Verfasser war Christoph Andreas Nilson, seines Zeichens Advokat, Kunstschriftsteller und Akademielehrer. Er selbst brachte es in Beruf und Kunst nie übers Mittelmaß, und auch seine zahlreichen Geschwister sollten nicht das erreichen, was ein anderer Nilson vermocht hatte: Johann Esaias, der Vater des Christoph Andreas, den man den ‚deutschen Watteau' nannte. Der Sohn jedoch ist für uns von anderer Wichtigkeit: in seinen *Belehrenden Aufsätzen* berichtet er nicht nur von den Werken der großen Meister seiner Zeit und Augsburgs, er entwirft auch ein lebendiges Bild seiner näheren Familienangehörigen, des Vaters vor allem, und der Großmutter Rosina Barbara, die eine talentierte Künstlerin war. Hören wir also, was er zu sagen hat:

„Johannes Esaias Nilson wurde geboren zu Augsburg am 2. November des Jahres 1721. Sein Vater Andreas Nilson, ein Augsburger Bürger, war ein sogenannter Freyhand- oder Migniaturmaler, dem man aber das Zeugnis geben muß, daß er andre seiner Art, in Zeichnung, Erfindung und Fleiss bey weitem übertroffen. Seine Mutter war Rosina Barbara, geborene Bretting, ebenfalls von Augsburg gebürtig, ein sehr geschicktes Frauenzimmer zu ihrer Zeit, denn sie zeichnete nicht nur Risse zum Sticken und Nähen für Frauenzimmer sehr artig, sondern malte auch andere Gegenstände in einer großen Geschicklichkeit auf Pergament, dabei verstand sie auch die seltne Kunst, sehr schöne Pergament-Ausschnitte von Blumen, Zierrathen und allerley Gegenständen so fein hervorzubringen, daß das Abgeschnitzte die ganze Figuren wieder herstellte. Wovon ihr Enkelsohn Christoph Andreas Nilson, neben mehreren dergleichen Arbeiten, ein sehr schönes Andenken besitzt, welches sich in dem ihm von seinem seligen Vater hinterlassenen ehrwürdigen Stammbuche befindet. Eine Kunst, welche heut zu Tage gar nicht betrieben, und leider eben so wenig geschätzt wird. Bey den Geistesanlagen zu Wissenschaft und Kunst, welche Andreas Nilson, Vater, an seinem Sohne Johann Asaias

bald wahr nahm, säumte solcher nicht, eben so bald darauf anzutragen, ihn in die lateinische Schule seiner Vaterstadt Augsburg zu schicken, um dort sowohl die lateinische Sprache gründlich zu erlernen, als auch sich mit den übrigen Wissenschaften, welche zu damaliger Zeit an dem evangelischen Gymnasio zu St. Anna gelehrt wurden, bekannt zu machen."

Soweit der Sohn über die Herkunft und Anfangsjahre seines berühmten Vaters. In der Familie Nilson, so will es scheinen, wurde viel für die Entwicklung eines Talentes getan – ein schöner Zug, der um so erstaunlicher ist, als man weiß, daß der Großvater des Künstlers noch dem rauhen Kriegshandwerk huldigte: er war Korporal in einem augsburgischen Regiment und stammte aus Göteborg in Schweden.

Nach Abschluß der Gymnasialzeit in St. Anna, wo er sich schon als kunstreicher Erfinder allegorischer Zeichnungen hervorgetan hatte, ging Nilson geradenwegs auf sein Ziel zu, Künstler zu werden. Hierüber berichtet Christoph Andreas: „Da er sehr wohl erkannte, daß einem künftigen Künstler seines Metiers einige, wenn auch nicht gerade die ausgedehnteste Kenntniss in Geometrie, Architektur und Perspectiv unumgänglich nothwendig sey, so erwarb er sich die nöthigen Kenntnisse hierinn . . ."

Nilsons Lehrer war der Ingenieur und Zeugwart Johann Thomas Kraus, der mehrere Augsburger Ansichten in der Manier Salomon Kleiners gezeichnet und gestochen hat. Inzwischen war Johann Esaias zwanzig geworden und hatte sich eine ausreichende Kunstfertigkeit angeeignet, um zum Unterhalt der Familie beizutragen. Die Eltern weihten ihn nun in die Kunst des Miniaturmalens ein, die sie selbst meisterlich beherrschten.

Es ist wenig bekannt, daß Augsburg in der ersten Hälfte des 18. Jahrhunderts ein kleines, süddeutsches Zentrum der Miniaturmalerei beherbergte, das in der Universalkünstlerin Catharina Sperling seinen Mittelpunkt hatte. Fürstlichkeiten und hohe Standespersonen, die ihr Bildnis auf Kettenanhängern, Dosen,

Paul von Stetten d. J. und Elisabeth Magdalena von Stetten. Miniaturen von Johann Esaias Nilson

Ringen und Berlocken aufmalen ließen, um es als Beweis ihrer Gunst zu verschenken, waren regelmäßige und recht großzügige Auftraggeber – sie ließen sich eine Miniatur etwa 40 Taler kosten. Die erhaltenen Bildnisminiaturen des jungen Nilson – in Deckfarben auf Elfenbein gemalt – weisen ihn als feinen Beobachter aus, dessen sichere Hand und sorgfältige Pinselführung ihn auch für größere Aufgaben empfahlen. Schon jetzt zeigt sich bei ihm eine starke Hinneigung zur französischen Malerei der Zeit, die durch die Stiche Watteaus und Bouchers und durch das Wirken französischer Hofmaler im Dienste süddeutscher Fürsten auch in Augsburg Mode geworden war. Eine Vorliebe übrigens, die er mit anderen Augsburger Malern und Stechern teilte, die jedoch bei ihm besonders intensiv ausgeprägt war: was bei anderen zur Manier würde, war bei ihm Natur und innere Verwandtschaft.

Der Landgraf Joseph von Hessen-Darmstadt, zugleich Fürstbischof von Augsburg, und der kunstfreundliche Augsburger Stadtchronist Paul von Stetten gehörten zu Nilsons frühesten Auftraggebern, wie seine ersten Miniaturen beweisen. Es sollten jedoch noch ehrenvollere Aufgaben folgen: Sehr bald wurde er nach Berlin gerufen, wo er die Porträts der ersten zwölf

brandenburgischen Kurfürsten zu zeichnen hatte, eine Folge, die wohl für den Kupferstich bestimmt war, jedoch nie zur Ausführung kam.

Auch Nilson konnte es sich nicht leisten, innerhalb des Augsburger Kunstbetriebes nur Maler zu sein. Die meisten seiner Zeitgenossen, unter ihnen der geniale Johann Evangelist Holzer, die Freskomaler Götz, Baumgartner, Günther und Bergmüller sowie der Tiermaler Ridinger, waren nebenher oder hauptsächlich Stecher und Radierer. Augsburg, das als Druckort und Kunsthandelsstadt seit der Renaissance eine gewichtige Tradition gebildet hatte, war im 18. Jahrhundert zum deutschen Hauptort des Kupferstechergewerbes herangewachsen. Die großen Kunstverlage, wie Engelbrecht, Hertel oder Pfeffel, brauchten Entwerfer und Stecher für ihre vielfältigen Programme, bei denen das Porträt, das Andachtsbild, das allegorisch-moralisierende Schmuckblatt und das ornamentale Vorlageblatt im Vordergrund standen.

Es gab kaum einen jungen Künstler in Augsburg, der nicht für einen dieser Verlage arbeitete, doch hatte jeder den Wunsch, sei es um des Erwerbes oder Ruhmes willen, mit der Zeit einen eigenen Verlag zu gründen. Dies tat auch Nilson, im Jahre 1752, nach dem Tode seines Vaters, dessen Malergerechtigkeit er geerbt hatte.

Die strengen Zunftbestimmungen, die es erlaubten, nicht nur den Handwerksbetrieb, sondern auch den Anspruch auf eine Berufsausübung zu vererben, hatten ihre Entsprechung in der hierarchischen Standesgliederung, dem Kastenwesen der Augsburger Gesellschaft. Nilson gehörte als Maler dem dritten Stande an, zu dem auch die Uhrmacher und Glockengießer zählten. Sie genossen nicht das Vorrecht, mit ‚Herr' angeredet zu werden, wie die Mitglieder der höheren, der sogenannten ‚privilegierten Gesellschaft', und sie durften auch nur ein gewisses Maß an Kleidung und Schmuck zur Schau stellen. Kein Wunder, daß sich Nilson die Gelegenheit nicht entgehen ließ, in der hübschen Augsburger Pastorentochter Rosina Catharina Crophius nicht nur seine Liebe, sondern auch das mit Vorrechten ausgestattete junge Mädchen zu heiraten – er wurde durch sie Mitglied der ‚privilegierten Gesellschaft'. Daß er sich trotzdem noch dem Künstlerstand und seinen alten Freunden zugehörig fühlte, zeigen die Beiträge zu seinem Stammbuch, das er schon mit 23 Jahren angelegt hatte. Mit einem wohlgelaunten Vers forderte er dazu auf, sich hierin einzutragen:

Ihr Freunde! Die ihr wollt zu einem Angedencken
Etwas von Eurer Kunst mir in mein Stammbuch schencken.
Laßt den Verstand und Wiz darob sich lustig machen
Und das, was Stammbuch heißt verspotten und verlachen.
Ihr sticket, zeichnet, mahlt! Ihr reißet oder schreibet.
Und was zu meiner Ehr Ihr sonsten einverleibet
denckt nicht, daß es allein in diesem Buch begraben;
O nein! Es soll auch Platz in meinem Herzen haben!
Und wenn ich längst dahin, so kann die Nach Welt lesen
Wer mir geneigt und hold und wer mein Freund gewesen.

Wer sein Freund und wer sein Gönner gewesen, läßt sich
noch heute in diesem hübschen Bändchen nachlesen, das im
Germanischen Nationalmuseum in Nürnberg aufbewahrt wird.
Es fehlt kaum ein Name, der in der Augsburger Kunstwelt des
18. Jahrhunderts von Bedeutung war: Bergmüller, Baumgartner, Rugendas, Ridinger, Götz, Eichel und Haid, dazu der un-
vermeidliche Paul von Stetten, der in keiner Künstlerrunde
fehlte. Sie alle trugen kleine Sprüche bei oder wenigstens ihre
Unterschrift, sie zeichneten und malten oder schenkten dem
Freund einen eigenen Stich, und hie und da findet man auch ein
Blättchen, das eigentlich nicht hierher gehört, wie etwa eine Fe-
derskizze von Callot, die Nilson jedoch lieb gewesen sein muß,
sonst hätte er sie nicht in sein Stammbuch eingeklebt. Dieser
kleine Band ist ein sehr reizvolles Zeitdokument und zeugt von
einem Brauch, der beim Adel seinen Ausgang nahm, allmählich in Patrizierkreise eindrang und schließlich bei Studenten
und Künstlern sehr geschätzt wurde: Denksprüche und Senten-
zen, fröhlicher Ulk, Gemaltes und Gestochenes wurden hier
gleichermaßen eingeschrieben und eingeklebt – das Poesiealbum
unserer Mütter und Großmütter ist ein schwacher und
recht bescheidener Abglanz davon.

Dem künstlerischen Erfolg, der durch die Verlagsgründung
und die Einheirat in die gute Gesellschaft Augsburgs befestigt
worden war, stand ein weniger freundliches Geschick in Nilsons
Häuslichkeit entgegen. Seine erste Frau, Rosina Catharina,
starb nach achtjähriger Ehe, die zweite Frau, Eva Margarethe,
durfte er gar nur zwei Jahre behalten, so daß er schließlich noch
ein drittes Mal heiratete. Von seinen insgesamt sieben Kindern,
die den verschiedenen Ehen entstammten, starben zwei gleich
nach der Geburt. Die älteste Tochter jedoch, Rosina Catharina, die nach der Mutter genannt war, sollte dem Vater große
Freude machen, denn sie hatte sein Talent geerbt. Anlaß genug
für ihren Bruder Christoph Andreas, folgendes zu berichten:

Johann Esaias Nilson, Affe als Ciseleur. Federzeichnung, 1748

„Diese bezeigte schon in den ersten Kinderjahren eine vorste-
chende und vorzügliche Neigung zum Malen, worüber ihr Vater
viel Freude hatte, und ihr, sobald ihre schwache Hand nur den
Pinsel halten konnte, Malblätter vorlegte, und durch ein Far-
bensortiment in einem Malkästchen ihr Vergnügen daran unterhielt, bey welcher Beschäftigung sie auch so zufrieden war,
daß ihre Eltern auf gar keine andere Art Spiele oder Unterhal-
tung bedacht seyn durften."

Eine Bemerkung, die sich, im Jahre 1831 geäußert, recht mo-
dern anhört! Inzwischen hatte Nilson alle Hände voll zu tun,
um seinen bald florierenden Verlag in Gang zu halten. Das „in-

Johann Esaias Nilson, Entwurf für eine Speisekarte. Federzeichnung, 1774

venit et sculpsit" auf den meisten der bei ihm erscheinenden Blätter weist darauf hin, daß er sich nicht damit begnügte, die Stiche nur zu entwerfen, nein, er stach sie auch fast alle selbst, wohl weniger jedoch aus künstlerischem Ehrgeiz, als aus Gründen des wirtschaftlichen Profits, denn er hatte ja eine rasch anwachsende Familie zu ernähren. Paul von Stetten, der tatkräftige Augsburger Chronist, der Nilson freundschaftlich verbunden war, schreibt in seiner *Kunst-Gewerb und Handwerksgeschichte der Reichs-Stadt Augsburg:* „Bey zunehmenden Jahren hat er seinen Fleiß mehr auf Zeichnen, Inventieren und Kupferstechen gewendet, und sich darinnen sehr vorzüglich gezeiget. Er hat mit Kupferstichen einen sehr schönen Verlag angefangen, wo er besonders durch seine mit sinnreichen allegorischen Gedanken gezierte Bildnisse großer Herren, durch die Tageszeiten, die Monathe, die Ausgaben der Holzerischen Gemälde, durch schöne Erfindungen für Goldschmiede, Goldarbeiter etc. sich beliebt und berühmt gemacht hat."

Die „sinnreichen allegorischen Gedanken", wie Stetten sie nennt, haben allerdings die Augsburger Kunst des 18. Jahrhunderts und ganz besonders den Kupferstich in Verruf gebracht. Um recht viel allegorisieren und ausdeuten zu können, wie es vor allem bei Thesenblättern die Sitte war, wurden die Stiche meist inhaltlich so überladen, daß ihr formaler Aufbau dadurch

gesprengt zu werden drohte. Hinzu kam eine übertreibende Lust an Erfindungen, ein Schwelgen im Ornamentalen: Die Rocaille, das Ornament der Zeit zwischen 1735 und 1765, wurde in Augsburg aus ihrer französischen Zartheit und maßvollen Heiterkeit herausgehoben und in leidenschaftliche, wilde Bewegung gebracht – es entstanden schwülstige, überdimensionierte Gebilde, die in der deutschen Ornamentik des Rokoko nicht ihresgleichen hatten. Von Nilson muß gesagt werden, daß er diese Manier, der etwa ein Götz, Wachsmuth oder Baumgartner ausgiebig huldigten, nicht verfolgte. Selbst die kühnsten Rocaillespielereien blieben bei ihm immer maßvoll, die Anmut und Zierlichkeit seiner Kompositionen war französischer als deutsch, ein Umstand, der ihm später den Ehrentitel eines ‚deutschen Watteau' einbrachte – zu Unrecht jedoch, denn Nilson war weder genial noch genialisch, auch war er ein Kleinmeister, der sich nie an größere Formate heranwagte.

Ein Blick auf die Produktion seiner mittleren Jahre zeigt, daß er Themen behandelte, die jeder Augsburger Künstler seiner Zeit beherrschen mußte, etwa: *Die vier Jahreszeiten, Die vier Elemente, Die vier Tageszeiten,* daneben ländliche Tänze, die Vergnügen der zwölf Monate oder die Lebensalter. Fast jedem Blatt war ein deutscher, lateinischer oder auch französischer Spruch beigegeben, dessen treuherzige Holprigkeit auf einen der zahlreichen Augsburger Verseschmiede als Verfasser schließen läßt. Ergötzliche Entgleisungen sind dabei nicht selten:

Die schöne Witwe weint um den erblaßten Mann.
Das Herz bricht ihr vor Leid, die Wehmut steht ihr an:
Bis daß ein Buhler kommt und ihr den Flor entführet,
Der ihr bethränt Gesicht verhüllet und gezieret.

Auch die Titel der von Nilson gefertigten Porträtstiche hätten in jedem anderen Augsburger Verlagskatalog stehen können. Der vielbewunderte *Fridericus Rex* wurde in fünf verschiedenen Ausführungen geliefert, desgleichen natürlich die Habsburger Dynasten mit Maria Theresia und Joseph II. an der Spitze. Sehr zu Recht wird der Name Nilson immer wieder mit einer Spezies graphischer Kleinkunst in Verbindung gebracht, in der er sich besonders auszeichnete: der Vignette; in über hundertfünfzig Beispielen, die heute fast alle in der Berliner Kunstbibliothek aufbewahrt werden, beweist sich seine Meisterschaft. Die stilisierte Weinranke, die dieser Kunstform den Namen gab, weicht bei Nilson dem C-Bogen der Rocaille, ein Grundgerüst, das ihn zu den kühnsten Variationen anregte. In bizarren Rocaillearchitekturen läßt er all das höfische Requisit herumspazieren, das seiner Zeit zur Verfügung stand: Kavaliere, Jäger, Reifrockdamen, Orientalen, Jagdhunde und vieles andere mehr. Die Eleganz, Leichtigkeit und Sicherheit, mit der hier die graphische Fläche bewältigt wird, steht in der deutschen Buchkunst einzig da.

Es ist sehr schade, daß die Ansätze, sich auch als Illustrator einen Namen zu machen, nicht sehr weit gediehen. Zwar hat Nilson, wie die meisten Augsburger Malerkollegen, auch Buchtitel entworfen und gestochen, doch die galante Textillustration, wie sie gleichzeitig in Frankreich durch Eisen, Gravelot oder Moreau le Jeune gepflegt wurde, oder − nach französischem Vorbild − in Berlin durch Chodowiecki, sie sollte Nilson nur in Einzelfällen vergönnt sein. Dies mag damit zusammenhängen, daß die Augsburger Verlagsproduktion mehr auf theologisch-erbauliche Werke eingestellt war und für die leichtere Literatur kein Markt zur Verfügung stand. Die wenigen Versuche, die Nilson in dieser Richtung gemacht hat, stammen deshalb fast ausschließlich aus einer Zeit, da der Klassizismus in Augsburg Einzug hielt und mit ihm die Nachfrage nach antikischen Stoffen stärker wurde.

Besonders reizvoll, wenn auch nunmehr − den neuen Kunstanforderungen entsprechend − etwas verhalten und weniger schwungvoll, sind seine Stiche zu Gessners Idyllen. Der Sohn Christoph Andreas gibt in seinen *Belehrenden Aufsätzen* eine ebenso eindringliche wie umständliche Beschreibung davon: ,,Vier Stücke nach Gessnerischen Idyllen, wovon das erste Damon und Phillis, worinn man die nette und richtige Zeichnung des Künstlers und seine Bemühung, sich ganz in den Geist des Dichters zu denken, nicht vermißt. Das zweite der Schweitzer und sein bewaffnetes Mädchen, als Kaiser Albrecht Zürich belagerte, laßt ebenfalls den geschickten Künstler nicht verkennen. In diesem Blatte schießt Amor vom Baume auf des Mädchens bepanzerte Brust. Ein drittes: der zerbrochene Krug. In diesem Blatte führte der Künstler die Gedanken seines Dichters so vortrefflich aus, daß man nicht umhin kann, diesem Stücke den Vorzug vor den übrigen einzuräumen. Der Faun, als das Hauptsubjekt der Idylle, ist an eine Eiche gebunden, vor ihm liegen die Scherben des zerbrochenen Krugs und neben ihm sitzen die Hirten, welche ihn singen hören, und belachen. So lieblich die Idylle ist, so lieblich stellt sich die Arbeit des Künstlers dar. Ein viertes endlich: die Erfindung des Saitenspiels und des Gesanges. Ebenfalls ein sehr schätzbares Blatt. Die zwo Personen, welche nach den Melodien der Vögel den Gesang erfinden, das Mädchen sowohl als der nach ihrem Gesange seine Saiten stimmende Hirte, zwischen welchen ein vortrefflich gezeichneter schattiger Baum, mit Gesträuchen umgeben, ist, haben eine den Gedanken des Dichters ganz angemessene Stellung.''

Es ist bezeugt, daß Nilson eine große Liebe zur Literatur hatte, besonders zu Gellert, Hagedorn, Gessner, Lessing und Wieland, und daß er mit Vergnügen nach Horaz und Vergil griff − um so bedauerlicher ist es, daß dieses Interesse nicht in der Illustration seinen Niederschlag finden konnte. Auch die Zeitgenossen haben dies empfunden und einer von ihnen, Paul von Stetten, beklagte sich: ,,Allein zu wünschen wäre es, daß von den Zeichnungen, die er verfertigt hat, und worinn er mit einem Eisen, Gravelot, Larmoisier um die Wette eifern könnte, mehrere durch würdigen Stich bekannt gemacht, und dadurch die von ihm bereits erlangte Ehre noch stärker bevestiget würde.''

Konnte Nilson in dieser Hinsicht also keinen Ruhm erlangen, so sollte er doch auf anderem Gebiet eine nachhaltige Wirkung ausüben, und zwar als Entwerfer von Stichvorlagen für das Kunstgewerbe. Der eminente Fleiß, den Augsburgs Zeichner an die Variierung und Bereicherung des Ornaments wandten, entsprang ja keineswegs einem rein künstlerischen Antrieb. Die Kupferstecher hatten in Augsburg seit der Renaissance eng mit dem Gold- und Silberschmiedehandwerk zusammengearbeitet, das ständig neue, der jeweiligen Ornamentmode entsprechende Vorlagen brauchte, um Schmuck und Tafelgerät zu bilden oder Waffen zu verzieren. Nicht wenige Kupferstecher waren sogar aus dem Goldschmiedehandwerk hervorgegangen. Im 18. Jahrhundert hatte sich in Augsburg, nachdem die Folgen des Dreißigjährigen Krieges und des Erbfolgekrieges überwunden waren, wieder ein breiter Stamm kunstgewerblicher Betriebe gebildet, die begierige Abnehmer zeichnerischer oder gestochener Vorlagen waren.

Zu dem traditionellen Kunsthandwerk trat nun im 18. Jahrhundert noch ein Bereich hinzu, der für Nilson besonders wichtig werden sollte: die Porzellanfabrikationen. Immer wieder

Das Kartenspielen

Quadrille heißt das Spiel, man wählt sich Half durch Karten. Da muß Spadille offt auf Frauenhülffe warten.

hatte ein deutscher Fürst den Ehrgeiz, seine eigene Porzellan- manufaktur zu gründen, und der Erfolg war, daß für die vielfäl- tigen Aufgaben malerische, ornamentale und figurale Entwürfe gebraucht wurden. Kaffee-, Tee- und Schokoladeservice, Tafel- aufsätze, Vasen, Stockgriffe, Flacons und vieles andere mehr wurden mit zarten Malereien versehen, die häufig Augsburger Stichvorlagen entnommen waren. Nilson war nun bei weitem nicht der einzige Stecher, dessen Blätter als Vorlagen herange- zogen wurden, aber er muß als der begehrteste und fruchtbar- ste Entwerfer angesehen werden. Man hat herausgefunden, daß über 60 Porzellan- und Fayenceobjekte, seien sie aus Für- stenberg, Stockelsdorf, Nymphenburg, Nürnberg, Kiel oder Ansbach, mit Nilsonschen Motiven bemalt wurden. Galante Motive, Schäferszenen und ländliche Feste herrschen dabei vor. Es läßt sich auch nachweisen, daß plastische Porzellan- gruppen, die auf Anregung durch Nilsons Stiche zurückgehen, entstanden sind. Franz Anton Bustelli, der Schöpfer der be- kannten Figuren aus der italienischen Komödie, Modelleur der

Manufaktur Nymphenburg, bediente sich mancher Entwürfe Nilsons, und es ist interessant zu wissen, daß die beiden Künst- ler sich kannten: Auf einem Stich Nilsons, der erst vor kurzer Zeit im Kunsthandel auftauchte, ist die freundschaftliche Wid- mung Bustellis zu sehen.

Nilson hatte es Anfang der sechziger Jahre durch seinen gut- gehenden Verlag zu Ansehen gebracht, man schätzte ihn als ideenreichen Zeichner, und es kam nicht von ungefähr, daß man ihn nun auch mit äußerer Anerkennung bedachte. Im Jah- re 1761, also mit 40 Jahren, wurde er zum kurpfälzischen Hof- maler ernannt, ein Titel, um dessen Verleihung er allerdings selbst nachgesucht hatte, nachdem er das Bildnis des Kurfür- sten Karl Theodor und seiner Gemahlin Elisabeth Auguste in Kupfer gestochen hatte.

Solch ein Gesuch hört sich ebenso untertänig wie selbstbe- wußt an, wenn bei der Zusendung der ersten Abdrucke um die ,,Erteilung des Charakters eines Hof-Cabinet-Mahlers'' mit der Begründung gebeten wird: ,, . . . [der]gestalten sich meine

Johann Esaias Nilson

Das Kartenspielen,
Kupferstich

Die Erfindung des Saitenspiels und
des Gesangs, Rötelzeichnung, 1769

Wissenschaft, ohne eitlen ruhm zu sagen, in der Mahlerey so weit erstrecket, daß ich dafür halte, unter der Zahl der churfürstlichen Hofkünstler eine Stellung begleiten zu können.'' Der Hof ließ sich daraufhin ein Gutachten über Nilsons künstlerische Fähigkeiten ausstellen, und es fiel so gut aus, daß man ihn ,,in Anbetracht seiner in der Maler-Kunst belobten Erfahrenheit'' zum Hofmaler ernannte.

Acht Jahre später wurde dem Künstler eine andere Ehrung zuteil, die er diesmal jedoch nicht selbst anbahnte, wiewohl er sie erstrebte: er wurde evangelischer Direktor der Augsburger Stadtakademie. Das neue Amt brachte viel Arbeit und Ärger mit sich, denn die Geschäfte der Akademie lagen im argen und Nilson sah sich gezwungen, eine gründliche Reform durchzuführen. Da man in Augsburg paritätisch vorging, wurde dem evangelischen Direktor jeweils ein katholischer Amtskollege zur Seite gestellt; er hieß in diesen Jahren Matthäus Günther, ein Mann, der sich als bedeutendster Freskomaler nach Johann Evangelist Holzers Tod einen Namen gemacht hatte. Nilson

und Günther, unterstützt vom unermüdlichen Paul von Stetten, versuchten nun, der Akademie, die mehr dem Namen nach bestand und in einem kleinen Zimmer unter dem Dach der ,,Stadtmetzg'' ihr Dasein fristen mußte, einen würdigeren Rahmen zu geben.

Stetten berichtet darüber in seiner *Kunst-Gewerb und Handwerksgeschichte der Stadt Augsburg:* ,,Der geheime Rath hatte vor einigen Jahren einer Gesellschaft von Musikliebhabern die Erlaubnis ertheilet, auf dem weitläufigen Gebäude des Mezgerhauses ein paar Zimmer zu ihren Übungen zuzurichten; sie wendeten ziemliche Kosten auf, dem ungeachtet aber zerschlug sich nach kurzer Zeit die Gesellschaft. Die Herren Direktoren der Akademie, Günther und Nilson, ergriffen die lange sehnlichst gewünschte Gelegenheit, den geheimen Rath um Zuweisung dieser Zimmer zu bitten, und dieser freute sich, ihre Wünsche erfüllen zu können. Man wurde mit denjenigen, welche wegen erster Erbauungskosten noch daran Anspruch hatten, einig, und alsdann wurden sie durch ein geheimes Raths-

Dekret vom 30. Jänner dieses Jahres, den Kunst-Uebungen zum Zeichnen nach dem Leben, nach dem Runden, und nach Gewändern, auch in Possieren, gewidmet, und dazu auf gemeine Kosten schicklich und mit Geschmack angerüstet. Nachdem solches zu Stande gekommen, bestrebten sich die vorgenannten Herren Direktoren, diese erneuerte und verbesserte Anstalt, durch feyerliche Einladung der vornehmsten obrigkeitlichen Personen, besonders derjenigen, deren Zuthun sie solche zu danken hatten, einzuweihen, und in deren Gegenwart die Uebungen der Künstler unter aller Beyfall vornehmen zu lassen."

Nilson konnte noch einige Jahre nach der Durchführung der Reformen seine Direktorenpflichten erfüllen, im Jahre 1786 bat er jedoch, wegen fortschreitender Altersbeschwerden, seinen Rücktritt antreten zu dürfen. Seit er Akademiedirektor geworden war, hatte er nur mehr wenig Zeit für seine eigene künstlerische Arbeit gefunden. Um das Jahr 1765 hatten sich die neuen, klassizistischen Ideen auch in Augsburg durchgesetzt, und Nilson war gezwungen, sich mit den Forderungen dieses puristischen Stils auseinanderzusetzen.

Es gab sogleich Kritiker, wie den Malerkollegen Junker, die bedauerten, daß der „brausende, ideenreiche Jüngling sich in den kalten, matten, verdrossenen Mann verlor", aber die meisten Künstler, vor allem der jungen Generation, begrüßten es, daß das ‚Rokokoschnörkelwerk' nun endlich ernsteren, würdigeren Formen weichen mußte. Christoph Andreas muß wohl zu diesen Enthusiasten des Klassizismus gehört haben, denn er kritisiert die früheren Bemühungen seines Vaters mit folgenden Worten: „Nur schade, daß, da damals der Groteskengeschmack, welcher sich von Frankreich her auch nach Deutschland verbreitete, ganz an der Tagesordnung war, und den Zeitgeist ganz beherrschte, er denselben dermaßen lieb gewonnen, daß die meisten seiner Arbeiten selten ohne solche verwünsch-

te und abgeschmackte Schnörkeleien befunden werden, und daß er sein Nachdenken, seine Zeit, Fleiß und Mühe so gerne auf diese elende Grotesquerien verwendete. Auch ist das Urtheil eines anderen Kunstrichters nicht ganz zu verwerfen, der von ihm sagt, daß die zu große Menge Blätter, die er lieferte, seinem Ruhme geschadet habe." Dieses letzte Urteil wurde zu Recht geäußert, doch kann man mit Nilson all seine augsburgischen Stecherkollegen einschließen, die gezwungen waren, der Billigkeit der damaligen Druckerzeugnisse durch massierten Absatz entgegenzutreten.

Nachdem der alternde Künstler sich von seinem Amt zurückgezogen hatte, mußte es sehr einsam um ihn gewesen sein. Ein Jahr zuvor war seine begabte Tochter Rosina Catharina gestorben, die als Zeichenlehrerin in angesehenen Augsburger Familien wirkte und ihren Vater in der Leitung seines Verlages unterstützte. Von den insgesamt sieben Kindern lebten nur noch vier, doch mag es Nilson eine Genugtuung gewesen sein, daß die drei Söhne als Zeichenlehrer tätig waren − mit einem Familientalent ausgestattet, das sich auch in der nächsten Generation wieder bestätigen sollte. Die Freunde und Kollegen, die Augsburgs Malerei und Kupferstich weit über die Grenzen des Landes zu Ruhm verholfen hatten, die Freskanten Bergmüller, Scheffler, Baumgartner und Götz, die Stecher Ridinger, Eichler und Eichel, waren alle tot. Nilsons Zeit war nun auch gekommen − am 11. April des Jahres 1788 ging sein Leben zu Ende. Lassen wir noch einmal seinen Sohn als Kommentator des Familiengeschehens mit diesen letzten Zeilen zu uns sprechen: „Endlich besuchte ihn, Johann Esaias Nilson, nach einem beinahe zu thätig vollbrachten Leben, das ihm aber in seinen letzten Lebensjahren die äußerste Altersschwäche zuzog, Freund Hain, der ihn im April des Jahres 1788 zu einem Leben im bessern Lande abrief."

Rott am Inn, ehem. Benediktinerklosterkirche St. Marinus und Anianus. Innenraum nach Plänen von
Johann Michael Fischer, ab 1759

Herbert Schindler

Die Konstellation von Rott am Inn

Ein Gesamtkunstwerk zwischen Barock und Aufklärung

Rott ist nicht so bekannt wie die Wieskirche. Es macht keine so großartige architektonische Aufwartung wie Ottobeuren oder Vierzehnheiligen. Es schmiegt sich bescheiden an die Innleite hin. Der Umriß verrät nicht einmal ein Kloster. Eine Dorfsilhouette, aus der sich zwei niedere, ungleiche Türme und ein schloßartiger Trakt heben. Aber der Ort liegt schön — „angenehm" würden vielleicht die alten Reiseschriftsteller sagen. Er hat eine grüne Welle am Rande des breit ausladenden, lichtoffenen Inntals zum Souterrain und den duftigen Gürtel der Salzburger Berge — oft wie auf Seide gemalt — zum Hintergrund. Das Kloster nun, wie man es nächst einem Gutshof und einer ländlichen Brauerei erblickt, verrät keine bedeutende Kirche. Nüchtern und glatt, in verwaschenem Ocker zeigen sich die Fassaden: zwei Trakte, die eine flache, lisenengegliederte, von einem Schweifgiebel überhöhte Kirchenfront einschließen, drei große Fenster, über dem mittleren die für das Münchner Rokokobauwesen typische durchbrochene Dreiecksädikula.

In der dämmrigen Vorhalle stößt einem gleich der Block eines rotmarmornen Hochgrabes entgegen, das Denkmal der beiden Stifter, der Grafen von Rott: tüchtige Steinmetzarbeit wohl von Franz Sickinger vom ausgehenden 15. Jahrhundert. Das korbbogige Gewölbe darüber, elegant wie ein Segel gespannt, zart stuckiert, verrät nicht weniger handwerkliche Meisterschaft. Es macht neugierig auf den Raum. Das übliche Schmiedeeisengitter verschleiert ihn noch. Dahinter zeichnet sich ein nicht sehr großes, aber gewähltes, differenziertes, mit dem Auge schwer zu erfassendes Raumbild ab: höchst elegante Pilaster, dazwischen Kapellen, lichte Emporen, ein intimer, indirekt beleuchteter Chor. Man geht einige Schritte nach vorn, wie um sich Klarheit über dieses Raumgefüge zu verschaffen, und erlebt nun eine ebenso frappierende wie beglückende Wendung der baulichen Situation. Was zunächst wie eine schlichte dreischiffige Halle wirkte, erweist sich jetzt als luftig gebläter Zentralraum, geformt aus zwei leichten, durchbrochenen Schalen (darin die Seitenschiffe verdeckt herumgeführt sind), über-

wölbt von einer schwebenden, klar abgesetzten Flachkuppel. Und diese Rotunde, mit ihrer leichten, makellos reinen Tektur, mit ihren geschliffenen Pilastern, mit ihren goldbraunen, messingglänzenden Altären, mit ihren weißen, wie Flocken verteilten Schnitzgruppen und Statuen, mit der gestaltenreichen, schon fast kühlen Spiralkomposition ihrer Fresken, mit der leicht hingesetzten Kanzel: sie ist — man weiß es mit einem Blick — der Inbegriff bayerischer höfischer Kirchenkunst des Rokoko. Eines Rokokos, das hier ganz unerwartet und in einem Augenblick im Besitz seiner höchsten und verfeinertsten Ausdrucksmittel ist und über sich selbst hinauswächst.

Wie es zu diesem Ereignis der Kirchenkunst, das Rott heißt, gekommen ist, können wir uns nachrechnen. Der Abt und Bauherr — Benedikt Lutz war sein Name — wollte um 1758 seine unansehnlich gewordene, noch romanische Klosterkirche modernisieren. Er hatte eine für seine Verhältnisse recht stattliche Summe Geldes zusammengebracht und trat mit verschiedenen Künstlern und Bauleuten in Verbindung. Dabei stieß er auch auf den Münchner Architekten Johann Michael Fischer, der ihm sogleich vom Umbau abriet und neue Pläne für einen Kirchenneubau im Geiste der Zeit entwarf. Um 1760 hatte man das Ausstattungsensemble beisammen, erstklassige Künstler, die sich wohl da und dort schon getroffen, aber nie gemeinsam an einem Kirchenbau; ein Spitzenensemble sozusagen, wie es sich ein großer Baudirigent oft erträumt. Fischer leitete den Bau, schuf hier ein reifes Alterswerk, in dem sich die alten Themen kirchlicher Baukunst, der Zentral- und Longitudinalbau durchdringen und zu einem harmonischen, ja klassischen Ausgleich gebracht sind. Die Wessobrunner Franz Xaver Feichtmayr und Jakob Rauch, ein vielbeschäftigtes Paar, formten den geistvoll graziösen Stuck, der nur hier so großartig zur Wirkung kommt. Matthäus Günther (er stammte vom Peißenberg wie Jakob Rauch) malte die dekorativen, gobelinhaften Fresken; ein Entwurf des genialen Tirolers Johann Evangelist Holzer stand für die Kuppel Pate. Ignaz Günther, der Münchner Hof-

Ignaz Günther, der Kardinal Petrus Damianus. Seitenaltarfigur in der ehem. Benediktinerklosterkirche Rott am Inn, 1760–1762

Ignaz Günther, die hl. Kunigunde. Hochaltarfigur in der ehem. Benediktinerklosterkirche Rott am Inn, 1760/62

bildhauer, bestimmte den Rang der plastischen Ausstattung. Seine Hochaltarstatuen St. Heinrich und Kundigunde, der heilige Papst Gregor, der Kardinal Petrus Damianus, St. Benno und die Büste des hl. Anian sind geniale, fast schon überspielte Charakerisierungen der geistlichen Aristokratie des 18. Jahrhunderts (die Skala der Temperamente ist ungemein fein nunaciert, sie umfaßt: sichere Gläubigkeit, nervöse Empfindsamkeit, Schmerzlichkeit, Koketterie, Blasierheit). Baumeister, Maler und Bildhauer waren Künstler, die sich wie selbstverständlich in die Hände arbeiteten, von denen jeder – im eifrigsten Wettstreit noch lächelnd – sein Bestes gab, freimütig und freigebig aus Freude an der einmaligen Sache. Denn anders wä-

re es wohl nicht zu erklären, daß das kleine Inntaler Kloster der Benediktiner zu Rott mit knapp 15 000 Gulden eine Kirche baute, die man heute mit Fug und Recht zu den Spitzenleistungen des 18. Jahrhunderts zählt.

Der Kirchenraum zu Rott ist des Baumeisters Johann Michael Fischer eigentliches Vermächtnis. Wenn wir in Ottobeuren seine bedeutendste Bauleistung sehen, bei der er an den Maßstab eines Monumentalraumes und an das Werk seiner Vorgänger gebunden war, so finden wir in Rott ein durch und durch persönlich gehaltenes Werk. In einem menschlich proportionierten, feingliedrigen Raumgebilde kann das Rokoko seine

Matthäus Günther, Kuppelfresko in
der ehem. Benediktinerklosterkirche Rott am Inn, 1763

feinsten Nuancen ausspielen: Architektur, Plastik, Stuck und Malerei gewinnen hier eine Reife und Intimität, die durch keinen anderen Bau übertroffen sind. Über dem Ganzen liegt die Weisheit des Alters, ein Abglanz schöpferischer Sättigung und klassischer Harmonie. Es ist auch, als spürte man schon einen Hauch des neuen klassizistischen Kunstsehnens, das Johann Joachim Winckelmann mit „edler Einfalt und stiller Größe" umschrieben hat: die Raumabschleifungen, die kurvierten Wände, die gekehlten Pilaster sind aufgegeben, die Raumteile verselbständigen sich, und es beginnt die Scheidung der Künste voneinander. Der Gewinn ist die höchste Qualität des einzelnen, die Schönheit eines jeden Gliedes, ob es nun Pfeiler, Stuckkartusche oder Statue ist. Nur in den Altaraufbauten darf sich noch der Schwung und das dekorative Ingenium des Spätbarock entfalten, und in den Deckenfresken, die streng gerahmt sind, klingt die Sphärenmusik des Rokoko in kühlen, kristallklaren Tönen fort.

Die Bilder beschränken sich auf drei Haupträume. Sie sind in ihrer Perspektive fast genau auf einen zentralen Standpunkt hin berechnet. Im Gewölbe des Altarraumes wird die Verbrennung des Bischofs Marinus durch die Wenden geschildert, darüber seine Apotheose. Das gegenüberliegende westliche Gemäldefeld, das mit Namen und Jahreszahl (1763) bezeichnet ist, schildert den gleichzeitig erfolgten Tod seines Gefährten, des Erzdiakons Anianus, in seiner Klause bei Wilparting. Dieses Bild ist auf den Rückblick beim Verlassen der Kirche hin angelegt und enthält in dem breiten Hereinnehmen des Landschaftlichen schon ein Stück Rousseauscher Naturromantik. Den Höhepunkt aber und die Mitte des dreifältigen Freskenzyklus gibt das Bild der kreisrunden Kuppel. Den Inhalt bilden die geschichtliche Verherrlichung und die himmlische Glorie des Benediktinerordens. Im Zentrum schwebt die göttliche Trinität in einer Lichtglorie, darunter auf Wolken Maria, St. Benedikt und Scholastika. Ein System von Lichtstrahlen und Strahlenleitern verbindet diese Hauptgestalten und schafft mystische und sinnbildliche Bezüge: von Marias Brüsten strahlt die Gnadenleiter auf St. Benedikt und Scholastika, und von diesen gehen Strahlen auf die Gruppe von Heiligen und Seligen des Ordens. St. Michael schleudert mit einem Lichtblitz aus seiner Hand das höllische Drachengezücht hernieder. Dieses ist in die gräßlich schönen, grünlich schillernden und pfauenhaft leuchtenden Farben der Versuchung und Verwesung gefaßt: Es sind Farben, die an Grünewalds ‚Versuchung des Antonius' im Isenheimer Altar erinnern. Bezeichnend jedoch, daß der stürzende Drache jetzt nicht mehr wie auf den barocken Kuppelbildern über den Rahmen hinausgreifen darf. Nur eine Stuckkartusche im Scheitel des Triumphbogens setzt die Bewegungsenergien fort, läßt sie ausklingen.

Zu rühmen aber bleibt bei aller Spannung und dramatisch wogender Szenen-Vielfalt die räumliche Auflockerung, die klare Zeichnung der Einzelfigur und die kontrastreiche Verteilung der Gruppen. Günther hat diese Kuppel in einer großen Ölskizze vorbereitet (Bayerisches Nationalmuseum) und dabei Kompositionsprinzipien und Einzelmotive aus dem 1737 bis 1739 geschaffenen Münsterschwarzacher Kuppelfresko Johann Evangelist Holzers übernommen. Auch das Erlebnis von Tiepolos Würzburger Fresken klingt nach: weniger in der Farbgebung, die Günthers kühlen, transparent gewordenen Freskoton hat, als in der Zeichnung der Engel. Sie sind kapriziös gespreizt, agieren mit eleganten Bewegungen und schweben mit großen Flügelschlägen herab. Einer von ihnen prägt sich besonders ein: Er vollführt zu Füßen des hl. Benedikt in fast antikischer Nacktheit einen eleganten Stechschritt; er ist das Symbol der Unschuld und der Reinheit, wie ein Lilienschild über seinem Haupte bezeugt.

So zeigt sich denn in vielen Einzelzügen — am deutlichsten wohl in der Plastik — der Zug der Verfeinerung der Mittel und zur Herausschälung der Individualität aus dem barocken Gesamtkunstwerk von der Art Weltenburgs. Die Kirche wird zu ihrer eigentlichen Bestimmung noch ein Ort hoher Geschmackskultur. Die Kirche zu Weltenburg ist großes ‚theatrum sacrum', ist der Abgesang des Barock. Rott ist etwas grundsätzlich Neues: Es ist ein Spiegel jener späten benediktinischen Geistigkeit, die sich zuerst in kleinen Klöstern mit wissenschaftlichen Neigungen ausbilden konnte und die mit ihrer spezifischen Haltung von Selbstzucht, Läuterung und Diskretio wie ein Vorbote des Aufklärungszeitalters wirkt: einer kirchlichen Aufklärung, die aus der alten geistlichen Verfassung des Barock ein Gebäude von wundervoller Klarheit schälte.

Die Entstehungszeit dieser Kirche liegt auf der Nahtstelle zwischen Barock und Aufklärung. Zwei sich widersprechende Kunstneigungen treffen aufeinander und reiben sich. Das eine ist das Sinnliche einer hohen künstlerischen Fühlsamkeit, wie sie Günther hat. Das andere ist das Verstandesklare und Intelligente, wie es etwa Johann Joachim Winckelmann, der Deutschrömer aus Stendal, verkörperte. Winckelmanns Sinnlichkeit ist die des Nordens; sie ist abstrakt, neigt zur theoretischen Verabsolutierung, ist etwas blind und unsicher bei der Beurteilung der reinen schöpferischen Werte seiner Zeit, so selbstbewußt sie sich auch artikuliert. Günthers Sinnlichkeit ist die des Südens. Sie ist natürlich entwickelt und ihm eingeboren. Während Winckelmann – selber unschöpferisch – sich mit wissenschaftlicher Akribie auf die scheinbar ‚echte' Antike beruft, ist Günther noch ein letzter Ausläufer dieser Antike, von der er nur soviel kennt, wie seinen Werk dienlich ist. Wir wissen jedoch, daß er sich auch theoretisch mit den Grundlagen der Bildhauerkunst befaßt hat. Es ist ein Fehler vieler Kulturphilosophien, daß sie die künstlerische Begabung zu sehr von abstrakter Intelligenz trennen, wie es auch der Fehler vieler moderner Erziehungsprogramme ist, daß sie, einseitig orientiert, ihren ganzen Ehrgeiz auf die Ausbildung abstrakter oder technischer Intelligenz richten und das Musische hintanstellen.

Beide waren in der Antike eins. Beide sind notwendig, um Kulturleistungen zu erbringen. Eine Intelligenz, die nicht genügend Sinnlichkeit hat, oder bei der sie abgestumpft ist, neigt zur Armut des Geschmacks, zu einer effizienten Blindheit gegenüber den schönen Erscheinungen des Lebens, gelegentlich sogar zur Verabsolutierung der Theorie und zur Inhumanität. Die sinnlich empfindsame Intelligenz erweist sich ihr gegenüber meist als die umfassendere, lebensfreundlichere und humanere Spielart des Geistes. Das Kennzeichen ihrer Überlegenheit ist das Lächeln oder die Fähigkeit, auch ernste Stoffe so zu gestalten, daß sie anschaulich sind, daß ihnen das Lächeln beiwohnt. Es ist eine höhere Sinnfälligkeit und das ganze Leben in ihr.

Entelechie kommt aus dem Griechischen und bedeutet nach Aristoteles das Sich-selbst-Ausgestaltende der Seele oder der Form. Höchstleistungen des Environments – oder große Gesamtkunstwerke – werden durch die Gruppierung entscheidender Geburten möglich. Hinzu kommt das Phänomen der Stammesentelechien und der kunstgeschichtlichen Zeiten: das Zusammentreffen von Kulturalter, Stammesneigung, Volksbegabung mit einer vorübergehenden, gerade herrschenden Stiltendenz – eben die günstige Konstellation.

Das eigentliche Kennzeichen der Entelechie aber ist – wie Wilhelm Pinder es aufgezeigt hat – die Balance zwischen dem ‚Noch' und dem ‚Schon'. Auf Rott angewendet, ist es das schwebende Gleichgewicht zwischen dem Barock, das es noch ist, und der Aufklärung, die es schon andeutet und im geistlichen Sinn verkörpert. Das Stichjahr heißt 1760. Die Bauzeit von Rott: 1759 bis 1762! Wäre der Bau etwa nur fünf Jahre früher begonnen worden, so wäre die Kirche nicht das geworden, was sie ist. Genauer ausgedrückt: Der geniale Bildhauer Ignaz Günther hätte wahrscheinlich noch nicht diesen umfassenden Auftrag erhalten. Sein Mitarbeiter Joseph Götsch – eine hervorragende Kraft, in der das volkstümliche Element noch überwiegt – ist erst 1759 in Aibling ansässig geworden. Er wäre dem großen Bildhauer noch nicht zur Verfügung gestanden. (Vermutlich hätte sich der Abt Benedikt Lutz zu einer Rokokoisierung der romanischen Klosterkirche entschlossen, wie sie ihm ja von dem Stukkatorengespann Franz Xaver Feichtmayr und Jakob Rauch aus Augsburg vorgeschlagen worden war.) Und außerdem hätte sich das Ensemble noch nicht getroffen und bewährt gehabt. Dies geschah nämlich kurz zuvor 1759 bis 1761 bei der Neugestaltung des Fest- und Musiksaales im Schloß Sünching bei Regensburg, dessen Entwürfe – wie wir neuerdings wissen – François Cuvilliés geliefert hat.

Der Sünchinger Bauherr, Reichsgraf Joseph Franz Maria von Seinsheim, Bruder des Würzburger Fürstbischofs Adam Friedrich, war ein Mann von feinem Kunstverständnis und – als Mitglied des Incasordens – mit der Aufklärung vertraut. Als langjähriger Präsident der Bayerischen Akademie der Wissenschaften, Förderer der Musik, Gastgeber Kaiser Josephs II. und wahrscheinlich auch des jungen Mozart, hatte er sich das spätere ‚Rotter Ensemble' für die Ausstattung seines Musiksaales selber ausgesucht. Es war – vielleicht sogar unter Beteiligung Fischers – das Meisterensemble des bayerischen Rokoko: Franz Xaver Feichtmayr und Jakob Rauch schnitten die Stukkaturen nach einem Entwurf François Cuvilliés, Matthäus Günther malte das herrliche Deckenstück der Vier Jahreszeiten (vollendet und signiert 1761), Ignaz Günther schnitzte die Paneele über den Marmorkaminen mit den eleganten Famafiguren. Der Altar der Sünchinger Schloßkapelle, eine in Halbrelief geschnitzte Himmelfahrt Mariens, war wichtige Station seines eigenen Aufstiegs als Künstler. Es ist als sicher anzunehmen, daß Abt Benedikt Lutz den Sünchinger Schloßsaal gesehen hat oder doch wenigstens von dieser aufsehenerregenden Leistung hörte. Seine Entscheidung zu einem neuen, von

Grund auf neuen Kirchenbau dürfte so wenigstens von Sünching her mit angeregt worden sein. Wichtig war der Zeitpunkt seiner Entscheidung.

Fünf Jahre später als 1759 begonnen, wäre die Rotter Kirche vermutlich nicht mehr das geworden, was sie heute ist. Der Architekt Fischer, 1766 gestorben, wäre dann einfach zu alt gewesen, um dieses große Unternehmen noch zu meistern. Aber vielleicht sind diese Konstellationen und Überlegungen, die sich aus den persönlichen Fakten, Daten und Zufällen ergeben, gar nicht das Wesentliche. Wichtiger noch erscheint uns die Konstellation des Stils, die Stillage. Gerade hier werden in Rott die Bedingungen des ‚Noch' und ‚Schon' am empfindlichsten greifbar. Das bayerische Rokoko oder der Karl-Albert-Stil — wie man es nennen möchte — hatte damals seinen Höhepunkt schon überschritten. Aber es war als sinnliche Erfahrung und Wirklichkeit noch lebendig (wenn auch schon angegriffen und bekämpft von den ‚Kunstkritikern' aus dem Lager der reinen Vernunft). So ist denn bei den plastischen Altarauszügen Günthers ein ‚Dennoch' spürbar, wie auch in den Fresken des Matthäus Günther (1763) der ekstatische überredende Zug durch die hinweisende Kraft der ‚geistigen Leitern' besonders deutlich gemacht wird. Eine Neigung zu ironischer Überzeichnung gibt den Statuen Ignaz Günthers ihre Individualität. Petrus Damianus wirkt in nuce schon wie eine ‚lächelnde' Karikatur auf den aufgeklärten blasierten Abbé des späten 18. Jahrhunderts. Schlank und enerviert, mit einem Blick ‚von oben herab', distanziert er sich vom betenden Volk, stellt sozusagen den überzüchteten Typ der geistlichen Hierarchie dar, der in den Klöstern des 18. Jahrhunderts sich herausgebildet hatte. Die Attribute Kreuz und Buch möchten einem als Accessorium erscheinen. Die Hand, die den Kreuzstab mit manierierter Geste umfaßt, ist anscheinend mehr für einen feinen Spazierstock geschaffen. Und wenn das aufgeschlagene Buch in der Rechten kein Werk der neueren Philosophie ist, sondern das Officium Mariae, so mag uns dies an die im 18. Jahrhundert noch einmal aufblühende, sublim verfeinerte Marienverehrung erinnern.

In der Gegenüberstellung der beiden Altäre, die den Auftakt geben — auf dem einen die noblen, schmerzlich-exaltierten Kirchenfürsten Gregor und Damianus, auf dem anderen die volkstümlichen ‚naiven' Bauernheiligen St. Isidor und St. Notburga —, kann man sogar eine Spur von gesellschaftlicher Kritik erkennen, in jener andeutenden Form, die Mozart seinem *Figaro*

mitgeteilt hat als ein Element des Spielerischen und der Spannungen. Da Günther die Charakterisierung gerne auf die Spitze treibt, ist es wohl die Freude am Pointierten, am künstlerischen Kontrast und am treffenden Ausdruck, nicht also eine kritische Einstellung De profundis.

Und doch muß Günther eine innerlich freie Persönlichkeit gewesen sein, weder ein Frömmler noch ein Höfling. Vielleicht, daß er sich auch im Umgang mit Höhergestellten — darin Mozart verwandt — kein Blatt vor den Mund genommen hat. Seine Sicherheit kam aus der Überlegenheit seines Könnens und seiner künstlerischen Leistung. Solche Naturen haben es bekanntlich nicht leicht. Ihr natürlicher Widersacher ist neben der dümmlich arroganten Kamarilla die Biederkeit bürgerlichen Zweckdenkens, die sie umgebende künstlerische Mediokrität. Bemerkenswerterweise ist Ignaz Günther, trotz seines hervorstechenden Ranges als Künstler, nie Hofbildhauer, sondern nur ‚hofbefreiter Bildhauer' geworden. Seine Gesuche wurden abschlägig beschieden. Künstler von Rang haben allerdings um seine Bedeutung gewußt. So hat ihn Martin Knoller kurz vor seinem Tode in seiner impulsiv-genialischen Erscheinung für die Nachwelt festgehalten (Bildnis Günthers im Bayerischen Nationalmuseum). Seine eigentlichen Förderer waren die gebildeten und künstlerisch fühlsamen Äbte der ober- und niederbayerischen Abteien, gelegentlich auch die aufgeklärten Pfarrer und Aristokraten, Männer vom Schlag eines Seinsheim oder Benedikt Lutz.

Benedikt Lutz dürfte auch den Bildhauer Joseph Götsch, einen Tiroler, der in Aibling sich ansässig gemacht hatte, als selbständige Kraft verpflichtet haben. Aus der volkstümlichen Schnitztradition Tirols gewachsen, ist Götsch eine Figur, bei der das Sinnliche überwiegt, ein Phänomen der Einfühlung, des Mit- und Nachempfindens, ohne daß er seinen Charakter und seine Persönlichkeit preisgibt. An der Seite Günthers wächst er über sich selbst hinaus. So meisterhaft und liebenswürdig er sich in Rott auch behauptet, sein eigenstes gibt er jedoch in den allegorischen Puttengruppen der ‚Vier Letzten Dinge', deren schnitzerische Vollendung aus der Rivalität mit Günther hervorgeholt wurde. Im Rückgriff auf das Kernige volkstümlicher Schnitzübung erzielte der Tiroler sein Bestes. (Die Gruppe ist von den Beichtstühlen der Vorhalle abgenommen worden und diebstahlsicher verwahrt.)

Die Rotter Retabelfiguren sind von den Postamenten herabnehmbar, jedenfalls drehbar und verschiebbar angebracht (heute natürlich durch eine Alarmanlage gesichert). Sie erhalten dadurch einen Zug ins Museale. Nicht etwa, daß der Künstler daran gedacht hätte, sie auf Reisen oder in Galerien zu verschicken, was später tatsächlich geschehen ist. Der Zug ins Museale liegt in der Zeit, die die Individualität auch im Kunstwerk selbst ausgedrückt haben will. Freilich wurden die Figuren in Günthers Münchner Werkstatt als Einzelwerke für sich geschaffen und auf dem Landweg nach Rott expediert. Es ist überliefert, daß man zum Zwecke ihrer Fassung besondere Überlegungen anstellte und mit der Nymphenburger Porzellanmanufaktur in Verbindung trat. Erst die Fassung gibt ja den Figuren den Stempel des Endgültigen. Und sie ist ein höchst empfindliches und gefährliches Unterfangen. Daß man dafür — wie überliefert ist — den Porzellancharakter anstrebte — kann nur eine vorübergehende Überlegung, ein Neuerungseinfall gewesen sein. Die endgültige und nun wirklich meisterhafte Fassung besorgte Augustin Demmel wohl nach den Angaben Günthers.

Die Giebelfigur der Fassade, ein hl. Benedikt (1931 durch eine moderne Figur ersetzt), soll der Baumeister Johann Michael Fischer aus Erkenntlichkeit dem Kloster geschenkt haben. Einen Teil des Rotter Ensembles treffen wir etwas später in einer Rotter Besitzung in Tirol. In dem reizvoll gelegenen Pfarrdorf Fieberbrunn bei St. Johann — einem alten Badeort — ließ Abt Benedikt Lutz (vergl. auch die Inschrift am dortigen Rokokopfarrhof) eine St.-Johann-Nepomuk-Kapelle erbauen. Sie wurde von Matthäus Günther mit Fresken ausgestattet, darunter die Beichte der böhmischen Königin als Wandfresko hervorsticht, und ist wohl von Jakob Rauch oder einem seiner Mitarbeiter stuckiert. Eine ländliche Zubuße zu dem großen Wurf von Rott möchte man diese Kapelle nennen, ein Geschenk, wie es die freimütigen Künstler des bayerischen Rokoko öfters gegeben haben.

Von dem Rokokokloster Rott ist ferner bekannt, daß hier die Astronomie gepflegt wurde. Und wie in fast allen bayerischen Klöstern wurde mit Begeisterung musiziert und gespielt. Die feine Rokokobibliothek haben wir leider nicht mehr. Die Bücher und Noten wurden buchstäblich verschleudert. Kürzlich hat man bei einer Reparatur der Orgel — die nicht mehr ganz original erhalten ist, aber zu den besten Werken ihrer Gattung gehörte — ein Notenblatt gefunden. Es war achtlos zum Verkleben einer Windöffnung genützt. Ein Fachmann hat es sorgfältig ablösen und restaurieren lassen und darauf ein hübsches Orgelstück aus der Bauzeit der Rotter Kirche gefunden (als Schallplatte ist es nun in der Reihe *Musica Bavarica* erschienen). Pater Plazidus Scharl, einer der typischen musisch begabten Benediktiner des Rokoko, der den jungen Mozart kannte und selber achtbar komponierte, war unter dem Vorgänger des Abtes Lutz einige Jahre Novize in Rott.

Das Kloster, das einmal eine weitläufige und perfekte Anlage von Klosterbauten hatte, mit Torbau, Prälatur, Claustrum, Wirtschaftshöfen und Brauerei, war mit gutem Bedacht als Noviziat der bayerischen Benediktiner ausgewählt worden. In Rott wurde neben der Theologie die Philosophie gelehrt. Als Plazidus mit vierzehn jungen Ordenskandidaten in Rott ankam, zeigte sich am Horizont eine Winterröte. Der Abt Corbinian Grätz stellte sich mit den Novizen an das Fenster, um das seltene Phänomen zu betrachten, ,,... denn junge Leute müssen sich solche Erscheinungen einprägen, weil sie ein gutes Gedächtnis haben, das Seltenes bewahren kann und sie so auf die Nachwelt fortwirken können." Das war der Anfang der Philosophie von Rott.

Im übrigen aber wurde, wie der aufgeklärte Pater später schreibt, auch in Rott nur ,,die älteste Grundsuppe der aristotelischen Schule" gelehrt. ,,Ich aber strebte weiter, studierte privat in freien Stunden; meine Vorliebe für Mathematik und Physik wuchs immer mehr; ich durchforschte in der Klosterbibliothek alles, besonders die Bücher, in denen die Grundsätze einer

Notenblatt, das zum Abdichten der Orgel benutzt worden war, aus der ehem. Benediktinerklosterkirche Rott am Inn

modernen Philosophie entwickelt waren; ich lernte Italienisch und Französisch, und als ich dann noch auf Wunsch des Herrn Abts die Theologie in Rott anstatt daheim in Andechs studieren sollte, wurden es allmählich sechs Jahre und die Leute der Umgebung sagten: ,Dieser Frater muß schon gar nichts lernen, weil er so lang hier bleiben muß.'"

Unter Abt Benedikt Lutz, der den väterlichen Corbinian Grätz ablöste, zog frischer Wind in Rott ein. Der Lehrkörper und die Bibliothek wurden im Sinne der geistlichen Aufklärung erneuert, aus einer für diese Zeiten modernen Klosterbewirtschaftung wurden die Gelder für den Neubau der Kirche flüssig gemacht. Man strebte in Rott nach dem Ausgleich der wissenschaftlichen und musischen Neigungen, wie es dem späten Benediktinertum entspricht.

Die Abteikirche ist der Spiegel dieser bayerisch-benediktinischen Geistigkeit, die zwischen Rokoko und Aufklärung, musischer und verstandesmäßiger Intelligenzia, ein Gleichgewicht herzustellen sucht. Ziel ist eine neue Klarheit des Ausdrucks, eine lichte Reinheit der Räumlichkeit und des Vorstellungsvermögens, wohl auch die Harmonie in der Gemeinschaft von Gleichgesinnten, bei denen das Streben des einzelnen, der naturhafte Egoismus des Menschen, das ,Genie' und das ,Zugpferd', von einer vorherrschenden humanitären Haltung geglättet und harmonisiert werden. Dieses helle Umhaustsein, Kennzeichen einer späten Kultur, wird in Rott noch in den fast schmucklosen Nebenräumen der Kirche erlebbar.

Dem Gleichnischarakter alles Vergänglichen entsprechend, erfuhr das ,Aufklärungskloster' Rott eine besonders barbarische Schmälerung während der Säkularisation. Von der ausgedehnten Anlage, die uns ein Kupferstich und eine Zeichnung im Bayerischen Hauptstaatsarchiv zeigt, von der überlegten Ordnung dieses bayerischen Musterklosters, blieben eigentlich nur die Kirche erhalten, dazu noch in Bruchstücken zwei anschließende Trakte, die heute privaten Zwecken und dem Betrieb einer Brauerei dienen. In einer für die Besucher unzugänglichen, auch etwas vernachlässigten Räumlichkeit, die heute als Sakristei benützt wird, aber wohl den ehemaligen Psallierchor der Benediktiner darstellt, findet man einen Hinweis auf das Geheimnis der Entelechie von Rott. In diesem herrlich gewölbten und überaus feinstuckierten Saalraum (hinter dem Altarraum der Kirche), der einen weiten Blick in das Inntal schenkt, findet sich in einer zierlichen Rokokokartusche von Jakob Rauch die Inschrift:

MENS NOSTRA
CONCORDET
VOCI NOSTRAE
Der gemeinsame Geist
möge unsere Stimmen
verbinden.

Günther D. Roth

Sigmund Graf von Haimhausen – ein adliger Unternehmer

Wirtschaftspolitik zwischen Merkantilismus und freiem Unternehmertum

Landläufige Redensarten wie ‚Zopfperiode' und ‚Reifrockzeit', die eine große Epoche unter die Schablone des Barocken, Putzigen, Lächerlichen bringen können, werden dem 18. Jahrhundert mit der Buntheit seiner Kontraste bestimmt nicht gerecht. Denn nichts kann oberflächlicher sein als die Schablonisierung eines Jahrhunderts, das vielleicht eines der vielgestaltigsten der Weltgeschichte überhaupt gewesen ist. Es war ein Jahrhundert, in dem sich kühnes Denken und raffinierte Genußsucht, verhärteter Egoismus und sentimentale Schwärmerei, revolutionäres Wollen und philisterhafte Verknöcherung wunderbar durchkreuzt haben. Es ist das Jahrhundert, das die Freilassung oder Emanzipation der Wirtschaft und des wirtschaftenden Menschen von religiöser, technischer und sozialer Bindung ausgelöst hat.

Für Bayern waren die ersten Jahrzehnte des 18. Jahrhunderts eine Periode des politischen und wirtschaftlichen Niedergangs. Im Spanischen Erbfolgekrieg stand Kurfürst Max Emanuel auf der Seite Frankreichs. Nach der Schlacht von Höchstädt im Jahre 1704 wurde Bayern von kaiserlichen Soldaten besetzt. Erst durch den Frieden von Rastatt 1714 wurde die über Max Emanuel verhängte Reichsacht aufgehoben und Bayern an ihn zurückgegeben. Sein Nachfolger Karl Albrecht erhob nach dem Tod Kaiser Karls VI. 1740 Ansprüche auf die österreichischen Erblande. Im Bunde mit Frankreich gewann er zwar 1741 Oberösterreich und Böhmen, aber noch während er 1742 in Frankfurt als Karl VII. zum Kaiser gewählt wurde, fiel sein Stammland in österreichische Hände. So zog sich der junge Kurfürst Maximilian III. Joseph im Frieden zu Füssen 1745 aus der großen Politik und dem Österreichischen Erbfolgekrieg zurück, um sich einer Politik der inneren Reformen zu widmen.

Reformen wurden überall während dieses Jahrhunderts groß geschrieben. Besonders solche, die der Förderung von Handel und Gewerbe dienen sollten. Im 18. Jahrhundert geriet die Wirtschaft immer stärker in die Abhängigkeit des Fürstenstaates, der versuchte, sich durch wirtschaftliche Entfaltung, Han-

dels- und Bevölkerungspolitik zu stärken, um seine dynastischen Ziele besser verfolgen zu können. Die Wirtschaftsordnung wurde in hohem Maße staatlich bestimmt, und die Wirtschaftspolitik der Staaten, die von Adam Smith später als Merkantilismus bezeichnet wird, forderte eine energische Zweckrationalität. Das Wort Wirtschaft freilich verwendeten die Zeitgenossen noch kaum, sie sprachen von den Commercien und dem Gewerbefleiß, aber auch schon von der guten Ökonomie oder Haushaltung eines Landes.

Geht man die Reiseschilderungen über Bayern und seine Hauptstadt in der Regierungszeit Kurfürst Max III. Josephs – sie dauerte von 1745 bis 1777 – durch, so fällt die außerordentliche Verschiedenheit der gefällten Urteile auf, welche von glänzendem Lob bis zu vernichtendem Tadel reichen. Eine ganze Reihe von Zuständen und Einrichtungen eines Landes aber bedürfen zu ihrer richtigen Würdigung längerer und eingehenderer Studien, die zu machen wohl nur wenige der zeitgenössischen Reisenden imstande und geneigt waren. Das gilt besonders für das Wirtschaftsleben. Schwer lastete beim Regierungsantritt die übernommene Schuldenlast, zu groß für das verarmte und von den Besetzungen und Kriegen ausgesogene Land Bayern. Trotzdem setzte der Landesherr seine ganze unumschränkte Fürstenmacht in den Dienst der Reform und zwang geradezu dem Volke die als Fortschritt empfundenen Ergebnisse reformatorischer Tätigkeit auf. Daß dabei allerlei Irrtümer unterliefen, ist bei der Zahl der Versuche nicht eben verwunderlich. Zur Durchführung der Versuche bedurfte es der geeigneten Ratgeber und Fachleute, wovon es nur eine beschränkte Anzahl gab.

Hier beginnen die Verdienste des Grafen Haimhausen, den der Kurfürst 1751 an die Spitze eines neuen Münz- und Bergwerkscollegiums berief: „Nachdeme uns das mehrere vor- und angebracht worden, welchergestalten unsere Lande zu Baiern, und der oberen Pfalz nicht allein, mit de facto im würklichen Bau und Arbeit stehenden nutzlichen Bergwerken, versehen, sondern auch mit statlichen Gebürgen geseegnet, daß an mehrerer deren Emporbringung, und deren hierinnen verborgen liegenden Metallen nicht zu zweiflen; hierzu aber vor allen erforderlich und nothwenig seyn wolle, daß, gleichwie es in andern wohleingericht Ländern gehalten wird, ein eigenes Obrist Münzmeister Amt, so auch, wie überall gebräuchlich, die Oberdirection über samentliche Bergwerke habe, an- und aufgerichtet werde: so haben wir uns zu Beförderung unsers höchsten Intereße sowohl, als auch zum Wohlstand des publici, und samentlichen Lands Unterthanen, dahin gnädigist entschlossen, ein Obrist Münzmeisteramt, und Oberbergwerksdirection gnädigist anzuordnen, welches die in Münz- und Bergwerkssachen sich ergebende Vorfallenheiten privative und independenter von andern unsern Justitz- und Hof-camer-collegiis verwalten und administrieren solle. Allermassen wir dann unserm geheimen Rath und Camerer, Siegmund Grafen von und zu Haimhausen, auf Kuttenplan, und Herrnberg, hierzu ernennt, und ihme das Amt als Obristmünzmeister und Oberbergwerksdirectorn gnädigist übertragen.''

Es war die ausdrückliche Bedingung des Grafen Sigmund, die dieser bei den Verhandlungen in München wegen der Übernahme des Amtes gestellt hatte, daß sich die kurfürstliche Hofkammer aller bisherigen Aufsicht und Einflußnahme auf das Bergwerks- und Münzwesen künftig zu enthalten habe. Der Graf verlangte die unmittelbare Unterstellung unter den Kurfürsten selbst. Die Bedingung des Grafen von Haimhausen war außerordentlich und neu. Sie schien nicht angängig zu sein. Diejenige Behörde, der die Sorge für das wirtschaftliche Gedeihen des Landes anvertraut war, war nun einmal die Hofkammer. So bemühte sich deren Präsident persönlich, dem Grafen die Sache auszureden und ihn zu bewegen, der einmal eingeführten Ordnung beizutreten. Allein Graf Sigmund hatte seine guten Gründe, auf seiner Forderung zu bestehen.

Es ist kennzeichnend, daß eine ganze Reihe von gutgemeinten Reformplänen − nicht nur in Bayern − daran gescheitert sind, daß das Beamtentum des absoluten Fürstenstaates offen oder versteckt gegen Neuerungen eingestellt war. Ein Grund waren Eifersucht und Rivalität der Beamten einzelner Ressorts untereinander. Viel schlimmer aber war die Korruption, gegen die mit wenigen Ausnahmen die Landesfürsten ohnmächtig

waren. Der Weg zum Hofkammerpräsidenten ging durch eine Reihe von Dienern und Beamten, die zum großen Teil handelten wie ihr erster Vorgesetzter: die ,Handsalben' waren es allein, die einem Gesuch in den ordnungsmäßigen Einlauf und zu rascher und günstiger Verbescheidung verhalfen. Sigmund Graf von Haimhausen kannte diese Zustände nur zu gut. Hier in Bayern hatte er sie kennengelernt, aber auch in Böhmen, wo große Güter und Bergwerke von ihm lagen, und in zahlreichen europäischen Städten, wohin ihn seine ausgedehnte Kavalierstour in jungen Jahren geführt hatte.

Graf Sigmund wurde am 28. Dezember 1708 in München geboren, sein älterer Bruder Karl im selben Jahr am 11. Januar. Ihr Vater, Graf Joseph, war als Hofrat und Kammerherr dem Kurfürsten Max Emanuel nach Frankreich gefolgt. Dort ist er gestorben und liegt zu St. Cloud begraben. Die beiden Brüder standen zunächst unter der Obhut ihres Großvaters, Graf Franz Ferdinand, der 1724 in Haimhausen im Alter von 86 Jahren starb, dann unter der Vormundschaft ihres Onkels, des Grafen von Thierheim, und ihrer Mutter. Nach dem Schulbesuch in München bei den Jesuiten wurden die beiden jungen Grafen nach Salzburg geschickt, wo sie ein Jahr bei den Benediktinern Philosophie, ein weiteres Jahr bei einem Professor Schlosgangl die ,Institutiones' hörten. Es waren aber auch sonstige Bildungsmöglichkeiten gegeben. ,,Der damalige Erzbischof, ein Graf Harrach, hatte zumal die zu Salzburg studirenden Edelleute, deren etliche und dreyßig aus verschiedenen Ländern anwesend waren, unter eine sorgfältige Aufsicht genommen. Er hatte sich inständig um die Aufführung derselben erkundigt, und festgesetzt, daß wechselweise täglich zween zur Tafel bey Hof geladen, Abends zur Gesellschaft und zum Spiel gelassen, an den Sonn- und Feyertagen aber sämtliche zum Kirchengang gezogen wurden. Er hatte es anbey an nichts erwinden lassen, die geschicktesten Meister für die Sprachen, für die Reit-, Tanz- und Fechtkunst nach Salzburg zu ziehen, und sohin die übliche Bildung junger Adelichen auf alle Weise zu beförden.''

Nach den zwei Salzburger Jahren gingen Graf Sigmund und sein Bruder zurück nach München, wo sie in den Rang von kurfürstlichen Kammerherren erhoben wurden. Die Ausbildung war damit aber noch lange nicht abgeschlossen. Noch im selben Jahr, man schrieb 1726, reisten die beiden nach Prag, wo sie sich vor allem juristischen Studien widmeten. Nach abermals

Schloß Haimhausen. Stich von Michael Wening, um 1700

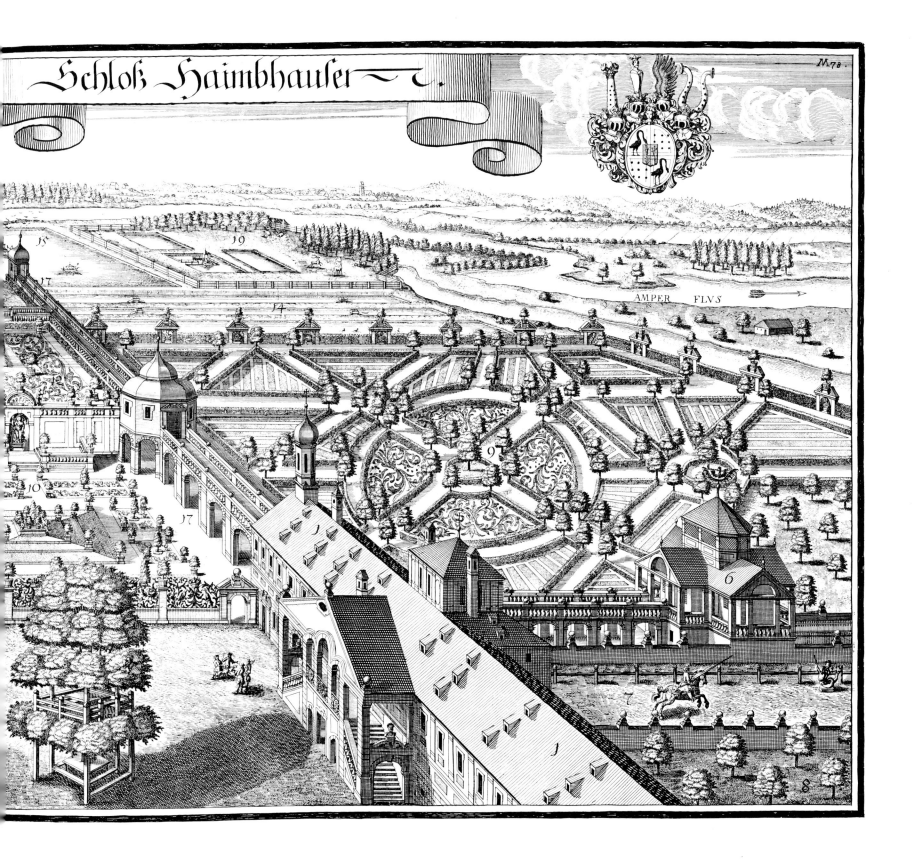

Schloß Haimbhauſen ⌐.

AMPER FLVS

zwei Jahren begaben sie sich unter der Begleitung eines weltlichen Hofmeisters, namens Schmid, auf Reisen, die sie durch ganz Mittel- und Westeuropa bis nach England führten. „Sie besuchten Dresden, wo damals der berühmte König August noch lebte, dann Berlin und Potsdam, wo sie mit zween jungen schwedischen Grafen, von Bonde und Horn, Bekanntschaft machten, und in Gesellschaft dieser Herren, welche gleiche Absichten mit ihnen hatten, ihre Reise nach Hamburg, Lübeck, dann nach Westphalen, dann durch Utrecht nach Amsterdam fortsetzten. Nachdem sie in den genannten und andern Städten nicht blos das Seltene und Bewunderswürdige, sondern vorzüglich das Nützliche, als die Einrichtung und den Gang der Manufakturen und Fabriken wohl besehen, und das Vorzüglichste überall in ihre Reisebücher eingetragen, auch vorzüglich die stets rühmlich, und in der Folge oft nüzliche Bekanntschaften mit schätzbaren und berühmten Männern gesucht und erhalten hatten, beschlossen sie, nach Leyden zu gehen, und bey dem berühmten Professor Vitriarius die Kollegia Juris publici zu hören."

Insgesamt vier Jahre waren die beiden Grafen Haimhausen nach ihrer Salzburger Zeit in Europa unterwegs, ehe sie im Juli 1730 wieder nach München zurückkehrten. Nun trennten sich ihre Wege. Der ältere Bruder übernahm den Familienbesitz in Bayern mit dem Stammschloß in Haimhausen bei Dachau, dessen Tradition zurückreicht bis in das Jahr 772. Der jüngere, Graf Sigmund, aber ging auf die Güter der Familie in Böhmen, zu denen große Bergwerke gehörten. Noch unentschlossen, welche endgültige Laufbahn er ergreifen sollte, wurde für Graf Sigmund die böhmische Herrschaft Kuttenplan mit dem Kupferbergwerk St. Veitzöch die Entscheidung. Der Graf entdeckte sein Interesse für den Bergbau: „Um die Sache mit Grund anzufangen, lud er den Herrn D. Stör, Professor der Metallurgie zu Leipzig, nach Kuttenplann, hörte fast ein ganzes Jahr lang dessen Vorlesungen, besuchte anbey die kaiserlich königliche Bergstädte, und obersächsischen Erzgebirge, und besprach und berathschlagte sich nicht nur überall mit den geschicktesten Professoren und Bergleuten, sondern befuhr auch überall und inständig die beschwerlichsten Zechen, um sich dessen durch eigne Betrachtung und eigne Erfahrung zu bemächtigen, was die Theorie ihn gelehrt hatte."

Die seit dem 16. Jahrhundert bereits einsetzende Hinwendung des Adels zu wirtschaftlichen Fragen erreichte im 18. Jahrhundert einen neuen Höhepunkt. Beispiele dafür sind vor allem in Italien, Frankreich und England zu suchen, daneben in den süddeutschen Ländern sowie in Böhmen. Dieser Adel des 18. Jahrhunderts ist − als Gutsherr oder fürstlicher Beamter − viel stärker wirtschaftlich orientiert als die Standesgenossen zwei oder drei Jahrhunderte zuvor. Das zeigen die in diesem Jahrhundert nicht wenigen Unternehmer aus dem Adelsstand, die bemerkenswerte organisatorische Fähigkeiten entwickelt haben und darum für die reformfreudigen Landesfürsten besonders wertvolle Ratgeber geworden sind.

Die intensive Beschäftigung des Grafen Sigmund mit dem Erzbergbau und Münzwesen in Kuttenplan blieb selbst an allerhöchster Stelle nicht verborgen. Der bayerische Kurfürst und Anwärter auf den Kaiserthron, Karl Albrecht, hatte, als König von Böhmen, das Vorhaben geäußert, den Grafen von Haimhausen als böhmischen Oberstmünzmeister anzustellen. Als sich der Graf in Prag zur Huldigung einfand, wünschte Karl Albrecht, daß er in seiner Eigenschaft als bayerischer Kammerherr zur Kaiserkrönung nach Frankfurt komme. Haimhausen erschien. Aber sein Eintritt in den Staatsdienst, und zwar nicht in den böhmischen, sondern in den bayerischen, erfolgte doch erst neun Jahre später, wozu der frühe Tod des Kaisers ebenso beigetragen haben mag wie die Kriegshandlungen um das österreichische Erbe, die die böhmischen Güter des Grafen schwer heimgesucht haben. „Bey dem oben genannten Bergwerk St. Veit haben einige aus bloßem Muthwillen, die Maschin, welche das Wasser zu heben hatte, zerhauen, und ruinirt, so, daß das Wasser über sechzig Lachter hoch gestiegen, und die Bergleute über ein halbes Jahr ausgetränket hat. Der Herr Graf Sigmund von Haimhausen hatte einige Jahre zu thun, um alles wieder in Ordnung zu richten, und den Betrieb des ehemaligen Wohlstandes in Bewegung zu setzen."

1751 übernahm dann also Sigmund von Haimhausen das Berg- und Münzwesen in Bayern und setzte dabei seine Bedingung durch, daß das neue Amt selbständig und unabhängig von der Hofkammer und allein dem Kurfürsten verantwortlich ist. Da von der maßgeblichen Behörde für die Hebung der wirtschaftlichen Verhältnisse des Landes nicht viel Ersprießliches zu erwarten war, sollte wenigstens das neue Münz- und Bergwerkskollegium von Vielregiererei und Korruption verschont bleiben. Die Arbeit der neuen Dienststelle begann vielversprechend. Eine erste Maßnahme war es, vier Prägemaschinen herstellen zu lassen, mit denen wöchentlich gegen 200 000 Gulden gemünzt werden konnten. Bislang schaffte die kurfürstliche Münze wöchentlich nur einige tausend Gulden. Die Beschäftigung mit Geld und die Gewinnung von neuen Geldmitteln war ein Hauptanliegen der merkantilistischen Wirtschaftspolitik. So ist es richtig, daß gelegentlich Merkantilisten Redewendungen gebraucht haben der Art, daß in dem Gelde der eigentliche Reichtum des Landes liege. Viel wichtiger und richtiger aber ist die Tatsache, daß eine Steigerung der Produktion gewerblicher Erzeugnisse nur möglich ist, wenn der Geldstrom entsprechend ausgeweitet wird. Wenn man an dem Sachgeld in Gestalt des Edelmetallgeldes festhalten wollte, so war nicht nur die laufende Versorgung mit Edelmetall wichtig, sondern auch ein Münzwesen, das den anwachsenden Geldbedarf befriedigen konnte.

Graf von Haimhausen verbesserte aber nicht nur die Münze. Seine Aufmerksamkeit galt gleichermaßen den bayerischen und oberpfälzischen Bergwerken. Bisher gab es in der Hofkammer nur einen einzigen Beamten, den Bergrat Gastel, der sich mit dem Bergwesen beschäftigte. Der redliche und fleißige Beamte war aber noch nie aus Bayern hinausgekommen und besaß keinerlei Erfahrungen mit neuen Techniken. Erst recht traf der Graf draußen bei seinen Besuchen in den Bergwerken keine besseren Verhältnisse an. „Als er dieselben bereiste, fand er zwar überall fleißige und treue Leute, deren Wissenschaft und Arbeit aber einzig darinn bestund, genaue Anzeigen und Listen von dem, was eingieng, zu liefern, und den Gang der Sache, so wie sie ihn bey ihrem Anstehen gefunden hatten, sorgfältig zu erhalten. Die wenigsten besaßen eine, auch nur oberflächliche, Kenntniß von einer wahren Behandlung des Bergwesens, und hatten nie an irgend eine Verbeßerung gedacht, oder Versuche gemacht."

Von seinen eigenen böhmischen Bergwerken holte Graf Sigmund Sachverständige herbei, um die bayerischen Bergwerke leistungsfähig zu machen. Ein so hervorragender Fachmann wie der ehemalige Leiter des Bleibergwerks Rauschenberg, Dominikus Linprunn, wurde von Haimhausen als Berg- und Münzrat nach München gerufen. Das Münz- und Bergwerkskollegium unter Führung von Graf Sigmund beschränkte sich nicht nur auf die vorhandenen Bergwerke und deren Förderung. Man versuchte sich mit den bislang nicht oder wenig ge-

nutzten Bodenschätzen des Landes. So wurden in der Nähe von Passau Versuche mit Kaolin durchgeführt, die der Porzellanherstellung dienen sollten. Der Versuch war erfolgreich, und der Obristmünzmeister und Oberbergdirektor von Haimhausen legte seinem Landesherrn die Errichtung einer Porzellanmanufaktur nahe. Max Joseph liebte das ‚weiße Gold' und fand darin Unterstützung bei seiner Gattin Maria Anna Sophia, der Tochter des Kurfürsten Friedrich August II. von Sachsen. Damals entzückte die exotisch gestaltete und bemalte Keramik aus China alle europäischen Fürstenhöfe. Im Jahre 1747 bereits wurde in München eine Manufaktur gegründet, die in dem Renaissanceschlößchen Neudeck untergebracht war. Aber erst 1753 gelang es, den Kurfürsten zur Übernahme der Manufaktur zu überreden, und noch bis Mitte 1756 mußte Graf Haimhausen aus eigener Tasche Betriebsmittel vorstrecken, bis dann das Münzkollegium offiziell die Manufaktur finanzierte. Dabei war festzustellen: „Die jährlichen Fabrikate betragen wenigst an die 20 tausend Gulden, wo anbey an fabricirtem Porcelain noch immer ein Kapital von 130 000 Gulden sich vorfindet. Das Porcelain erreicht an Feine und Güte, ja übertrifft vielleicht in mancher Eigenschaft das sächsische, und in einem Land, dessen Ausfuhr weniger gehindert wäre, würde diese Fabrike einen Rang von erster Größe behaupten."

Dabei hat der Graf Haimhausen auch auf der künstlerischen Seite des Unternehmens seinen Geschmack und Spürsinn bewiesen. Ein Jahr nach der Übernahme der Manufaktur in kurfürstliche Regie wird der 31jährige Franz Anton Bustelli als Leiter der Modellierwerkstatt berufen. Sein Schaffen währt etwa achteinhalb Jahre bis zu seinem Tode am 18. April 1763. In diesem kurzen Zeitraum entstehen etwa 150 Figuren, sechs größere Gruppen, eine Anzahl von Geschirren und Gerätformen. Dazu noch die Porträtbüste des Grafen Haimhausen selbst, das geniale und sehr bezeichnende Kavaliersbildnis des bayerischen Rokoko. (Wir haben außerdem noch in einem Porträt von J. G. Edlinger ein ausgezeichnetes Altersbildnis, das seine Energie, seinen Charme und seine Noblesse überliefert.). Die Figuren, vor allem die ‚Italienische Komödie', sind die vollendetsten Werke des europäischen Porzellans, unübertroffen in ihrer lässigen Eleganz und heiteren Grazie. Ihre Nachformungen bilden heute noch einen wesentlichen Aktivposten der Nymphenburger Manufaktur, die seit 1761 das von Gunetzrhainer errichtete Gebäude am Schloßrondell bezogen hat.

Porträtbüste des Grafen von Haimhausen aus Nymphenburger Porzellan von Franz Anton Bustelli, 1761

Graf von Haimhausen war nicht allein der Förderer und Mitbegründer der berühmten Nymphenburger Porzellanmanufaktur. Etwas anderes beschäftigte ihn noch sehr, und das war der immer deutlicher zu Tage tretende Holzmangel in Bayern. Hier sah er eine Chance für die bayerische Steinkohle, deren Qualität er in Lüttich von Fachleuten hatte prüfen lassen. Und bei der Lehmgrube von Bogenhausen vor München demonstrierte er dem kurfürstlichen Hof die Verwendung von Steinkohle aus dem bayerischen Voralpenland für das Brennen von Ziegeln. Zwar blieb es hier bei dem Versuch, aber das Werk des adligen Unternehmers, Staatsdieners und Wirtschaftspolitikers litt darunter nicht. Die Hauptsache, nämlich das Münz- und Bergwerkskollegium erfolgreich aufzubauen, erreichte Graf von Haimhausen in wenigen Jahren. Belief sich der Nutzen der bayerischen Bergwerke für die kurfürstliche Kasse vor seiner Amtsübernahme jährlich auf knapp 7000 Gulden, erhöhte sich dieser Nutzen danach auf 250 000 Gulden im Jahr.

Bei der Frage nach dem Erfolg des Merkantilismus wird man zweierlei zu unterscheiden haben. In seiner Zeit ist der Erfolg zweifellos erheblich gewesen. Der Staat bekam die Wirtschaft straff in die Hand. Die Reformen haben eine neue Einstellung gegenüber der Arbeit verwirklicht und mit der Erziehung zur Wirtschaftlichkeit sogar eine Dauerwirkung hinüber in das folgende Jahrhundert erzielt. Wenn der größere Teil der Handels- und Gewerbeunternehmen, die im Gefolge der Reformbemühungen gegründet worden sind, das 18. Jahrhundert nicht überdauert haben, so hängt das wohl meistens mit der starken Anlehnung an die Bedürfnisse der fürstlichen Hofhaltung zusammen. Jede Änderung hier schaffte Schwierigkeiten dort.

Es kam nicht von ungefähr, daß ein so unternehmender Kopf, wie es der Graf von Haimhausen war, der Verbreitung wissenschaftlicher und technischer Kenntnisse große Bedeutung beimaß. Zwei seiner Mitarbeiter, die Bergräte Dominikus von Linprunn und Johann Georg von Lori, faßten den Entschluß, in München eine gelehrte Gesellschaft zu gründen, die 1759 als ,Churfürstlich baierische Academie' ins Leben trat, die heutige ,Bayerische Akademie der Wissenschaften'. Und Graf Sigmund wurde ihr erster Präsident. Die Akademie erhielt alle Kalender- und Kartenstempeltaxen als Fonds und das neugebaute Mauthaus zu ihrem freien Gebrauch, auch ein Gebäude außerhalb des Hofgartens, genannt das Rockerl, für astronomische Beobachtungen.

„In den Jahren 1770—72 unternahm der Herr Graf eine Reise durch Italien, und betrachtete mit reifem Geiste, und genoß und bewunderte die Wunder der Natur, und die verewigten Meisterstücke der Kunst, und aller Art von Geschicklichkeit, welche auf diesem klaßischen Boden jedem Wandrer, und um so mehr allenthalben dem Mann mit Talent begegnen, der das Gefühl hoher Vortreflichkeit mitbringt."

Hochbetagt ist Sigmund Graf von Haimhausen am 16. Januar 1793 gestorben. Im letzten Lebensabschnitt hat er sich besonders seinem Schloß Haimhausen, das er nach einem Erbstreit erst 1782 übernehmen konnte und das François Cuvilliés d. Ä. 1747 für seinen Bruder umgebaut hatte, gewidmet und daneben seiner Kupferstichsammlung mit mehr als eintausend Blättern. Auch hier, im Bereich der Kultur und Kunst, entfaltete der Mann, der den bayerischen Bergbau vom Mittelalter in die Neuzeit geführt hat, eine seltene Kenntnis und einen geläuterten Geschmack. Die überlieferten Spuren seines Lebens weisen auf einen Menschen, der die Möglichkeiten seiner Epoche und seine Fähigkeiten voll ausgeschöpft hat. Zum Wohl des ganzen Landes.

Eine einheitliche Wirtschaftsgestaltung bestand in Mitteleuropa im 18. Jahrhundert so wenig wie eine einheitliche Wirtschaftspolitik. Die kleineren Territorien blieben bei der Durchführung vielfach in symbolischen Einzelaktionen politischen und wirtschaftlichen Ehrgeizes stecken. Oder war es doch mehr als nur nackter Ehrgeiz? Das Beispiel zeigt, daß in keinem Land die weitschauenden Persönlichkeiten gefehlt haben, die notwendig sind für die Markierung neuer Wege.

Alteglofsheim, Deckenfresko im
Ovalsaal des Schlosses von Cosmas
Damian Asam, 1730

Carl Oskar Renner

Johann Georg von Königsfeld, „Churbayerischer Ministre und Obristcämmerer"

Die Wittelsbacher und die Kaiserkrone

Südöstlich von Regensburg, wo sich die weite Donauebene allmählich ins niederbayerische Hügelland verliert, liegen stattliche Bauerndörfer − Traubling, Köfering, Mangolding, Aufhausen − Dörfer, die vor zweihundert Jahren nicht viel anders ausgesehen haben mögen als heute: eigenwillig hingelagert, selbstbewußt in ihrer unordentlichen Ordnung, mit markanten Kirchtürmen das Umland beherrschend. Ein Ort aber hebt sich von ihnen ab: Alteglofsheim. Man findet es ein Stück seitab der Hauptstraße in einer grünen Mulde. Sein Dorfplatz ist rund und behaglich wie die Dorfplätze Böhmens. Und, wie um dieses Idyll vollständig zu machen, erhebt sich in der Mitte des Angers eine Kapelle des Heiligen von Prag, Sankt Johann Nepomuk. Man geht die ausgefahrene Bauernstraße weiter, vorbei an Remisen und halb verfallenen Mauern, und mit einem Mal steht man vor einem Pylonenportal. Dahinter lagert sich die gewaltige Masse eines Herrensitzes mit langen Fensterfluchten, winkelförmig in der schlecht übersehbaren Anlage, mit halbrundem Vorbau. Links davon ein verluderter Park − noch schön in seiner Verkommenheit −, von hoher Mauer umgeben.

Wie kommt dieser residenzhafte Bau mitten in das niederbayerische Bauernland? Gleich linkerhand steht auf einem sanften Hügel die Pfarrkirche. Und weil die Kirche allemal die sprechendste Urkunde der Ortsgeschichte ist, kann sie uns manches erzählen. Es ist ein schöner, heller Barockbau, dessen Ausstattung in Altären, Gemälden und Kanzel feudalen Stiftersinn bekundet. Wappen sind hier zu sehen, und an den Langseiten ragen große Grabdenkmäler mit marmornen Büsten auf. Auf einer Tafel steht: „In Memoriam Johann Georg Joseph Anton Maria Graf von Königsfeld in Zaitzkofen und Pfakofen, Herr in Triftlfing, Langenerling, Schönach, Hinzelbach, Ober- und Unterehring, Moosthenning, Alteglofsheim, Kurfürstlicher Bayerischer Kämmerer, Geheimrat und Vicekanzler Kaiser Karl VII., geboren, den 1. November 1679, gestorben, den 16. November 1750."

Wir haben es also mit den Epitaphien der Reichsgrafen von Königsfeld zu tun, eines Geschlechts, das im 18. Jahrhundert zu den vornehmsten Adelsfamilien Altbayerns zählte, heute aber erloschen ist. Aus der Genealogie des uralt-adeligen Geschlechtes derer von Königsfeld: „Dies Geschlecht nimmt seinen Anfang mit Herrn Arnold von Königsfeld anno 1165 und ist durch die von Anbeginn immershin ausgeübte Ritterliche und andere Heldenthaten stätts in großen Ehren und Ansehen gewesen, indeme die von solchen Stammen Entsprossenen sich bey allen vorgegangenen Thurnieren praesentirt, und durch ihren dabei erwiesenen valor solchen Ruhm und Preys erworben, daß sie dessentwegen sowohl mit vielen Ehren, Praedicaten als auch wirklich hohen Kaiser- und Königlichen Gnaden versehen worden." Wie ein Evangelienbericht beginnt dieses Geschlechtsregister. In gedrängter Kürze zählt es dann die ‚Fortpflanzer', ihre Gemahlinnen und ihre vielen Kinder auf − und nur die rotgeschriebenen Marginalien werfen über den oder jenen Königsfelder den Schimmer geschichtlicher Bedeutung. Der Hervorragendste unter ihnen ist Johann Georg, Reichsgraf und Vicekanzler des Heiligen Römischen Reiches Deutscher Nation. Beim Lesen des Registers gewinnt man den Eindruck, als hätte das ganze Geschlecht sechshundert Jahre wachsen müssen, um diesen Mann hervorzubringen. Als es dann durch ihn in seinen Zenit gestiegen war, starb es aus.

Zunächst ein kurzer Blick in die Genealogie. Anno 1165: „Dieser Arnold, von deme der ganze Königsfeldische Stamm in Bayern herrührt, war im 10. Turnier zu Zürich bey Herzog Welf." − Anno 1282: „Ludwig von Königsfeld, so ein Enikel des vorbemeldten Arnolds war, ist bey dem Heiligen Grab Ritter worden." − Anno 1322: „Und gar dessen Sohn Albrecht I. war bey jener großen Schlacht gegenwärtig, welche am Abend Sankt Michaelis bey Ampfing und Dornberg geschehen. Drey vom Adel haben den Kaiser Friedrich von Österreich gefangen, einer der drey war obbemeldter Albrecht I. von Königsfeld." − Anno 1396: „Albrechts I. Enikel Albrecht III. war auf dem 22.

Turnier in Regensburg zugegen. Er was ein weit berühmter Ritter und in seiner Jugend an des Königs in Frankreich Hof, allda er eine Jungfrauen aus der Königin Frauenzimmer genommen. Hierbey von dem König einen goldenen Gilg mit acht großen Diamantsteinen empfangen, so dermalen auf 5000 Gülden taxiert worden." – Anno 1495: „Ein Johann von Königsfeld, des Vorgedachten Enikel, ist des Kaisers Maximilian Rath und Diener gewest." – Anno 1503: „Von dem vorgedachten Johann war ein älterer Bruder Sigmund. Dieser war auf dem Gesellen-Stechen, welches König Philipp in Spanien anno 1503 zu Brüssel im Thiergarten ausrufen lassen und woselbst der König in eigener Person mit Grafen und Herren gestochen. In solchem Gestech sind 21 paar gewesen, so über die Planken gestochen haben, aus denen obiger Sigmund von Königsfeld, dermahlen kaiserlicher Diener der Franzosen, alle von der Bahn gestochen und einen Franzosen (welches vorhero niemalen erhört) aus seinem Fechtsatl gehebt, daß er zur Erde gefallen, und damit den besten Dank erstochen – welchen Dank ihme die Königin aus Spanien, nämlich einen stattlichen Diamant, gegeben hat."

Die folgenden Generationen derer von Königsfeld scheinen besinnlicherer Natur gewesen zu sein. Wir finden unter ihnen eine „Klosterfrau Erta zu München auf dem Anger", mehrere „unverheurate" Töchter und einen „Georg Desiderius, Domherrn zu Freysing". War diese Verinnerlichung vielleicht die Basis des bevorstehenden Aufstiegs? Zum Jahre 1654 wird vermerkt: „Am 1. März ward vom Kaiser Ferdinand III. Johann Fridrich von Königsfeld in des Heiligen Römischen Reichs Freiherren-Stand erhoben und ist hierüber der Adelsbrief zu Regensburg sub eodem Dato ausgefertiget worden." 1685 aber, „den 14. Septembris ist vom Kaiser Leopold Johann Georg Freiherr von Königsfeld in des Reichs-Grafen Stand samt dem Praedicat Hoch- und Wohlgeboren erhoben worden."

Eben dieser Johann Georg hat 1659 das Gut Alteglofsheim käuflich an sich gebracht und überläßt es kraft Fidei-Kommiss-Testaments seinem Enkel Hans Georg Joseph Anton Maria Grafen von Königsfeld als „wahrem, aintzigen universal Erben" im Jahre 1694.

In welchem Zustande sich Alteglofsheim damals befand, wissen wir nicht. Auf Grund vorliegender Rechnungen ersehen wir jedoch, daß der neue Herr bedeutende Künstler seiner Zeit zur Ausgestaltung und Erweiterung seiner Residenz berief – so unter anderen: Michael Conrad Hieb, Konterfeiter; Nicolo Perti,

Stuccatore; Wolf Grötz, Maler; Johann Zimmermann, Maler und Stukkator; Jacob Turnin, Stukkator; Joannes Baptist Carlone, Stuccatore; Jacob Heibel, Maler; Gottfried Nikolaus Stuber, Maler; Jan Weenix, Maler; Franz Snyders, Maler . . . und nicht zuletzt: die Gebrüder Asam. Am 1. Juni 1730 schreibt der Verwalter von Alteglofsheim seinem Herrn nach München den besorgten Fragesatz: „Bis her hat Herr Asam alles fast selbst diktiert, und wass würdt er woll wegen seiner Arbeit begehren?"

Johann Georg liebt Alteglofsheim, er kann sich aber immer nur vorübergehend hier aufhalten. Seine diplomatische Tätigkeit als Churbayerischer Geheimer Rat und Kämmerer und engster Vertrauter des Kurfürsten Karl Albrecht stellt ihm weitreichende Aufgaben. Seit 1717 ist der 38jährige Graf kurbayerischer Gesandter am Reichstag in Regensburg. 1729 sehen wir ihn als Bevollmächtigten auf dem Kongreß zu Soissons, wo er für Bayern die Zustimmung zu den Garantien der österreichischen Pragmatischen Sanktion verweigert. In dieses nämliche Jahr fällt auch seine feierliche Wahl zum Großkomtur des Sank-Georgi-Ritterordens, in welchen nur Mitglieder des ältesten Adels Eingang finden. Bei der hochfestlichen Zeremonie ist der Kurfürst selbst zugegen und überreicht ihm persönlich das Großkreuz. Während der folgenden Sommermonate 1730 hält sich Johann Georg von Königsfeld mit seiner zweiten Gemahlin, einer Gräfin Preysing, und den sechs Kindern, die von dreizehn am Leben geblieben waren, in Paris auf. Er bewohnt das Palais von Madame La Maréchal de Beaufleur. 1735 wird er Vice-Statthalter von Amberg, vier Jahre später Landschaft-Unterlands-Präsident.

Da stirbt 1740 Kaiser Karl VI. von Österreich. Jetzt züngeln die Flammen des Österreichischen Erbfolgekrieges auf, und in Königsfelds Händen liegt ein Dokument, in dem es heißt: „Von Gottes Gnaden Wir Carl Albrecht, Churfürst in Bayern etc. – Nachdeme der Wienerische Hof mittels eines erlassenen Circular-Rescripts an alle ministros bey ausswerdigen Höffen ein von der in Gott ruhenden Kayserlichen Majestät an Unss abgegangenes Schreiben in das Publicum zu geben kein Bedenken gehabt und darinnen vernemmen lassen, daß Unserm Chur-Hauss nicht allein all gegründeter Anspruch, sondern sogar auch einig scheinbahrer Vorwandt ermangle, die dermahlige Erb- und Nachfolge in denen Österreichischen Königreich und Landen im geringsten anzufechten, so seynd Wür getrungen

Allegorie auf Kurfürst Karl Albrecht. Stich von Jacob Andreas Friedrich nach einem Entwurf von Johann Georg Bergmüller

Mit einer neunzehn Seiten umfassenden Instruction seines Kurfürsten reist Graf Königsfeld nach Mainz und Trier, um der Politik Bayerns vor ausländischen Höfen Geltung zu verschaffen, insbesonders aber das etwas fadenscheinige Erbfolgerecht Karl Albrechts auf die österreichischen Erblande zu verfechten. Währenddessen rücken französisch-bayerische Heere erfolgreich in Österreich ein, um ein fait accompli herbeizuführen. Man besetzt in raschem Zugriff Oberösterreich, kommt mit den Vorhuten bis Sankt Pölten. Der Wiener Hof flieht überstürzt nach Preßburg. Auf Betreiben der Franzosen schlägt man die gerade Straße nach Wien aus und schwenkt nach Böhmen ein.

Gleichzeitig erweist sich aber auch die Kaiserwahl als notwendig, dies um so mehr, als der Erzkanzler des Reiches, der Kurfürst Philipp Carl von Mainz, das Interregnum als verderblich für den allgemeinen Frieden ansieht. Die diplomatische Tätigkeit an den Kurhöfen läuft auf Hochtouren. Graf Colloredo, der Vicekanzler des Reiches und Parteigänger Maria Theresias, bringt natürlich den Herzog Franz von Lothringen, den Gemahl seiner Herrin, als Kaiser in Vorschlag. Und der Mainzer findet Gefallen daran, zumal Colloredo 100000 Gulden in die Waagschale, das heißt in die Mainzer Kurkasse werfen kann.

Nun hat aber Graf Königsfeld beim Erzkanzler einen ‚notus devotissimus' sitzen, einen Spion, und erfährt rasch von diesen Intrigen. Sofort geht er zum Angriff über und erklärt in der Kurkanzlei zu Mainz: ,,Alss haben für den Herrn Churfürsten Carl Albrecht von Bayern ihre Stimm abzugeben erkläret: Chur-Cölln, Chur-Bayern, Chur-Brandenburg und Chur-Pfaltz. Kömmt darzue, dass zu Prague in dem Königreiche Böhmen wohl bald die churbayerischen Fahnen wehen.'' Der alte Fürstbischof von Mainz − er liebt über alles den Frieden − horcht auf und wird wankend. Die Aufgabe des Grafen Königsfeld, der nunmehr in Frankfurt als ,,Wirklicher Geheimer Rath und Conferenzminister'' das Wahlgeschäft betreibt, ist eine mehrfache. Er muß Frankreich, von dem Karl Albrecht abhängig ist, bei guter Laune erhalten und seine Kollegen, die Wahlgesandten der Kurhäuser, im Sinne seines Herrn diplomatisch bearbeiten. Königsfeld wäre aber ein schlechter Diplomat, bearbeitete er hierbei nicht auch seine eigenen Interessen. Da ist noch dieser Graf Colloredo, dieser österreichische Umtreiber! Wie könnte ein Österreicher fernerhin Vicekanzler des Reiches sein, wenn ein Bayer Kaiser wird? Und daß Karl Al-

worden, beyfolgende getruckhte Anmörckhung zu erlassen, umb zu sehen, dass man dass Licht nicht scheuhe . . . Wizumahlen Wür Ihne, Grafen Königsfeld, an Beede des Herrn Churfürsten zu Mainz und von dannen, nach abgelegter Commission, an des Herrn Churfürsten zu Tryer Liebden abschickhen, obgedachte Anmerckhungen sich wohl einzutruckhen und bey selbigen Höfen sich hiernach mündlichen äussern zu khönen.''

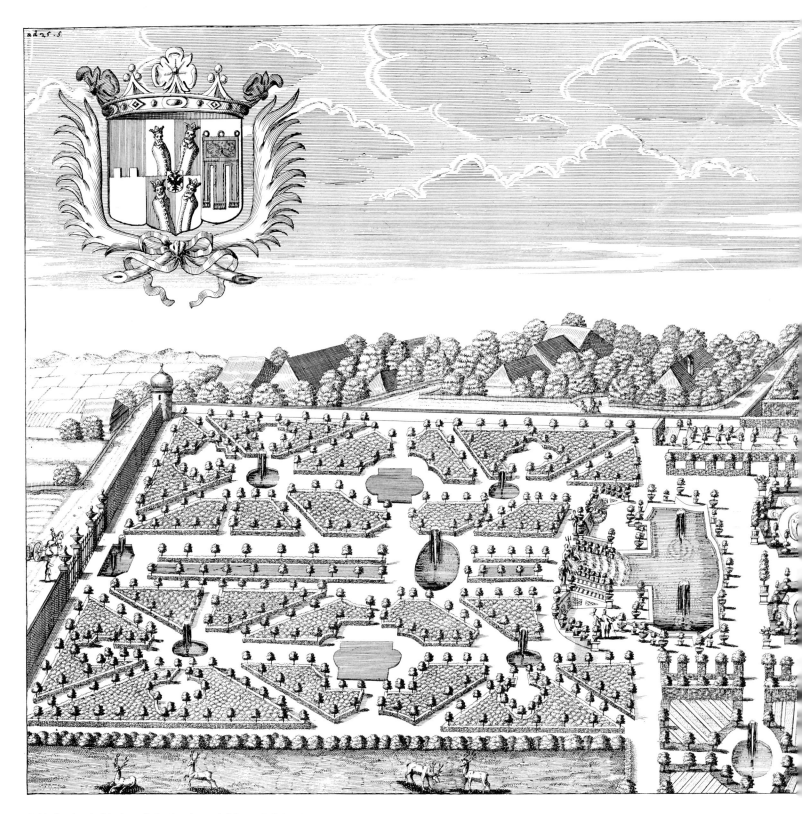

Schloß Alteglofsheim mit Parkanlage. Stich von Michael Wening, um 1700

Schloß Alten Eglofshaimb, wie solches von Orient anzusehen ist.

OC.

ME. SE.

OR.

brecht Kaiser wird, wer wollte das jetzt noch bezweifeln, nachdem ihm die Böhmen als König gehuldigt haben?

Es gibt ein Schreiben Königsfelds an Karl Albrecht, in dem es heißt: „So liege ich denn zu Füssen Eurer Majestät und flehe um die Gnade, an den Kurfürsten von Mainz den bewußten Brief zu schreiben, jenen Brief nämlich, von dem der Ausgang aller günstigen Dispositionen abhängt, die Eure Majestät für mich zu treffen die Güte hatten." – Was ist das für ein Brief? – Wir haben ihn nicht; doch wir haben die Antwort des Kurfürsten Philipp Carl von Mainz: „Durchleuchtigster großmächtiger König, besonders lieber Herr und Freund! – Soviel den Reichs-Vice-Cantzler Graffen Colloredo betrifft, da hat dasjenige, was Eure Königliche Majestät mir zu eröffnen geruhet, mich wohl höchlich rühren und betretten müssen . . . Es wollen Eure Königliche Majestät gütigst erlauben, daß des Graffen nochmahliges Vorstellen zu dero Clemenz und hulden geziemend . . . Und hab ich nicht zu zweifeln, der graff Colloredo werde Eurer Königlichen Majestät in Zukunft sich so mehrers verdient zu machen nicht aussetzen, je schwerer er dero jetztmahlige Abneigung und Ungnad empfindet. Ich übergeb also dieses Anliegen Eurer Königlichen Majestät höchster Erleuchtung und Großmut."

Das Tauziehen um den einträglichen Posten des Reichs-Vicekanzlers endet damit, daß Colloredo freiwillig resigniert – jedoch unter dem sehr beachtlichen Vorbehalt: „ . . . daß erstbesagte Resignation ihre Würkung ehender nicht haben möge, alss biss er Graff Colloredo gegen Erlegung einess von dem Successore vorzuschießenden Capitales ad 100000 Gulden ist indemnisiret worden. – Und solle Eure Königliche Majestät ehender nicht seinen Successorem pro tali anerkennen, biss ihme das besagte Capital deren einmahl hunderttausend Gulden baar erleget worden." – Ob dieser diplomatische Mainzer Gegenzug dem Reichsgrafen und seinem Herrn nicht zunächst den Atem verschlug? – Wir erfahren jedenfalls vorläufig nichts mehr über die Reichsvicekanzlerschaft.

Inzwischen wehen über Prag die Fahnen der Bayern. Graf Königsfeld aber treibt in Frankfurt und Mainz zur Beschleunigung der Wahl und wirbt weiter um die Kaiserkrone für seinen Herrn und Freund – und zwar erfolgreich. Am 26. Dezember 1741 schreibt ihm Karl Albrecht aus Prag: „Lieber Graf von Königsfeld! – Sie können sich vorstellen, welches Vergnügen mir Ihre Nachricht vom nunmehr festgesetzten Wahltag ge-

macht hat. Ich billige alles, was Sie bis dato dort unternommen haben, und wäre hocherfreut, wenn meine Krönung am 31. Januar, die der Kaiserin aber am 2. Februar stattfinden könnte. Seien Sie im übrigen meiner aufrichtigen Dankbarkeit versichert."

Der Zeitplan kann nicht genau eingehalten werden. Am 24. Januar 1742 setzt sich in Frankfurt vom Römer aus der berühmte Festzug zum Dom in Bewegung. Die Kurfürsten des Heiligen Römischen Reiches Deutscher Nation schreiten zur Kaiserwahl. Karl Albrecht von Bayern ist mit einem Gefolge von 741 Personen und 450 Pferden dabei. Reichsgraf Johann Georg Anton Maria von Königsfeld reitet an der Seite seines Herrn. Er trägt einen goldenen Mantel, mit silbernen Spitzen besetzt, und einen Hut mit hohen weiß und rot gesprenkelten spanischen Federn. Das Pferd, ein stolzer schwarzbrauner Hengst, ist mit rotsamtenem, goldgesticktem Sattelzeug und reichgestickter Schabracke mit feinen eingeflochtenen Bändern geziert. Zaum und Steigbügel sind vergoldet.

Und zum zweiten Male in der Geschichte erhält ein Wittelsbacher die abendländische Kaiserkrone: Karl der Siebente.

Krönungstag ist der 12. Februar 1742. Wer wird die im Ceremonial vorgesehenen Pflichten des Reichsvicekanzlers erfüllen? Der Reichsgraf von Königsfeld umgürtet den Kaiser mit dem Schwert Karls des Großen und erhält dafür von Seiner Majestät die kaiserlichen Siegel am silbernen Stab. Des Kaisers Bruder, der Kurfürst von Köln, vollzieht den Krönungsakt. Königsfeld hält nach dem Kniefall des Magistrats die feierliche Anrede an den Kaiser und vom Balkone aus die Ansprache an die auf dem Römerberg zur Huldigung versammelte Bürgerschaft.

Und zwei Tage später fällt München in die Hand der Österreicher. Karl VII., Kaiser des heiligen Reiches – und Kurfürst ohne Land! Da sitzen sie nun in Frankfurt und Mannheim, der Kaiser und sein vertrauter Reichsgraf, während die Panduren über Schleißheim und Alteglofsheim herfallen. Vielleicht lesen sie das Blättchen Papier, das dem Grafen kurz vor seiner Anrede an den Kaiser zugeflogen war und das in brillanten lateinischen Distichen eine Persiflage auf diese Anrede ist:

Caesar es, et talem te fecit gratia Galli,
    . . . fecisset melius gratia summa dei!

Plünderung des Lehels. Gemälde von Jacob Herz, 1742

Kaiser bis du nun, doch nicht von Gottes Gnaden, sondern von Gnaden Frankreichs. Daher überziehen die Feinde dein Bayernland, daher vernimmst du täglich die Kunde von Mißerfolgen und verlorenen Schlachten: die Ungarn feiern Triumphe, Sachsen und Preußen brechen eingegangene Verträge. Und das Volk jubelt und wird solange jubeln, bis du alles wieder verloren hast. Sag, warum kommt das alles über dich? Weil du den Franzosen verfallen bist!

Omnis origo mali Gallus, nam lilia fedent.
An Patri quondam non nocuisse sat est?

Genügt es denn nicht, daß sie schon deinem Vater geschadet haben?

Donec eris Gallus, paucos numerabis amicos
atque ex Bavariae finibus exul eris.

Solange du den Franzosen ergeben bist, wirst du wenig Freunde zählen, wirst als Verbannter jenseits der Grenzen deines Vaterlandes leben müssen . . . Vernimm denn die Stimme des Volkes, Karl, die Stimme des Volkes, die zugleich Gottes Stimme ist: Was nützt der Titel des Kaisers, da du kein Land hast, darin Kaiser zu sein?"

Bayern wird von den Österreichern besetzt. Auf den Gütern der Reichsgrafen von Königsfeld wüten die Horden des Freiherrn von Trenck. Mord und Brand überall. Und Königsfeld hat sein Ziel noch nicht erreicht! Woher jetzt die 100000 Gulden nehmen, um den Colloredo abzufinden? Da besinnt sich der Graf des hannoverschen Juden Moses Lewi, eines Pferdehändlers, mit dem er schon seit längerer Zeit in geschäftlichen Beziehungen steht. Der hat wohl Geld, aber er verlangt Sicherheiten. Wieder wird Karl Albrecht angegangen: „Die einzige Hoffnung, den Rang eines Reichs-Vicekanzlers zu erreichen, ist Eure Kaiserliche Majestät. Denn nur wenn ich diese Stellung erlange, können die Kriegsschäden, die ich erfahren habe, einigermaßen wieder gutgemacht werden."

Karl VII. weiß sich zutiefst in der Schuld des Reichsgrafen und bietet daher dem Juden Moses Lewi sein Land als Sicherheit an — und das Geld kommt. Also wird Johann Georg Anton Maria von Königsfeld Ende 1742 Vicekanzler des Heiligen Römischen Reiches de jure, nachdem er es de facto bereits seit dem Tage der Kaiserkrönung gewesen war. Leider kann er sich dieser hohen Würde nur kurze Zeit erfreuen, denn zwei Jahre später stirbt der kränkliche Kaiser, und sein Sohn schließt mit den Österreichern Friede. Die 100000 Gulden stehen aber noch offen. Was nützt es, daß das Land Bayern dafür sicher steht — Moses Lewi will sein Geld. (Ein umfangreiches fasciculum Briefe darüber steht im Alteglofsheimer Archiv.)

Königsfeld, der inzwischen nach Bayern zurückgekehrt ist und in München das schönste Adelshaus der Stadt bewohnt, das heutige Erzbischöfliche Palais, ist noch immer „churbayerischer Ministre und Obristcämmerer". Er sieht sich also in der Lage, Lewi im Jahre 1747 folgenden Vorschlag zu machen: „Sonders lieber Moyses! — Damit er überzeugt seye, daß auf seine Forderung gar nicht vergesse, sondern auf alle Weis bedacht seye, damit selbe in vollkommene Richtigkeit gestellet werden möge, so solle ich nicht verhalten, wie die Heimzahlung der vorgeschossenen 100000 samt denen bereits verfallenen und weiters auflaufenden Interessen auf die Englische Subsidien, so im Jahr 1748 fallen, anweisen werde . . ."

Also noch ein Jahr Verzögerung! Moses Lewi ist darob nicht

begeistert und antwortet: „Hochgebohrener Herr Reichsgraf, Gnädiger Herr ! — Die englischen Subsidien sind gut und höchstens sicher Vorschuß darauf zu thun und wäre es in meinem Vermögen, so könten Sie mir nichts vorschlagen, was ich nicht entrirte, allein notorie muß alles in der Weld sich auf die possibilité vernünftiger Weise gründen. Wann ich nun vorhin aufrichtig bekannt, daß mein Credit nicht weiter gehe, angesehen die stypulirte Zeit vorlängst verflossen, folglich ich bey meinen Gläubigers Wort halten muß, bey so bewandten Umständen kan ich unmögich anders als mein voriges wiederholen und inständiglich bitten Eure Hochreichgräfliche Exzellenz geruhen gnädigst um mir vor gäntzlichem Ruin zu schützen, daß ich mit nächster Post meine völlige Satisfaction erhalten möge."

Nun, Königsfeld hat gezahlt. Vielleicht wurde ihm dies umso leichter möglich, als es ihm gelang, seinen Sohn beim Münchner Hofe in die gleiche hohe Position zu bringen, die er selber besaß. Vielleicht hat auch dessen Gemahlin, eine Gräfin von Walsegg, durch ihre Mitgift die peinliche Situation überbrückt, wofern nicht gar der Schwiegersohn Graf Daun auch noch zur Ader gelassen wurde. So liegt ein gewisser Schatten über den letzten Lebensjahren des einstigen Reichsvicekanzlers. Er stirbt am 16. November 1750 in München — und genau sechzig Jahre später stirbt das ganze Geschlecht aus. Nur der Name lebt in einer Zweiglinie der Freiherren von Berchem weiter.

Der Chronist hat es freilich anders gemeint. Er schließt seine Genealogie mit den Worten: „Gott gebe, daß dies Geschlecht derer von Königsfeld bis ans Ende der Welt blühen, und sich stätts in größtem Ansehen erhalten möge. Diess wünschet ein unterthänigster Knecht, der schon dermal die sondere Gnade hat, diesem uralt hochadeligen Geschlechte seine unterthänigsten Dienste zu widmen, und solche hochdenenselben bis an den letzten Hauch seines Lebens mit stäter Treu zu sacrificieren verlangt. — Unterthänigst-Gehorsamster Franz Xaveri Zängl, Hochgräflich-Königsfeld'scher Verwalter zu Alteneglofsheim."

Haben sich die Segenswünsche nicht erfüllt, so war es Zängl doch vergönnt, dem ehemaligen Reichsvicekanzler die letzte Ehre zu erweisen. Denn der Leichnam des Reichsgrafen wird auf einem von sechs Rappen gezogenen Trauerwagen von München nach Alteglofsheim überführt. Drei Tage lang zieht das stumme Gefährt durch die winterliche Landschaft von Ober- und Niederbayern. Am Morgen des 20. November 1750 bahren sie den Toten im dreigeschossigen Ovalsaal seines

Prunkschlosses auf. Da schaut sein Antlitz empor zur Spiegeldecke, auf die Cosmas Damian Asams Meisterhand den Sonnengott gemalt hat, der die Nacht, den Wind und alle unfreundlichen Gewalten verscheucht und den lebensfrohen Tag bringt. Abends fünf Uhr wird der Tote in der herrschaftlichen Familiengruft beigesetzt.

Von dem prunkvollen Grabdenkmal des Grafen ist heute nur noch die Inschriftenplatte erhalten. Im 19. Jahrhundert, das zum Barock und seinen Menschen kein Verhältnis hatte, fand man dieses Monument störend und schwülstig. Man brach die Verzierungen und Embleme einfach ab und warf sie, samt der Marmorbüste des Grafen in die Königsfeld'sche Gruft hinab. Dort liegen sie heute noch. Durch ein schmales, vergittertes Fenster in der Kirchenmauer geht der Blick über diese stolzen Sinnzeichen eines vergangenen und vergessenen Lebens. Modergeruch schlägt einem entgegen und feiner Staub schwebt in dem Lichtstrahl, der diese traurige Szenerie erhellt. Sic transit gloria mundi!

Da ist noch, an der Ostseite des Schlosses langhingestreckt und von einer Mauer umfangen, der alte Park. Auch er verwachsen, verwildert, ausgeplündert. Aber der Blick von der Gartenestrade läßt noch die große Ordnung des Barock erkennen. Man wird an Schleißheim oder an Würzburg erinnert. Hier hatte sich der Repräsentant eines altes niederbayerischen Geschlechts als Ausdruck seiner Kraft und im Bewußtsein seiner Stellung ein kleines Versailles nach der Mode seiner Zeit geschaffen mit Orangerie, Kaskaden, Fontainen, Grotten und Bildwerk von Statuen und Vasen.

Und da sind noch die Fürstenzimmer im Schlosse selbst: das Audienzzimmer, der weiße Salon, der Kaisersaal, das Teekabinett, der Asamsaal — Räume, die zum Erlesensten zählen unter den Profanräumen des bayerischen Rokoko. Hier hat man einst historisch bedeutsame Gespräche geführt; im nahen Regensburg saß ja der Reichstag. Heute sind sie verlassen und heruntergekommen, und ihre blinden Fenster schauen wie tote Augen in das stille Land.

Hans Graßl

Vom „klugen Spiel" mit der Sprache

Anton von Bucher – Satiriker, Schulreformer, Patriot

Die literaturwissenschaftliche Diskussion unserer Zeit wirft immer wieder die Frage auf, wie weit die Dichtung gesellschaftsverändernd wirken könne. Das Problem ist äußerst kompliziert und kann leicht verwirren, einmal weil die Antwort jeweils von der Position des Fragestellers abhängt, zum andern, weil im vorhinein geklärt werden muß, was Dichtung überhaupt alles kann und soll. Das ist wiederum ein schwieriger Sachverhalt; bündig und endgültig ist er nie geklärt worden. Jede Epoche bietet andere Bestimmungen an – auch die bayerische Aufklärung am Ende des 18. Jahrhunderts.

Sie weist aber einen Schriftsteller, einen Dichter auf, dessen Werk am besten im Rahmen dieser modernen literaturwissenschaftlichen Forderung betrachtet wird – obwohl er fast ganz vergessen ist und diese Möglichkeit von den Titeln seiner Schriften her kaum jemand erwarten würde. Dieser Dichter war der schlichte Bauernpfarrer einer relativ kleinen Pfarrei; er wirkte 36 Jahre in Engelbrechtsmünster und hieß Anton von Bucher.

Doch wie äußerte sich gesellschaftsveränderndes Dichten im späten 18. Jahrhundert? Welche Aufgaben fielen Bucher zu gerade im Hinblick auf den Personenkreis, den so ein Landpfarrer damals anzusprechen hatte? Hofmarksbedienstete, kleine Verwalter, Schreiber, Bauern, Häusler, Knechte und Mägde, Handwerker und kleine Gewerbetreibende. Bucher sah diese Menschen als Priester und zugleich als Lehrer, wie das damals so üblich war, er sah sie zum größeren Teil im sozialen Elend, befangen in einer barocken Frömmigkeit, die ihre religiösen Höhepunkte längst hinter sich hatte und nun vielfach entartet war; so vor allem in Prozessionen mit vordergründiger Schaustellung und glatten Allegorien, in Wallfahrten, die nicht mehr in religiöser Andacht, sondern in einem krausen Wunderglauben gipfelten, oftmals mit dem feuchtfröhlichen, lärmenden Umtrunk der Gemeinde im Wirtshaus endeten. Was konnte ein Landpfarrer unternehmen, der demgegenüber tiefere Frömmigkeit und soziale Verantwortung empfand?

Anton von Bucher hatte sich zuvor in München als Schulreformer hervorgetan, war aber Angriffen zum Opfer gefallen. Er sah in Engelbrechtsmünster ein, daß das lautstarke Korps der Aufklärer, besonders der Münchner Akademiker, mit all seinen superklugen, streitsüchtigen, durch und durch theoretischen Abhandlungen seine Gemeinde niemals erreichen konnte, und er wußte außerdem, daß die herzlosen Mandate des Kurfürsten Max III. Joseph und seines Geistlichen Rates gegen Klöster, Prozessionen, Wallfahrten, Passionsspiele doch nur schockieren konnten, niemals aber jene neuen Lebensformen, Frömmigkeitsformen schaffen würden, die nun einmal dringend notwendig geworden waren.

Da faßte Bucher den großen Gedanken seines Lebens, einen Gedanken, auf den niemals ein Politiker oder ein bloßer Rationalist, sondern eben nur ein Erzieher, ein wahrer priesterlicher Volkserzieher kommen konnte. Diesem Volk mußte ein Spiegel vorgehalten werden, in dem es sich selbst in seiner Unmündigkeit und Anfälligkeit begegnen konnte. Erschrecken sollte dieses Volk vor sich selbst. Erst dann würde es sich jenen neuen Lebensformen aufschließen, sich von dem gewinnen lassen, was die neue Epoche anzubieten hatte.

Anton von Bucher vertraute bei all dem auf eine Macht, die die meisten Aufklärer verachteten und bespöttelten, auf einen Besitz, der ihm angeboren war und der ihn problemlos mit seinen Bauern und Handwerkern verband: das war die heimische Sprache, war der oberbayerische Dialekt. Schon die große bayerische Barockdichtung war in ihrem Wortprunk vereinzelt dialektnah gewesen. Die Dichtung Buchers wurde nun voll und ganz vom Rhythmus und Vokalismus der Mundart beherrscht. Das Volk sollte in dieser Dichtung, in Reden, Erzählungen, Briefen und Liedern selbst zu Wort kommen, so wollte es nun einmal der gesellschaftliche Ansatz dieser Dichtung und so wollte es darüber hinaus das barock verspielte, melodiöse Sprachvermögen des Verfassers. Er schuf keine Mundartdichtung im strengen Sinne des 19. Jahrhunderts. Seine Sprache

Anton von Bucher, Pfarrer zu Engelbrechtsmünster

blieb zweckhaft, an ihr Aufgabenfeld, an die Volksaufklärung gebunden, wurde immer wieder von Schichten der Hochsprache durchsetzt, haftete an der Rhetorik des Lehrers oder Pfarrers. Dennoch bereitete diese Sprache der späteren Mundartdichtung direkt den Weg. Eine Probe! „Der Woverl erzählt von zwei Bettelsängern:

Schauts, wo man rechter Hand von der Kirche herausgeht, da ist das Armeseelen-Keucherl. Da seynd ferten er und sein Weib miteinander g'standen. Sie haben keine Bank schon in der Früh mehr auftreiben können, war alles schon versessen bey'm Wirth. Dan habe sie sich ein umgestürztes, leeres Merzenfaß auf den Platz hingeradelt, sind mit saurer Mühe, und fast zum Halsbrechen hinaufgekrappelt, und haben den heiligen G'sang g'sungen. Um 6 Pfennig hat man's singen gnug hören können, und hernach hat man's noch in Druck auch g'habt. − Schauts den schelchmauleten Hafenbinder, den der Pfarrer alleweil seinen Poeten heißt, und der allerhand Lieder macht, den meyne

ich mit seiner blinden Baberl. Die singen ja allemal in Portiunkula. s'Lied hat so ang'fangen:

Gelobt sey die heilige Dreyfaltigkeit,
Die uns den heiligen Ablaß geit,
Jesus, Maria, Franziskus.
Ihr Christen, thut euch rüsten
Zu preisen Gott allezeit
Mit großer Herzensfreud
In seiner heiligen Dreyfaltigkeit,
Jesus, Maria, Franziskus.

So fangts an und so hörts allemal auf. Mitten drin stehen aber allerhand Sachen, die ich nicht mehr zusammenbringe . . . Ich meine g'rad, es ist mir in's Hirn g'schmissen. Reim dich, oder ich friß dich, heißt's wahrhaftig. − Kann mir denn gar keins draufhelfen! − Es wäre wunderschön, wenn zwey singeten, eins grob und eins fein . . . Was sollen mich hernach die lausigen 6 Pfennig zu ehren dem heiligen Portiunkula reuen? Und um eine Landmünz macht er mir eins drein auch noch. Ein lustigs so; übers sechste Geboth eins. Da kann er eine Menge. Da sind wir dort g'standen unter einer Menge Buben und Dirndln, ich und meine Urschl vor einem Jahre. Und wenns denn so was g'sungen haben, das in unsern Kram getaugt hat, so hat sie mich g'stossen, oder ich sie, aber so, als wenn's von ungefähr geschehen wäre. Dann haben wir einander in d'Augen g'schaut, und gleich hat sie die Augen auf ihr Fürtuch, und ich auf'n Boden gedrehet, dann haben wir d'Händ aneinander gedruckt, und eins zum andern g'sagt: jetzt sollten wir verheyrathet seyn, so könnten wir dem Roß den Zaum lassen. − Aber versteht sich − weltliche Lieder singt er nur auf Verlangen und nachmittags in dem Bräuhaus. In der Früh hörst nur vom Ablaß, Kreuzweg, Muttergottes, Teufelholen der Sünder, armen Seelen erlösen, Isidorus, Hexen, Rosenkranz. − Nachmittag wird er aber schon lustiger."

Verständlich, weshalb sich Johann Andreas Schmeller in seinem Bayerischen Wörterbuch immer wieder auf Belege aus den Schriften Buchers stützt. Die Stelle entstammt der *Seraphischen Jagdlust*, dem *Vollständigen Portiunkula-Büchlein,* das Bucher unter dem Pseudonym des barocken Kapuzinerpredigers Martin Kochem erscheinen ließ. In der Schrift bekämpfte er neben dem Ablaß- und Prozessionswesen unter anderem den damals aufkommenden süßlichen religiösen Kitsch. Die Stanzl berichtete beispielsweise vom Portiunkula-Ablaß: „Suppenschüsseln hab ich gekauft, die freuen mich auch, so oft ich sie ansehe. Gelblicht, so ist der Boden, dann sind rosenfarbene Weintrauben zwischen veilchenblaue Kerschbaumblätter unvergleichlich gemalt, und drunter steht der Vers:

,Ich bin der wahre Weinstock.'

und am Rand um und um mit grünen Buchstaben geschrieben:

,Ich wünsch euch guten Appetit,
Ob'n und unten und in der Mitt.'

,Hafnerg'schirr bekommt man überhaupt das Beste auf'm Portiunkula'."

In der gleichen Schrift untersuchte Bucher die Frage, weshalb die barocke Frömmigkeit so sehr im Schwinden begriffen sei, weshalb sie von Ersatzformen so mächtig überdeckt werde, daß ihre wahren Grundzüge nicht mehr zu erkennen seien. Einen der Gründe sah er darin, daß die Wallfahrten mehr und mehr mit Volksfesten, Dulten, Jahrmärkten verbunden wurden. Selbstverständlich brachte das größeren wirtschaftlichen Umtrieb, selbstverständlich brachte es aber auch Ablenkung und Zerstreuung. Fast zufällig entstand so das wohl einmalige Kulturbild einer Münchner Dult des 18. Jahrhunderts. ,,Nicht überall hat man's so bequem, wie zum Beyspiele zu München . . . Weil der heil. Ablaß so eben zum guten Glück der andächtigen Gläubigen in die Dultzeit fällt, so kann sich jeder ganz wohl einen Abend hindurch mit wiederholtem Ablaßgewinnen für Leib und Seele amusiren.

Er betet zum Beyspiel um zwey Uhr das erstemal das heil. Ablaßgebet, um den Gnadenschatz für sich zu gewinnen; dann geht er in die Hütte, wo Riesen, Elephanten, Leoparden, Meerfische, balsamirte Esel und krystallisirte Schmarackel-Kugeln zu sehen sind, oder Affen und Menschen auf einem Seile um etliche Groschen tanzend angetroffen werden. Dann betet er um drey Uhr wieder sein heiliges Ablaßgebet, zum Beyspiel für seinen Anherrn, der eben nicht im Rufe der Heiligkeit starb, weil er ein Mönchsfeind war, und also, wenn ihm nicht ein Ablaß hilft, bis auf den jüngsten Tag wohl zu leiden haben wird, und nach verrichteter heiliger Andacht kann er in die Hütte gehen, wo die Belagerung von Troja, gegen einen Kreuzer Erlag, von aus Lumpen erschaffenen Marionetten gespielt, und der Hanswurst, nach verbrannter Jacke in einen andern Rock eingehüllt, von einem neuen Dramaturgo, trotz allem Wettern aus Wolken und Karthaunen, Branntwein- und Kalophonienbrünsten, zu innigem Trost aller Anwesenden und

hochgnädigen Lipperln und Kasperln, seliger Weise gerettet wird. Beliebt es dem eifrigen Gläubigen um vier Uhr zu seiner Andacht zurückzukehren, etwa um eine seiner Maitressen in den Himmel zu beten, oder frömmer zu reden, die arme Seele, die ihn in vergangener Nacht mit ihrer Erscheinung in siedenen Schweis versetzt hat, zu erlösen, und hat er dann seiner Seelenjagd wieder geziemend abgewartet, so findet er im Herausgehen schon irgendwo eine Tafel, auf welcher Arlequins Theorien, die alten Pantalone, um ihre jungen Kolumbinen zu betrügen, abgemalt sind. Die Kolumbinen sitzen wohl oft selbst in Natura am Eingange, und versteht er sich ein bischen auf Physiognomie, so wird er manchmal sehr bald entdecken, daß er hier um 3 Kr. Personen sehen könne, die um diesen geringe Werth auf alle mögliche Weise, den Leuten zum Spaße, sich untereinander prostituiren und sich prostituiren lassen. Und so geht dem Andächtigen in der Stadt leicht die Zeit zwischen Andachtsübungen und erlaubter Ergötzlichkeit (denn was da geschieht, geschieht ja alles unter den Augen der wachsamen Polizey und mit obrigkeitlicher Erlaubniß) von Stunde zu Stunde vorüber."

Der geistliche Scherz Buchers besaß Stacheln, giftige Stacheln, behaupteten die klerikalen Kritiker des Dichters. Aber sie begriffen den Humor nicht mehr, aus dem heraus formuliert wurde; es war ein Humor, der dem nuancenreichen, bildhaften oberbayerischen Dialekt eingeboren war − derb, aber niemals ausfallend, grob, aber nicht verletzend −, ein Humor, der seine großen Symbolfiguren nicht zufällig immer wieder beschwor, den alten Pantalone und seine junge Kolumbine, die ,,hochgnädigen Lipperln und Kasperln", die noch alle Jahrmärkte beherrschten. Der Geist, den Bucher diesen Figuren einhauchte, war trotz aller Gegensätze immer noch barock. Mit guten Gründen spielte der Dichter auf Jeremias Drexl oder Abraham a Sancta Clara an. Er hatte ihre Traktate und Predigten genauestens studiert, ahmte ihre Wortspiele so selbstsicher nach, daß die geistvollen Ausführungen Jean Pauls über Abraham a Sancta Clara in der *Vorschule der Ästhetik*, dem Haupt- und Grundbuche des deutschen literarischen Humors, auch für Anton von Bucher zutreffend sind, schon deshalb, weil Jean Paul den bayerischen Dichter ohnehin ebenbürtig neben Abraham a Sancta Clara stellte. Jean Paul schreibt in der Vorschule: ,,Der ernste geistliche Stand hat die größten Komiker . . . so war im christlichen Mittelalter in allen Ländern gerade die dunkelfarbige Geistlichkeit das ausersehene Schwarz der satirischen Zielscheiben . . . späterhin verträgt die Zweideutigkeit des Ernstes nicht mehr die Annäherung des Scherzes, so wie nur Verwandte und Freunde, aber nicht Feinde einander vor den komischen Hohlspiegel führen dürfen." Das Niveau Buchers ist damit eindeutig umschrieben. Er bekannte in einem Brief an Lorenz von Westenrieder über seinen geistlichen Scherz: „Aber glauben Sie nicht, daß ich dadurch den Herrn, der in seinen heiligen Wundern ist, zu nahe treten wollte. Ich bete seine unergründlichen Geheimnisse an und sehe seine Wunder in dem mindesten Stern so groß als in der Sonne."

Das galt besonders für den *Entwurf einer ländlichen Karfreitagsprozession* und das ihr zugehörende *Geistliche Vorspiel zur Passionsaktion*. Bucher erläuterte hier die Wesenszüge seines Humors. „Hier ist also die andächtige Prozession, mit der ich bei andächtigen Lesern alle Ehre aufzuheben hoffe, nichts darum gebend, was die Freygeister sagen mögen. Waren schon einige, die da sprachen: die Texte der heiligen Schrift wären abgerissen und mißhandelt. Die Reime enthielten skandalöse Spöttereien: Zünfte würden ehrlos durchgelassen. Aber geistlicher Scherz gewinnt oft mehr, als Ernst. Warum soll man den Leuten nicht ihre Fehler unter die Nase reiben, und das ist die schönste Gelegenheit . . . Wer sich ärgern will, kann sich ärgern. Ist allemal Scandalum passivum, das mir kein Mensch auf meine Seele legen kann. Die Spinne saugt überall Gift heraus, was fichts mich an . . . Aber wer schmelzt die Leut um? Wenn's halt so seynd, so seynd's so. . . . Was schon allemal war, hab ich nicht abgebracht. Die heilige Walburga hat ein blaues Aug, das sie wohl noch vier Wochen herumtragen wird. Hat ihr's ihr Kerl am Palmtag g'schlagn, weil's mit einem andern zum Meth gegangen ist. Und keine andere hat ein Walburga-G'wand, und mit einem blauen Auge lasse ich in Ewigkeit keine Heilige mitgehen." In dieser Art entwarf Bucher das umfangreiche Programm einer Prozession, wie sie tatsächlich stattfanden, mit Fahnen und allegorischen Figuren, die von Zünften und Bruderschaften getragen wurden. Ein Beispiel muß aber hier genügen. Es ist bezeichnend für die witzigen Wortspiele Buchers.

„Dann folgt der Herr Tanzmeister der Löbl. Schuhmacher-Zunft, und stellt mit seinem Gefolge die abgöttischen Menuet und Walzer der Israeliten um's goldene Kalb vor. Sein Gefolg besteht aus seinen Scholaren und Scholarinnen, bekanntlich der Drackurscherl, Veitlipplgredl, Trampelbaberl und Reiter-

trompeterannamiedl mit dem edelvesten Simonhansenhausknecht, Michlkutscherstingl, Schleiferchristl und Gukumerhiesl unter Vortretung der Spielleute von Petersek, welche sanfte Trauermusiken jämmerlich intoniren, und denen der Chor der Hrn. Schuhknechte Trauerlieder in ihren Lieblingsmelodien accompagnirt. Dann folgen die bekanntesten Martyrer der löbl. Zunft, die sich ihrer Artikel willen standhaft am hellichtesten Galgen haben aufknüpfen lassen. Nach diesen folgen paarweise die heutigen Nachfolger dieser erhabenen Vorgänger mit Wasser und Brod. — Dann folgt ein Genius zu Pferd mit dem Zuruf und Texte:

O Schuster, o Schuster, o geht in euch,
Sonst seyd ihr zum G'scheidwerden die letzten im Reich."

In dieser Weise sollten die Verbote der Prozessionen verständlicher werden und besser einleuchten. Aber Bucher wollte daneben auch die kurfürstlichen Klostermandate rechtfertigen. Hier deckte er ebenfalls Mißbräuche auf. Die Satiren richteten sich nicht bloß gegen den 1773 aufgehobenen Jesuitenorden, sondern ebenso gegen Kapuziner und Franziskaner. Immer wieder wurde die Erziehungsarbeit der Frauenklöster verspottet. In dieser Absicht rückte Bucher in sein *Auserlesenes Delieberierbüchlein oder geistliches Suchverloren* einen *Brief der Jungfer Katherl an ihren hochverehrten Herrn Göthen*, also an ihren Paten, ein. Das naiv gehaltene, zugleich schlitzohrige Schreiben sollte die Umstände charakterisieren, unter denen junge Bauernmädchen in die Klöster aufgenommen wurden.

„Vielgeliebter Herr Gött

Hat der Vatter gsagt, soll dem Herrn Göttn schreiben? kahn also nit unterlassen mit ain par Zeihlen aufzuwarthen. Stueten, hat der Vatter gsagt, bist sechs ganze Jahr im Kloster in der Kost gwesn, werst ja also an H. Göttn schreiben kinnen, Hoffe also der Herr Gött werde sich recht wohl befinden, wir zwar, Gott sey ewigen Dank gesagt, seynd wohlauf. Betten thu ich für den H. Göttn auch schon, und bitte, daß der H. Gött für mich, und uns alle auch betten thut. Bey Uns regnets, und da hat der Vatter gsagt, ich soll dem Hrn. Göttn sagen, er soll fein acht gebn, daß das Heu gut einbracht werd, denn sonst kann mans nicht brauchen, und morgen wird unser Vetter der Wirth Würst machen, und da soll der H. Gött fein treiben, daß brav Leut aus dem Revier um ein schönes Wetter mit dem Kreuz hereinge-

Auserlesenes
Delieberierbüchlein
oder
geistliches Suchverlohren.

Von einem
alten Klosterbeichtvater.

Noch unverdorbenen
Mädchen und Jünglingen
ans Herzen gelegt.

1784.
Mit Erlaubniß der Obern an kaiserlich.
Grenzen

Titelkupfer zum »Delieberierbüchlein« von Anton von Bucher, 1784

hen, daß die Würst nicht liegen bleiben thun. Vom Christkindl zu ... hab ich ein Schüherl gschenkt kriegt, und da hat mir alles etwas drein gschenkt, habe also dem H. Göttin auch das Schüherl wollen sehen lassen, bitte mirs aber wieder zuruck aus. Wenn sich also der Hr. Gött wohlbefindet, so freuts mich. Neues weiß ich nichts zu schreiben, als daß wir Soldaten auf Exekution hier haben, welche immer an mit zupfen und rupfen, mir seyns aber die Schreiber vom Pfleg'richt lieber, und unser Badergesell der Martl. Und daß ich ins Kloster gehe, weiß der H. Gödt schon. Der P. Maurus sagt, ich könne sonst nicht selig

werden, weil ich dazu berufen bin. Er hat mir auch schon ein Jeserl geschenkt. Der Badermartl hat mir aber nächst den Kopf abgebrochen aus Dalkerey und ich muß es erst wider leimen lassen. Den Ring habe ich auch schon, und die Klosterfraun habn mich gern. Hat der Vatter nächst gsagt, gehe Diendl, gehn wir hinauf ins Kloster. Und da hab ich gsagt, ja Vatter. Und hab das reich Mieder anglegt, und die reich Haubn aufgsetzt, und s silberne Gschnür gnommen mit den silbernen Ablaßpfennig, und der koralinen Feigen und hab mich schön aufputzt, und neben dem Halstüchl habe ich die rosenfarben Skapulierbändl herausschauen lassen, daß sie gesehen haben, daß ich eine Christin bin, und dann hat der Vatter ein Faßl Wein und ein wilds Fakl durch den Gselln hinaufgschickt, und etwas in einem Papierl für die würdige Mutter mitg'nommen, und hernach seynd wir hin aufs Kloster, und wies die Klosterfrauen gsehn habn, wie viel unser seynd, ich, und der Vatter, und ein Fakl, und Wein, und fürn P. Beichtvatter Messen, nachher haben wir gessen, und trunken, grad gnug, und da haben wir gschnittne Nudl und eine Henne, eine Pastetten, Fleisch, Kraut, Karimandl darauf, Hühner, Hasen, Antn, Kopn und hernach allerhand Gschnattlwerk ghabt, und da hat der Vatter gsagt, hörts auf, ich waiß ja nimmer wohin damit, müßt einem ia d'Wampen verspringen, und da habens glacht, und habn gsagt, ich brauch ohnedem einen Blasbalg, den ich solls Orglschlagn lernen, und damits der H. Gött waiß, jetzt lern ich das Orgelschlagn. Gestern hab ich auch bey unserem Praktikanten im Pfleggricht (ist ein recht schöner Mensch, recht zum gern hab) französisch und welsch zu lernen angefangen, und das Sticken und Blümlmachen, und heilig Leib fassen lerne ich schon drei Jahr, denn sonst habn mir die Klosterfraun nichts aufgegeben. Es will mir aber nichts eingehen. Ist also der H. Gödt auf die Einkleidung eingeladen, nach 3 Jahren bekomme ich den Tag. Hat der Vatter auch gsagt, ich soll dem Hrn. Gödtn zu seinem Tag gratulieren, und weil ich nun in meinem Kalender ersehen habe, daß Hochderoselben erfreuliche Namensfestivität sich nähern thut, so will ich hiemit andern Gradulanten meine Wünsche beylegen. Schicke auch einen Lebzelten, der Hr. Gödt hat ungesperte Hand, und kann mir schicken was er will. Mein Geburtstag ist den nächsten Mittwoch. Der Badermartl wird hinaufkommen, und dem Hrn. Gödtn sagen, daß mein Buckl zu fett sey ins Kloster, denn er hat mir gestern geschröpft, aber es ist nicht so. Er macht nur alleweil Spaß mit mir und tribulirt mich, denn er hätte mich gerne, und mir wär er weiter auch nit zuwider, wenn der Vatter, und der Beruf, und der P. Maurus nicht wären. Die Klosterfraun, wo ich war, seynd alle fetter gewesen. Gott wird mich auch nicht verlassen. Unsere Frau Schreibmeisterinn hat mirs nicht gelernt wie der Brief aufhören muß, denn ich bin nur 6 Jahr im Kloster gewesen, und da kamen wir nie zum Beschluß. Leb der Hr. Gödt also gesund, und bring er seinen Tag gut zu." (VI, 76 ff.)

Anton von Bucher wurde 1745 als Sohn des bayerischen Wappenmalers Joseph von Bucher geboren, besuchte das Gymnasium der Jesuiten in München und studierte an der Universität Ingolstadt Theologie sowie Rechtswissenschaft. Seine Predigten als Kaplan an der Heiliggeistkirche in München erregten das Aufsehen des Schulreformers Heinrich von Braun. Auf dessen Vorschlag hin wurde der junge Kaplan Rektor der deutschen Schulen, Mitglied der Kommission zur Reform des Volksschulwesens und 1773, nach Aufhebung des Jesuitenordens, Rektor am Gymnasium und am Lyzeum. Dieser rasche gesellschaftliche Aufstieg war schon damals ungewöhnlich. Verständlich wird er nur aus dem Enthusiasmus jener mächtigen bürgerlichen Elite, die sich um den Kurfürsten Max III. Joseph sammelte und 1773, als das Bildungsmonopol der Jesuiten zerbrochen war, mit ganz erstaunlicher Energie an eine groß angelegte Schul- und Bildungsreform ging. Wie so viele seiner Generationsgenossen hat Bucher die ihm angebotenen Posten nicht bloß angenommen, sondern zugleich die mit diesen Posten verbundenen Aufgaben erfüllt. Erstes Aufsehen erregte er 1771 mit seiner Rede *Über die Vorzüge der öffentlichen Schulen vor dem Privatunterricht.* Er sprach hier von Klassengegensätzen und zugleich von dem gesellschaftspolitischen Auftrag, sie zu überwinden. Nur wer mit Angehörigen niedriger Schichten auf der gleichen Schulbank gesessen habe, könne später Vorurteile abbauen und Verständnis für die niederen Klassen gewinnen. Auf diesem Standpunkt beharrte Bucher sein ganzes Leben lang. 1781 schrieb er beispielsweise in seiner *Kinderlehre auf dem Lande:*

"Öffentliche Erziehungshäuser sind die Schatzkammer der Bürgerschaft, denn aus denselben gehen Arbeiter, der Reichtum und Schatz der Nation hervor." (VI, 506)

Aber die neuen Schulen mußten entsprechend eingerichtet, mit neuen Lernzielen und neuen Lerninhalten ausgestattet werden. Es galt, die formalistisch-scholastische Lehrmethode, die allzu leicht in mechanischem Auswendiglernen erstarrte, zu überwinden. Bucher forderte deshalb einen Religionsunterricht, der den Schülern ausdrücklich auch das ‚Warum' und ‚Wozu' erklärte. Er wollte also Lernmotivationen geben, wie wir heute sagen würden. Kirchengeschichte und Geistliches Recht wurden am Münchner Lyzeum gelehrt. Bucher verfaßte einen *Grundriß der Naturgeschichte.* Als neues Fach nahm er Französisch in den Lehrplan auf. Dieser Entschluß wurde damit begründet, „daß das Studium verschiedener Sprachen einem Gelehrten bei den gegenwärtigen Umständen der Literatur notwendig sei". Das galt vor allem für die damals in Bayern weit verbreitete jansenistisch-rationalistische Literatur, in der Bucher wurzelte. Außerdem gründete er eine Zeichenschule. Ihr erster Lehrer war der Galerieinspektor Dorner.

All das war sehr fortschrittlich. Bucher orientierte seinen Lehrplan direkt an den Bedürfnissen der Gegenwart. Formale Bildung trat zurück. Verständlicherweise zeichnete Bucher dann die Verwirrung, die gedankenloses Nachplappern unverstandenen Wissensstoffes anrichten konnte, mit sehr spitzer Feder. In der schon erwähnten *Kinderlehre auf dem Lande* fragt der Pfarrer im Katechismusunterricht aus:

„Pfarrer: Sag du auf, Diendl! Wie viel gehören Stuck zu der Beicht?

Diendl: Sechse. Das erst der Tauf, das andere die Firmung —

Pfarrer: Da hast eine Tachtl. Lalln große! Schamst dich nicht, ein'n solchen Hadern nicht z'wissen. Wöllts alleweil heyrathen, ihr Stuten, und hernach wißts kaum, wie viel Gott seyn. Oder wie? sags, Wie viel seyn Gott?

Diendl: Ein Gott und drey Personen.

Pfarrer: Das sind ja Viere?

Diendl: Ja.

Pfarrer: Bravo. Wie heißens?

Diendl: Das erste der Tod, der andere das letzte Gericht.

Pfarrer: Und da hast für das dritte und vierte noch ein Paar Watschen. Ich will euch fuchsen, wenn ihr mir bey der Stuhlföst in meine Klauen kömmt. Hinter sich und vor sich müßt ihr mir den Catechisi aufsagen können. Denk sich nur keine, daß ich sie verkünde zuvor, und solls auf dem Kopf stehen, so wird nichts d'raus. —"

Diese Stelle zeigt, daß der Humor Buchers zuweilen sehr sarkastische Züge trug. Die Groteske muß im Zusammenhang mit der Erziehungsarbeit des Dichters in Engelbrechtsmünster gesehen werden. Bucher baute dort eine Musterschule auf. Er war dorthin 1777 auf eigenen Wunsch als Pfarrer versetzt worden, denn er hatte sich in München zu viele Feinde gemacht, u. a. den Exjesuiten Johann Nepomuk Gruber, der „fulminante Artikel" gegen Bucher schrieb, zuletzt sogar zerfiel er mit Heinrich von Braun, dem Vater der bayerischen Volksschulen. Braun hatte Bucher erst eigentlich entdeckt und in Amt und Würden eingesetzt. Dennoch wandte sich der Pfarrer von Engelbrechtsmünster gegen das von Braun geleitete Münchner Predigerinstitut. Trübte der ständige Blick in die Verzerrung des „komischen Hohlspiegels", wie Jean Paul sagte, zuletzt nicht doch das Auge des Dichters? Nun, auch Johann Michael Sailer bekämpfte damals Heinrich von Braun, aus ähnlichen Gründen, freilich mit ganz anderen Mitteln. Bucher scheint sich in Engelbrechtsmünster eingeigelt zu haben. Über Jahre hin dürfte Lorenz von Westenrieder sein einziger Freund gewesen sein. Aber all das hinderte Bucher nicht daran, mit bezeichnendem bajuwarischem Schulmeistereigensinn, die ihm unterstellte Hauptpfarrschule zu einer Musterschule auszubauen. 1784 berichtete er dem Kurfürsten über Ergebnisse seiner Reformarbeit und weitere Reformpläne: „Meine Schule ist bereits mit einem fleißigen, tüchtigen Schulmann besetzt, der in den hiesigen Musterschulen Beweise seiner Kenntnis abgelegt hat . . . Ich habe auch eine, zwar kleine, aber doch nützliche Bibliothek von Lesebüchern, sowohl für den Schullehrer und die Kinder, als auch für die Gemeinde . . . wir werden weiter schreiten und neben der Schule, welche Christentum, Lesen, Schreiben, Sittlichkeit und Grundsätze zur Bestreitung der Vorurteile ihrem Zöglinge mitteilt, auch für Knaben eine kleine ökonomische und für Mädchen eine Näh-, Spinn- und Strickschule, von welch letzterer auch die Hüterknaben profitieren sollen, errichten, wenn wir nur mittelmäßige Unterstützung erhalten."

All das ist höchst beachtlich und zeigt den Weg zur Arbeitsschule, wie er in unserem Jahrhundert in München vor allem durch Kerschensteiner beschritten wurde. Wie weit das Projekt Buchers gedieh, ist freilich noch unerforscht. Nahe liegt der Vergleich mit den philanthropischen Bestrebungen des 18. Jahrhunderts, zumal mit der Musterschule Friedrich Eberhard Rochows auf Gut Reckahn in Preußen. Impulse Basedows sind durchaus anzunehmen. Basedow und Bucher gehörten ja dem Illuminatenorden an. Buchers Gemeinschaft mit dem Orden

scheint aber nicht sonderlich eng gewesen zu sein; denn er verband sich später mit den Gegnern des Ordensgründers Johann Adam Weishaupt, mit den bayerischen Patrioten. Als die französischen Revolutionstruppen 1800 in München einrückten, probten die Patrioten den jakobinischen Aufstand. Sie griffen die politischen Mißstände hart an und wandten sich in ihren Aufrufen direkt an die Mittel- und Unterschichten des Volkes; erklärtes Hauptziel war eine bayerische Verfassung und eine Reform der Landstände. Die Rolle, die Bucher bei all dem spielte, ist ebenso ungeklärt wie die historische Bedeutung seiner Musterschule in Engelbrechtsmünster. Bekannt ist nur die Verbindung mit den Patrioten. Wie weit Bucher, ähnlich wie Pfarrer Joseph Socher von Oberhaching bei München, an der Abfassung der zahlreichen jakobinischen Flugblätter beteiligt war, wissen wir nicht. Eindeutig ist aber, daß Buchers spätere Schriften diesen ‚Republikanismus' zumindest vorbereitet haben. Diese Seite seines Werks ist in großes Dunkel gehüllt, zeigt aber die gesellschaftsverändernden Absichten seiner Dichtung erst im vollen Licht. Der Pfarrer und Lehrer konnte sich nicht damit begnügen, einfach die Oberflächlichkeit und Verwirrung des sterbenden Barockkatholizismus satirisch aufzudecken. Er fand kein Genügen darin, dem Volk bloß in religiöser Hinsicht den Spiegel vorzuhalten. Gesellschaftsveränderndes Dichten stellte eine umfassendere Aufgabe. Sie schloß auch die Betrachtung der politischen und gesellschaftlichen Verhältnisse mit ein. Die Hofmarksbediensteten, Bauern, Häusler, Knechte und Mägde, die Handwerker und kleinen Gewerbetreibenden sollten befähigt werden, den Mißbrauch der Macht, Unterdrückung, Bestechlichkeit, Rechtlosigkeit zu erkennen.

In dem der *Kinderlehre auf dem Lande* beigefügten Zweiten Fastenexempel heißt es:

„Alles politisirt und amtirt. Alles will es besser machen, als es geht, und der zehnte Theil redet in den Wind hinein.

Mein sollte es gehören, das Land, sagt da ein Herr Pfarrer, ich wollte es herstellen. Hunderttausend Mann müßte ich auf den Beinen haben. Den Türken wollte ich angreifen, Terras sanctas erobern, Muhmed Sultan in Bethlehem werden.

Mein sollte es gehören, das Land, sagt der Herr Fähnrich, Friede wollte ich schließen − mit der ganzen Welt Friede. Da ließen sich schöne Kunstfeuer machen, Lustlager schlagen, und man könnte doch täglich ungestört zwicken, Triktrak spielen, und womit man halt seine Lust hätte, alles unternehmen.

Mein sollte es gehören, das Land, sagt ein Herr in einer reichen Weste; ich habe meine Leute kennen gelernt; ich weiß, was Verdienste und was Winde sind. Hoch hinauf, hoch hinauf mit Ihnen, Herr Schwager! . . .

Und mein sollte das Land gehören, sagt der Kaufmann, der Bürger. Ich würde sie auspeitschen − die Projectanten, die mir immer von Profit vorschwatzen, immer schöne Pläne machen, und von dem Nutzen für das Land sprechen und mein Aerarium betrügen, sich bereichern und das Land aussaugen wollten. − Ich würde sie hinauswerfen, die Projectanten, die nicht sagen, was sie im Herzen denken, nicht verschlagen, was den gemeinen Beßten nützet, sondern was ihre Umstände verbessert, was ihre Kassen und Bäuche füllet − die nicht reformieren um Licht anzuzünden, sondern um große Besoldungen zu ziehen und die halbe Welt unter den Fuß zu bekommen, schikaniren zu können . . .

Und ja, schreit da ein hageres Männchen im Winkel hinten, mit einem Buch in der Hand, ja mein sollte das Land gehören; ich wollte dem Bürger und Bauer seine Buben brav ziehen. − Ich wollte sie in Allem unterrichten lassen, was sie immer zu ihren Geschäften brauchen. − Seminarien müßte ich haben, wo gute Köpfe gratis lernen könnten. Nicht allein für Geistliche − auch für Weltliche, und für diese mehrere. Nicht für Gelehrte allein, auch für künftige Bürger und für diese die meisten . . . Offene Bibliotheken, gute Schulen und gute Akademien müßte ich haben. − Keine Schulen, deren erstes Merite die Wohlfeilheit ist . . . keine Akademien, auf die man hinziehen könnte, sich für bares Geld unter Anrufung aller Heiligen, Diplome in Sammt und Seide zu erkaufen. Auch die freyen Künste müßten bey mir betrieben werden. − Wer etwas lernen will, sollte es lernen können, ohne dafür bezahlen zu müssen.''

Mein müßte es gehören, das Land − legt dieser Anspruch der vielen nicht zugleich das Elend aller bloß, einfach weil sich niemand findet, Verantwortung für alle zu übernehmen? Nur der Schulmeister will das ernstlich, aber der ist zu schwach, zu beschränkt, sich durchzusetzen. Doch ist diese unselige Zersplitterung, dieses Klagelied des Patrioten Bucher nicht zutreffend für jede Zeit, auch für die unsere? Hat sein umfassendes reformerisches Dichten nicht besondere Aktualität? Der geistliche Scherz Buchers berührt heute noch nachdenklich, fast schwermütig, aber auch erlösend und befreiend, wie es einer wahren Lebensform entspricht und gerade der des Humors.

Ganz erstaunlich ist die Gabe des Dichters, eine vielschichtige Problematik zu durchschauen und auf ihren Kern zurückzuführen. Diese Stellen sind in einem barocken Wertpunkt gehalten, der die Herkunft aus der spanischen Literatur und von Abraham a Sancta Clara immer wieder bloßlegt. In dem Willen zur gesellschaftlichen Veränderung wird aber schließlich noch eines deutlich, was in der gegenwärtigen literaturwissenschaftlichen Diskussion so leicht unterbewertet wird: daß es für einen Dichter neben der gesellschaftlichen Verantwortung noch weitere Instanzen gibt, die ihn verpflichten, hier vor allem das Spiel mit der Sprache, das für alle Reichtümer der Erde entschädigt. Das soll abschließend noch an Buchers Erzählung vom Torhüter vor einem herrschaftlichen Schlosse deutlich werden.

,,Es näherten sich viele Leute mit gefüllten Butten und Körben. Einer nach dem andern fragte den paradirenden Thorwartl: Sieht Ihro Gnaden? Und kerzengrad wie eine Mauer dastehend antwortete der Thorwartl ehrfurchtsvoll: Sie Sieht. Und sie giengen hinein in den Pallast. Hinten drein kam eine arme Wittib mit einer Bittschrift um Brod für sich und ihre Kinder, und erzählte dem Thorwartl, wie sie unverdienter Weise, durch das lange und viele taxmäßige Inventiren nach dem Ableben ihres Mannes, in diese mangelvollen Umstände gerathen. Und siehe da, den Thorwartl! Ihro Gnaden sehen nicht, sprach er wieder. Es kam ein Mann mit vielen Schuldbriefen, welche Ihro Gnaden durch das anwachsen ließen, daß sie die Handwerker, die ihnen arbeiten mußten, nicht bezahlten. Und der Herr Thorwartl resolvirte wieder in Gnaden: Ihro Gnaden sehen nicht. Hörts der Herr, Herr Thorwartl, sagte ich, warum sieht denn Ihro Gnaden jetzt und warum sieht sie gleich auch wieder nicht? Das heißt ja soviel, als blind und nicht blind seyn; . . . So sehen ja Ihro Gnaden die Welt nie, wie sie ist, nie in ihrer armseligen Gestalt, sondern wie sich im Spiegel, immer prächtig . . . Und wer waren denn endlich diese Ihro Gnaden . . .? Ach, wer anderer, als der herrschaftliche Verwalter, der, ob er schon von Geburt aus nur ein hochedelgeborener Kutschersohn war, so konnte er doch Pöbeldunst nicht mehr vertragen, konnte gemeine Leute nicht schmecken. Wer war es anders, als der herrschaftliche Verwalter, der in den Pallast vor welchem ich stund, eine Stube und Kammer hat, Knecht und Dirne zur Arbeit wecken, Kuchl- Stadl- und Holzrechnung führen, und, war die Herrschaft selbst in loco, Teller wechseln mußte . . .

Zeit gelassen, ihr Herrn, Zeit gelassen! Nach und nach kömmt man auch weit. Das Eritis sicut Deus, will halt kein Mensch mehr erwarten. Alle, fast gar alle, wollen auf Erden noch glänzen, und gleich seyn den Sternen, welche leuchten im Himmel. Unterdessen ist doch der Unterschied unter Groß und Klein im ganzen Körper der Menschheit sehr schwach. Alle haben wir den Kopf in der Höhe, nur tragen wir ihn nicht gleich hoch. Mit den Füßen stehen wir aber alle gleich tief im Koth. Der Stolz eines Menschen gegen den andern gleicht dem Wurmstich im Apfel, dem Beinbruch im Körper, dem Druck der Luft auf den Merkurius im Barometer. Je weiter der Wurm um sich frißt, je eher fällt der Apfel ab. Je gefährlicher der Bruch eines Beines ist, desto ungesünder ist der Körper. Je weiter der Merkurius im Barometer herabgedrückt, desto gewisser folgt schlechtes Wetter. Wenn man in einen hellen Bach schaut, sieht man sich darin wie man ist. In der Lacke sieht man sich auch, aber die Flecken, welche die Lacke hat, sieht man mit. Springt man deßwegen in die Lacke, weil sie Flecken hat, so besudelt man sich selbst, und die Lacke wird noch trüber. Die liebreiche Sonne hingegen nimmt ihr das Abscheuliche, oder scheint wenigstens über sie, wie über den klaren Bach.

> Es wächst an einem Holz
> Verachtung und der Stolz.
> Wer in seinem Hochgeborn
> Hat die Menschlichkeit verlorn,
> Brockt die erste Frucht sich ab,
> Und nimmt den Fluch mit sich ins Grab.

Hans Graßl

Im Zeichen von Winkel, Zirkel und Hammer

Freimaurer, Rosenkreuzer und Illuminaten

Die Geschichte der Freimaurerei gleicht einem Buch, das mit Siegeln verschlossen ist, die sich nur behutsam lösen lassen. Um so mehr hat dieses Buch die gebildeten Geister des Abendlandes zu allen Zeiten fasziniert. Goethe griff mit der ‚Turmgesellschaft' in seinem *Wilhelm Meister* das Thema auf, das ihn und seine Zeitgenossen sehr beschäftigte. Er wollte zeigen, wie ein junger Mann unter der Leitung einer im Verborgenen wirkenden geheimen Gesellschaft erzogen werden könne. Das war eine Frage, die in einem Bildungsroman des späten 18. und beginnenden 19. Jahrhunderts gestellt werden mußte. Ihre Lösung führte hinein in einen Erfahrungsbereich, den nahezu alle gebildeten Zeitgenossen in irgendeiner Form kannten und der zahlreiche Schriftsteller leidenschaftlich beschäftigte. Es war der Erfahrungsbereich der Freimaurerei: riesig, universal, jedoch schon damals widersprüchlich und verzerrt gedeutet.

Goethe war von dem hohen Ethos der Freimaurer überzeugt; er glaubte an den moralischen und pädagogischen Wert dieses Bruderbundes. Er kannte aber auch den Mißbrauch, der in gewissen Logen mit den freimaurerischen Ideen getrieben wurde. Daher sind seine Äußerungen auch in dieser Frage nicht auf einen Nenner zu bringen. Das ist ganz natürlich, denn in der Freimaurerei rangen so viele Ideen der modernen Welt um einen neuen, gestalthaften und zumal praktikablen Ausdruck, daß es hier, wie überall im Umgang mit der lebendigen Wirklichkeit, keine patentierte Meinung geben konnte. Das gilt auch heute noch für die Geschichte der Freimaurerei.

Die Öffentlichkeit kennt vor allem die Werkzeuge, deren sich die Freimaurer bei ihren Sitzungen bedienen; so insbesondere Winkel und Zirkel, den Schurz oder den Hammer des Meisters vom Stuhle. Mit Hilfe dieser Werkzeuge wird der Bau, wird das Wirken an einem großen salomonischen Tempel der Menschheit dargestellt. Der Maurerschurz ist im Grunde ein Arbeitssymbol, und zwar der Arbeit von Gleichen unter Gleichen. Der Hammer in den Händen des Meisters vom Stuhle ist Sinnbild der Gewalt, die der Meister in der Loge innehat.

Wichtig ist die Verwendung großer Leuchter mit brennenden Kerzen. Sie erinnern an die Wandlungskraft des Feuers, das schon in den Tempeln der Antike entzündet war. Der Mensch soll aus der Nacht zum Licht geführt werden. Alte Erfahrungen, ein altes natürliches Heilswissen ringt um neue Formen. Etwa auch, wenn zu Beginn der meditativen und rituellen Arbeit der Teppich entrollt wird. Er hat die Form eines Rechtecks, das einstmals in die Erde geritzt wurde, früher wie heute einen umfriedeten Bezirk darstellt, in dem man sich tragende geistige Kräfte gegenwärtig denkt. Mit diesem Bezirk hängt auch noch die Initiation neuer Mitglieder zusammen; die Einführung in ein Wissen, das Außenstehenden verborgen bleibt. Der in die Gesellschaft Aufgenommene soll sich dieses Wissen in angestrengter Meditation, in Stufen und Graden tieferer Einsicht aneignen. Das sind Forderungen, die schon den Mysterienkulten der Antike zu eigen waren und die auch in rituellen Bünden außereuropäischer Völker in vielen Formen auftreten. Wir haben ein in der ganzen Menschheit verbreitetes Phänomen vor uns. In der Freimaurerei geht es um eine Elitebildung und zugleich um das Bedürfnis, die dem Bunde eigenen Ideen vor dem Zugriff Profaner zu schützen.

Doch welche Ideen wurden nun näherhin in den freimaurerischen Logen überdacht und in symbolischen, rituellen Handlungen dargestellt? Auch hier darf sich die historische Betrachtung nicht auf eine bestimmte Richtung festlegen. Die Faszination des Maurertums bestand ja zur Zeit Goethes gerade in dem Reichtum höchst verschiedener Systeme. Es würde den Rahmen dieses Beitrags sprengen, sie einzeln aufzuzählen und genauer zu würdigen. Nur die wichtigsten, einflußreichsten Strömungen seien hervorgehoben: eine humanistisch-rationalistische und eine alchimistisch-theosophische. Von den zahlreichen Zwischenformen und Abarten soll nur die folgenschwerste betrachtet werden. Sie hatte zuletzt mit dem Maurertum nur noch äußerlich zu tun und geriet zuletzt in Widerspruch mit ihm: es ist der Illuminatenorden.

Die allgemeinen Grundsätze der Freimaurerei sind an der humanistisch-rationalistischen Richtung wohl am besten abzulesen. Ihr wortmächtigster Propagandist war Lessing. Er sah im Zeitalter der Stände deutlich, daß die Menschen in der bürgerlichen Gesellschaft in Gegensätzen lebten, innerhalb der „Scheidemauern und in Klüften". Daher wünschte er eine humane Vereinigung Gleichgesinnter, jenseits der herkömmlichen gesellchaftlichen Schranken — oder, wie es in den *Freimaurergesprächen zwischen Ernst und Falk* wörtlich heißt: „. . . daß es in jedem Staate Männer geben möchte, die dem Vorurteil ihrer angestammten Religion nicht unterlägen, nicht glauben, daß alles notwendig gut und wahr sein müsse, was sie für gut und wahr erkennen . . ."

Das ist eine Forderung, die ebenso in Lessings *Erziehung des Menschengeschlechts* oder in seinem *Nathan* stehen könnte. Lessing verlangt die Prüfung überlieferter religiöser und weltanschaulicher Formen, den Kampf gegen Vorurteile, praktische Einübung in die hohe Tugend der Toleranz, den Aufbau einer Bruderschaft humanitären Geistes, unabhängig von nationalistischer oder konfessioneller Enge. Das ist guter, sozusagen klassischer Ausdruck der Aufklärung. Ihr zentrales Anliegen besteht heute noch, ja erst recht heute, in seiner ganzen Dringlichkeit.

Doch selbstverständlich wurde in den Logen nicht nur diskutiert und meditiert. Die geistige Übung drängte auch hier zur Verwirklichung und Bewährung in der Öffentlichkeit. Bereits vor der Französischen Revolution bildeten vereinzelte Logen in deutschen Städten recht aktive Zellen des beginnenden demokratischen Lebens. Geschichtliche Darstellungen der Freimaurerei verweisen auf zahlreiche soziale und caritative Leistungen der Logenbünde in verschiedenen Gesellschaftsschichten.

Das führt zu einer soziologischen Erkenntnis, die selbstverständlich nicht auf die humanitäre Freimaurerei beschränkt ist, sondern ebenso für die theosophischen Richtungen, sogar für die Zwischenformen gilt: Es genügt nicht, daß Ideen geäußert und durch Schriftsteller verbreitet werden. Es müssen sich Menschen finden, die willens und fähig sind, diese Ideen durchzusetzen und dafür Opfer zu bringen. Darin besteht der große Dienst, den die Freimaurer dem Ideengut des 18. Jahrhunderts erwiesen haben.

All das war selbstverständlich nicht durch Lessing festgelegt, sondern bereits in dem Konstitutionsbuch, mit dem 1717 die Freimaurerei der Neuzeit beginnt. Die Freimaurerei wird seither als „spekulative Maurerei" von der „Werkmaurerei" des Mittelalters, etwa von den Bauhütten, unterschieden. Der mittelalterliche Baugedanke mit seinen Handwerksgeheimnissen wurde abgewandelt; er sollte künftig dem „metaphorischen Aufbau einer idealen Menschheit" dienen. Der Geheimcharakter erhielt ein ideelles Gepräge, das sich etwa auf den allgemeinen Glauben an Gott und auf die Pflege einer natürlichen Moral zurückführen läßt. Andersen schreibt am Beginn seiner Konstitutionen, „Gott und die Welt" betreffend:

„Der Maurer ist als Maurer verpflichtet, dem Sittengesetz zu gehorchen; und wenn er seine Kunst recht versteht, wird er weder ein stupider Atheist noch ein irreligiöser Libertiner sein. Aber während sich die Maurer der verschiedenen Länder in alten Zeiten zu derjenigen Religion bekennen mußten, die in ihrem Land oder Volk galt, halten wir es heute für besser, sie bloß zu der Religion zu verpflichten, in welcher alle Menschen übereinstimmen, und jedem seine besonderen Überzeugungen zu lassen. Mit anderen Worten: sie sollen gute und treue Menschen sein, Menschen von Ehre und Rechtschaffenheit, so verschieden ihre Benennungen oder Glaubensmeinungen auch sein mögen. Auf diese Weise wird die Maurerei zur Stätte der Einigung und zu einem Mittel, Menschen, die einander dauernd fremd geblieben wären, in treuer Freundschaft zu verbinden."

Hier haben wir die „Magna Charta" der Freimaurerei vor uns. Mit den von ihr verkündeten Pflichten stimmen die Ziele Lessings und noch die „Grundsätze der Vereinigten Großlogen Deutschlands" in unserer Zeit überein. Grundlegend ist der Glaube an Gott, das Festhalten an einer natürlichen Moral. Dem entsprach die Diskussion und Verbreitung des Deismus in englischen, französischen und deutschen Logen. Es wäre aber falsch, die Freimaurerei darauf einseitig festzulegen. Denn es blieb den Mitgliedern unbenommen, über diese Mindestforderungen hinauszudringen. Daher befanden sich in englischen, französischen und deutschen Logen auch gläubige Protestanten und Katholiken. Eine ganze Reihe süddeutscher Fürstbischöfe gehörte im 18. Jahrhundert dem Bunde an. In unserer Zeit fordert die Großloge von Frankreich, daß bei Logensitzungen die aufgeschlagene Bibel auf dem Altar des Meisters vom Stuhle liegen müsse.

Doch all das wirft Fragen auf: Wie sind Menschen verschiedener nationaler und konfessionaler Herkunft zu vereinen? Wie ist in der Mannigfaltigkeit der Logen immer wieder die Einheit des Bundes durchzusetzen? Das so entstehende organisatorische Problem wurde durch die Patentierung von Neugründungen durch Mutterlogen gelöst. Heute ist die Bruderschaft der deutschen Freimaurer in den ‚Vereinigten Großlogen Deutschlands' zusammengeschlossen. Entscheidend ist das Ansehen, das der Meister vom Stuhl in seiner Loge genießt. Er leitet die von den Brüdern vorgenommene meditative Arbeit. Er verbürgt die Glaubwürdigkeit des vorzunehmenden Zeremoniells sowie der Fragen, die an Lehrlinge und Gesellen gerichtet werden. Überlieferte Formeln müssen dabei lebendig werden. Einigend, erhebend müssen ,,Wörter, Zeichen, Berührungen" wirken. Es soll ja ,,Stärke, Weisheit, Schönheit" durch sie vermittelt werden. Daher kommt der Symbolik, kommt den Riten entscheidende Bedeutung zu, mit ihnen selbstverständlich den Programmen, auf die sich der metaphorische Baugedanke stützt. Bezeichnend hierfür, wenigstens für die ältere Freimaurerei, ist die Hiram-Sage:

König Salomon hatte dem Erzgießer Hiram die Leitung der Bauhütten des Tempels übertragen. Hiram unterteilte seine Bauleute darauf in drei hierarchisch abgestufte Gruppen, in Lehrlinge, Gesellen und Meister. Die Meister erkannten einander an einem geheimnisvollen Wort. Als Hiram eines Tages die Arbeiten am Tempel allein besichtigte, wurde er von drei Baugesellen überfallen. Er sollte ihnen das ‚Wort', an dem sich die Meister erkannten, preisgeben. Als er es nicht tat, wurde er von den Gesellen erschlagen. Treu gebliebene Maurer versuchten Hiram wieder zum Leben zu erwecken. Das gelang ihnen durch die Anwendung von Riten. Der Tote wurde an fünf Vollkommenheitspunkten wieder aufgerichtet.

Die antisymbolische Maurerei unserer Tage lehnt diese Legende ab, die ‚Societas Rosicruciana' dagegen beschäftigt sich mit ihr intensiv. Damit wechselt unsere Betrachtung auf das Gebiet der magisch und theosophisch, alchimistisch orientierten Maurerei über. Sie wurzelt in dem Rosenkreuzertum des Valentin Andreä im 17. Jahrhundert, fand in den alchimistischen Logen der ‚Gold- und Rosenkreuzer' in der Mitte des 18. Jahrhunderts einen bedeutsamen Höhepunkt. Freilich haben dieser Richtung auch andere Gruppen, etwa die Hermetischen Gesellschaften, angehört.

Grundlegend für die Logenarbeit ist die Magie. Ein Magier ist ein Beschwörer, ein Mensch, der in der Überlegenheit seiner geläuterten geistigen Kräfte glaubt, durch das Wort, das er ausspricht, die ihn umgebende Natur sowie gleichgestimmte Freunde wandeln zu können.

Die Formeln der Dinge sind bei den Rosenkreuzern insbesonders durch die Kabbala festgelegt; der Glaube an die verwandelnde Kraft des Wortes, etwa auch während eines alchimistischen Experimentes. Diese Imagination ist eine alte menschliche Erfahrung. Sie liegt den Werken zahlreicher europäischer Dichter zu Grunde und kennzeichnet weite Strecken der Lyrik noch im ersten Drittel unseres Jahrhunderts. Hugo Friedrich verwies darauf, als er die *Strukturen der modernen Lyrik* untersuchte. Beziehungsreich schreibt Hugo von Hofmannsthal in seinem Bildungsroman *Andreas oder die Vereinigten*: ,,Das Symbolische an den Rosencreuzern ist ihm sympathisch, der unbedingt symbolische, also die Welt überspringende Wortgebrauch. Denn in der Seele sagt er, ist alles: alles Beschwörende, aber auch alles zu Beschwörende. ‚Jedes Wort ist eine Beschwörung, ein welcher Geist ruf, ein solcher erscheint' (Novalis)."

Nun gilt, was von der humanistisch-rationalistischen Maurerei gesagt wurde, auch hier. Die rosenkreuzerischen Logen haben diese Ideen und die mit ihnen verbundenen Traditionen nicht bloß konserviert, sondern durch die praktische Logenarbeit, durch Meditationen über theosophisch kabbalistische Lehrtafeln wieder aufgewertet und damit ganz entschieden ihrer Verbreitung und Erneuerung gedient. Wenn ein Logenmitglied, wie es in Deutschland und Österreich gar nicht selten war, an alchimistischen Experimenten laborierte, konnten die Logensitzungen einen akademischen Charakter annehmen. Hierher gehört etwa die Wiener Loge zur Eintracht, die von dem sonst höchst kritischen Naturwissenschaftler Ignaz von Born geleitet wurde. Er war das Urbild des Sarastro in der Zauberflöte. 1781 wurden in Regensburg die alten Rosenkreuzerschriften neu aufgelegt, darunter auch die *Chymische Hochzeit Christiani Rosenkreutz*.

Durch zahlreiche Forschungen sind die abfälligen Urteile über die Alchimie längst überwunden. Über den Bereich der Naturwissenschaften hinaus zeigte G. F. Hartlaub die allgemeinen geistesgeschichtlichen und kunstgeschichtlichen Wirkungen der Alchimie. C. G. Jung wies auf ihre tiefenpsychologische Bedeutung hin. In süddeutschen Rosenkreuzerschriften wurde auf Paracelsus und den „Erzmagier Faust" hingewiesen sowie unter anderem auf die Lehre vom Mikro- und Makrokosmos.

Es ist kein Zufall, daß sich gerade Goethe des Fauststoffes und der dahinterstehenden magischen Ideenwelt annahm. Er war in seiner Jugend durch einen rosenkreuzerischen Arzt in Frankfurt geheilt worden, durch ein Wundersalz, das ihm dieser verschrieben hatte und von dessen Heilkraft er überzeugt war.

Doch es sind hier noch andere Wirkungen des Rosenkreuzertums zu streifen. Noch ein Wort über den Sarastro der Zauberflöte: Nur weil er ,Eingeweihter', weil er ,Magier' ist, gewinnt er Macht über den „siebenfachen Sonnenkreis". Und nur deshalb kann er Tamino auf den Läuterungsweg, ähnlich dem der Eleusinischen Mysterien, schicken und schließlich die Königin der Nacht besiegen. – Daneben gibt es beachtliche medizinische Einflüsse. Der Animalische Magnetismus Mesmers war nichts anderes als eine Anwendung der in den Logen tradierten und praktizierten Magia naturalis. Daher wurde die Heilkunst Mesmers, wurde die Clairvoyance, der magnetische Heilschaft, und mit ihnen beiden die Heilmethode der Hypnose durch Logen verbreitet, die in dieser Zeit, in Paris, Straßburg, München und Wien das alte Rosenkreuzertum zu erneuern suchten. Sie wurden dabei angeführt von dem Franzosen Saint-Martin, einem Theosophen, Kabbalisten, Gnostiker von hohem Rang, der die Enge der Logen sprengte, auf rosenkreuzerischer Grundlage eine sublime, individualistische Kultur der Seele schuf. Sie verbreitete sich nun bei den Stillen im Lande, unter Pietisten in ganz Europa. In Deutschland pflegten vor allem Lavater, Jung-Stilling, der Münchner Hofrat Karl von Eckartshausen den neuen ,divinatorischen' Geist, eine ,Magia Divina', durch die nun mehr und mehr die ,Geistermaschinerien' der Rosenkreuer überwunden und die Romantik heraufgeführt wurde. Ein Emanzipationsvorgang großen Stils! Mit welchem Enthusiasmus, welcher Dankbarkeit er von den Romantikern empfunden wurde, zeigen die Worte Rahel Varnhagens über Saint-Martin:

„Sein überlegener Geist ließ ihn bald entdecken, was fehlte und was nötig war. Er trat selbst als Stifter einer Gesellschaft auf, die nach und nach in weiten Räumen sich ausgebreitet . . Er gehört zu den auserwählten Geistern, die von Zeit zu Zeit,

116

Adam Weishaupt, der Gründer des Illuminatenordens

gleich Wesen einer höheren Ordnung unter den Menschen wandeln, damit deren ursprüngliche Schönheit und Würde und Schönheit in Abbildern sichtbar bleibe."

Gerade im bayerischen Raum läßt sich der durch Saint-Martin ausgelöste Emanzipationsvorgang bis ins einzelne belegen. Er zeigt, daß die Ansätze zur Münchner Romantik denen in Jena um ein gutes Jahrzehnt vorangehen. Doch das Stichwort ,Geistermaschinerien' bedarf noch genauerer Erklärung: In vielen Logen der magisch-theosophisch orientierten Maurerei wurde Mißbrauch mit der Magie getrieben, in taschenspielerischen Verwandlungs- und Zauberkünsten, in Geisterzitationen, bei denen die Stimmen ertönten, die den Vorstehern der Logen besonders nützlich schienen. Das war Betrug. Er brachte die Freimaurerei und die von ihr vertretenen Traditionen der Mystiker und Theosophen in Mißkredit. Es war der historische Hintergrund der Reformen Saint-Martins. Sie sollten zugleich eine schwere Krise des Maurertums überwinden.

In den siebziger und achtziger Jahren bildete die Freimaurerei keine Einheit mehr. Versuche, die humanistisch-rationalistische Richtung mit der theosophisch-magischen zu vereinen und in irgendeiner Form zu verbinden, schlugen fehl. Solch einen mißglückten Einigungsversuch bildete der Freimaurerkongreß zu Wilhelmsbad. Gruppen und Grüppchen, neue Systeme und neue Gründungslegenden wie die der Templer, Mischformen waren entstanden und verschiedene Logen bekämpften einander. Die Zeit der größten Ausbreitung war zugleich eine Zeit des Zerfalls. Da breitete sich von der bayerischen Universität Ingolstadt her der Illuminatenorden in ganz Europa aus. Er stieg aus der Krise des Maurertums zu ungeahnten Erfolgen empor und war doch nur eine Abart, eigentlich keine Freimaurerei. Er erwuchs aus dem persönlichen Haß des Ordensgründers Adam Weishaupt auf die Jesuiten, deren Zögling er gewesen war, ferner aus dem ebenso radikalen Gegensatz zu den Rosenkreuzern. Die betont antijesuitische Organisation arbeitete mit Novizen und Präfekten und einem General an der Spitze. Sie stützte sich auf Quibuslicet-Arbeiten, die alle Mitglieder schriftlich anfertigen sollten. Diese Arbeiten waren eine recht unglückliche Nachahmung der Beichte mit persönlichem Schuldbekenntnis und einem Gelöbnis der Besserung, das nur allzuleicht der Seelenspionage der Ordensoberen diente. Dabei wurden die Novizen gegen ihre ‚Unbekannten Oberen‘ und diese gegen jene ausgespielt. Das entsprach der hinterhältigen, fanatischen und pedantischen Art Weishaupts. Er wollte in einer riesigen Kartothek, sozusagen schriftlich über den geistigen Entwicklungsstand des Ordens verfügen.

Dennoch gelang Weishaupt mit dem Illuminatenorden eine höchst beachtliche kompilatorische und pädagogische Leistung. Er schuf ein Ersatzgebilde, das zahlreiche Zeitgenossen faszinierte, so Goethe, Herder, Jacobi, Pestalozzi, Beethoven, den späteren deutschen Fürstprimas von Dalberg. Zahlreiche

reformerische Ideen aus Wielands großem, verschlüsselten Bildungsroman *Agathon* gingen direkt in den Orden ein und schienen hier wie in einer idealen platonischen Akademie verwirklicht. Die Eleusinischen Mysterien, die eben Christoph Meiners rationalistisch gedeutet hatte, beeinflußten den Aufbau der sogenannten Großen und Kleinen Mysterien, so daß Ingolstadt zurecht den Ordensnamen Eleusis erhielt.

Wie verzweigt die Wege waren, die von Ingolstadt ausgingen, zeigt uns das Beispiel des Opernkomponisten Simon Mayr, der im Jahre 1845 mit 82 Jahren in Bergamo starb. Stendhal schreibt über ihn: „Seine ‚Misteri Eleusini‘ erlangten in Italien den Ruf, den heute Mozarts Don Juan genießt, der damals südlich der Alpen noch nicht existierte, weil er zu schwierig war. Die Eleusinischen Mysterien galten für das kräftigste und stärkste Musikwerk jener Zeit . . .“ Als Ingolstädter Jesuitenzögling hatte der junge Simon Mayr aus Mendorf durch den Illuminaten Thomas von Bassus im nahen Sandersdorf erste Förderung erfahren. Er nahm ihn schließlich auf seine italienische Besitzung in Cantone mit, von wo ihm schließlich der Sprung nach Bergamo gelang, das er über ein Menschenalter musikalisch – vor allem als Lehrer Donizettis und Bellinis – beherrschen sollte. Der Freiherr Thomas von Bassus betrieb übrigens in Poschiavo eine eigene Druckerei für die Zwecke des Illuminatenordens, zu dessen Mitbegründern er zählte.

Nach Mozart und Simon Mayr griff Hegel das Motiv der Eleusinischen Mysterien auf. Sein verklausuliertes Gedicht „*An Eleusis*“ besitzt den Charakter einer idealistischen Programmschrift. Es war Hölderlin gewidmet, der seit dem Aufenthalt im Tübinger Stift eine ganze Reihe illuminatistischer Freunde besaß. Einer von ihnen brachte den Dichter auf die Geschichte des Jesuitenordens von Peter Philipp Wolf. Ihr entnahm Hölderlin einen Satz aus der Grabschrift des Ignatius von Loyola, der dann Motto seines Romans *Hyperion* wurde. Es geschah in der Absicht, die bedrückenden kulturkämpferischen Verschwörungstheorien seiner Zeit zu überwinden. Das gleiche Ziel verfolgte Fichte in der von ihm geleiteten studentischen ‚Gesellschaft der Freien Männer‘ in Jena. Auch hier setzte man sich mehrfach mit dem bayerischen Illuminatenorden auseinander. Voltaires Kirchen- und Gesellschaftskritik, Montesquieus politische Forderungen, Rousseaus Pädagogik, der Deismus Tindals und der Materialismus Robinets oder des Barons Holbach, die zahlreichen progressiven Ideen der Aufklärung trieben in dem Bunde ihrer Verwirklichung zu. Es geschah mit Konsequenz und kosmopolitisch über die Ländergrenzen hinweg. Aber wie weit hatte sich Weishaupt von den idealen Forderungen Lessings entfernt! Der Kampf gegen Vorurteile nahm radikale Züge an und wandte sich direkt gegen den bestehenden konfessionellen und politischen Zustand. Daher riet Weishaupt seinen engsten Freunden:

,,Jeder sucht sich in gewisser Subordination zwei Männer aus, die er ganz studiert, beobachtet, abrichtet, anfeuert und sozusagen wie Rekruten abrichtet, damit sie dereinst mit dem ganzen Regiment abfeuern und exerzieren können. Das kann man durch alle Grade so einrichten. Auf diese Art kann ich auf die einfachste Art tausend Menschen in Bewegung und Flammen setzen. Auf eben diese Art muß man die Ordres erteilen und im Politischen operieren." Ziel war also nicht mehr die freie Persönlichkeit, sondern die Erziehung zu blindem Gehorsam, zu unbedingter Zuverlässigkeit, die eventuell auch politischen Einsatz gestattete. Der Kampf gegen Vorurteile diente der Heraufkunft einer ,,sozialen Moral", einer ,,unerhörten Metamorphose", für die Weishaupt hin und wieder bereits das Wort ,,Revolution" gebraucht. Er setzte dem Orden das folgende politische Ziel:

,, . . . die Menschen untersuchen ihre ursprünglichen Rechte und greifen endlich zu den so lang verkannten Mitteln . . . Diese Mittel sind geheime Weisheitsschulen, diese waren vor allzeit die Archive der Natur und der menschlichen Rechte, durch sie wird der Mensch von seinem Fall sich erholen, Fürsten und Nationen werden ohne Gewalttätigkeit von der Erde verschwinden, das Menschengeschlecht wird dereinst eine Familie, und die Welt der Aufenthalt vernünftiger Menschen werden."

Aber schon das erste politische Nahziel, die geheime Kontrolle über den bayerischen Staatsapparat und die Einmischung in die bayerische Außenpolitik, blieb unerreicht und führte 1784 zum Verbot des Illuminatenordens in Bayern, später auch in anderen deutschen und europäischen Ländern. Ungerechterweise wurde das Verbot auf die Freimaurerei ausgedehnt, obwohl sie mit der Politisierung und dem pervertierten Jesuitismus des Weishauptordens nichts gemein hatte. Gleichwohl, die Staatsraison schritt ein gegen geheime Gesellschaften, gegen den ,Staat im Staate', gegen die Aktionen unbekannter Oberer, die nicht zu kontrollieren waren.

Prinzipiell ging es dabei um das Maurergeheimnis, um den bei der rituellen Einweihung abzuleistenden ,schweren Eid', der schockierend wirken sollte. Er geht eigentlich auf die strenge Wahrung der Handwerksgeheimnisse in den Dombauhütten zurück. Vergleichbare Eide sind in den antiken Mysterienkulten überliefert. In der neueren Geschichte warf das hinter dem Eid verborgene Maurergeheimnis aber bezeichnende Probleme auf. Hier stand die Esoterik der Maurer gegen den unbedingten Herrschaftsanspruch des Staates. Das führte zu einer Konsequenz, die sich in den totalitären Herrschaftssystemen des Ostens heute darin zeigt, daß dort die Freimaurerei einfach verboten ist. In den Vereinigten Großlogen Deutschlands wird der Maurereid durch ein Manneswort ersetzt, das an Eides Statt mündlich und schriftlich abgegeben wird. Im 18. und 19. Jahrhundert führte die Strenge des Eides zu vielen dunklen Verdächtigungen. Weshalb ein Geheimnis, fragten sich die Gegner, wenn nichts gegen die Gesellschaft, die Kirche und gegen den Staat unternommen werde? So begann ein verhängnisvolles Rätselraten über das ,verborgene Motiv' der Freimaurerei. War es ein religiöses, dann war es vom Standpunkt der Kirche aus womöglich ,sektiererisch'. Oder war es politisch, dann war es vom Standpunkt des Staates aus womöglich staatsgefährlich. Nationalistische Staaten fürchteten geheime internationale Verbindungen oder die Konzentration verschworener Gegner in den Logen.

Diese Gegensätze hatten seit der Bulle *In enimenti apostulatus specula* von 1738 ständig zugenommen. Clemens XII. hat sich gegen die natürliche Moral, gegen die Zusammenkünfte von Personen verschiedener Bekenntnisse sowie gegen den Maurereid gewandt, durch den sich die Freimaurer jeder kirchlichen Beurteilung entzogen. Die Freimaurer erschienen als Häretiker und wurden deshalb exkommuniziert. Doch das Verbot wirkte sich im Verlauf der späteren Entwicklung sehr unglücklich aus. Es bildet ein Musterbeispiel dafür, welch große Bedeutung kirchlichen Entscheidungen dieser Art zukommt. Allex Mellor, ein katholischer Historiker, hat die Folgen dieses Verbots scharfsinnig und mit großer Sachkenntnis untersucht. Er stellte unter anderem fest:

Die Bulle *In enimenti* wurde in verschiedenen Ländern kaum beachtet, eben triumphierte die Aufklärung und verbreitete sich das Staatskirchentum. Daher mußte die Kirche erneut mit päpstlichen Rundschreiben einschreiten, so Benedikt XIV. Der

Medaillon als Erkennungszeichen eines Geheimbundes

Konflikt zwischen Freimaurerei und Kirche verschärfte sich im 19. Jahrhundert. Viele empfanden und bewerteten die Freimaurerei seither als ,Gegenkirche', was sie damals gar nicht war. Das zeigen freimaurerische Ansätze noch des späten 18. Jahrhunderts, die sich im Geist eines ,allgemeinen Christentums' mit der neuen Lage befaßten. Sie kamen in der Freimaurerei jedoch nicht mehr zum Durchbruch, wobei freilich auch andere Gründe mitspielen, die mit der Krise des Maurertums zusammenhängen. Bedeutsam ist die Denkschrift des Marinisten Joseph de Maistre an den Herzog Ferdinand von Braun-schweig-Lüneburg aus Anlaß des Maurerkonvents in Wilhelmsbad vom Jahre 1782. Der zweite Teil seines Reformprogramms stellte der Freimaurerei eine neue Aufgabe. Sie sollte der Einigung der Kirchen dienen. Maistre schreibt:

,,Es sollten korrespondierende Ausschüsse gebildet werden, hauptsächlich aus Priestern der verschiedenen Gemeinschaften, die wir uns angegliedert und eingeweiht haben, bestehend. Die Arbeit sollte von den Katholiken und Augsburger Lutheranern begonnen werden, deren Glaubensbekenntnisse sich ja nicht wesentlich unterscheiden.''

Was diese Denkschrift für de Maistre selbst und damit für die entstehende katholische Restauration in Frankreich bedeutete, wurde durch neuere Untersuchungen mehrfach belegt. Doch es begann nun eine gegenteilige Entwicklung in vielen Logen, jene scharfe Feindschaft zwischen Kirche und Freimaurerei, von der Dostojewski in seinem Großinquisitor spricht und der auch im Zauberberg Thomas Manns aufleuchtet, in den gegensätzlichen Gestalten des Jesuiten Naphta und des Freimaurers Settembrini.

Das Mißverhältnis wurde früh durch politische Vorgänge verschärft. Durch das päpstliche Verdikt fühlten sich die Gegner der Freimaurerei gerechtfertigt, in Deutschland insbesondere, als die Illuminatenpapiere zwangspubliziert waren, obwohl selbstverständlich zwischen dem päpstlichen Erlaß und dem bayerischen Illuminatenverbot kein direkter Zusammenhang besteht. Weishaupt hatte in Ingolstadt, wie Jacobi berichtete, das Sanbenito-Hemd getragen, das Hemd der Ketzer, das diese umlegten, wenn sie zum Scheiterhaufen schritten. Er hatte so ganz bewußt Ketzer sein wollen und als Ketzer die Kirche vor den Richterstuhl der Vernunft gerufen. So waren in zahlreichen illuministischen Schriften die Jesuiten als Verschwörer, als Obskuranten, Proselytenmacher und Kryptokatholiken gebrandmarkt worden. Nach dem Illuminatenverbot, als die Politisierung der Ordenselite nicht mehr zu vertuschen war, wurden nun umgekehrt der Illuminatenorden und mit ihm ungerechtfertigterweise die gesamte Freimaurerei zu einer finsteren verschwörerischen Macht. Man drehte den Kampfspieß nun einfach um und glaubte, auf diese Weise den Illuminaten am tüchtigsten heimzuzahlen. Ein Kulturkampf begann, der sich im 19. Jahrhundert höchst unglücklich steigern sollte. Leopold Aloys Hoffmann in Wien, John Robinson in England und am einflußreichsten der Abbé Barruel in Paris verbreiteten die Komplott-

Satire auf die Propaganda des Illuminatenordens

Theorie, derzufolge die bayerischen Illuminaten und mit ihnen die Freimaurer die Französische Revolution und alle Greuel der Jakobiner veranlaßt haben sollten. Die Theorie drang bis zur Kurie in Rom, nach Amerika und nach Rußland, beeinflußte die Ideologie der Restauration entscheidend, insbesonders die *Restauration der Staatswissenschaften* von Albrecht von Haller, die dem Zeitalter den Namen gab.

Der Historiker Max Braubach bezeichnete die historische Bedeutung des Illuminatenordens und der durch ihn ausgelösten Diskussionen folgendermaßen: „Es war der Anfang eines ganz neuartigen politischen Lebens . . . Der Beginn der Bildung von Gruppen und Parteien, die es als ihr Recht und als ihre Pflicht ansahen, auf die Gestaltung ihrer Geschicke selbst einzuwirken."

Dabei ist nun in hohem Grade bedauerlich, daß dieser Geburtsvorgang zugleich durch die Verschwörungstheorien belastet wurde, daß nicht bloß die Verleumdung des Maurertums Platz ergriff, sondern unter den Liberalen das illuminatistische Zerrbild des Katholizismus lebendig blieb. Wie in einer Gegenaktion gegen die ideologische Verhärtung restaurativer Politiker wurden die Artikel über Jesuiten in Rotteck-Welckers Staatslexikon, dem Grund- und Hauptbuch des Liberalismus, von ehemaligen Illuminaten und ihren Schülern verfaßt. Sie at-

meten immer noch den Geist Weishaupts. Noch für Heinrich Heine war die Münchner Universität in ihrer romantischen Phase nichts anderes als eine „école Polytechnique des Obskurantismus". Und teilweise geht selbst die Abwertung des Katholizismus bei deutschen Materialisten auf Nachwirkungen der illuminatistischen Verschwörungstheorie zurück.

So wird verständlich, weshalb sich bereits Friedrich Schlegel mit Energie gegen die „im Scheinlichte ihres Dünkelwissens das Zeitalter bearbeitenden Illuminaten" wandte, und weshalb er das Ringen der eben entstehenden politischen Gruppen als „sektiererisches Ringen" bezeichnete, das sich nun überhaupt zu einem „Nationalkampf deutscher Geistesentwicklung" gestalte. Friedrich Schlegel und mit ihm zahlreiche andere Romantiker, insbesonders der führende deutsche Marinist Franz von Baader, fanden den gefährlichen ‚Ultrageist' in den Konventikeln der Liberalen ebenso wie im Lager der Restauration. Daher war es verhängnisvoll, daß der irenische Geist deutscher Romantik in der deutschen Politik nicht zum Zuge kam und daß sich daher die ideologische Einseitigkeit mit ihren unglücklichen Pauschalurteilen und immer neuen Variationen der alten Verschwörungstheorie ins 19. Jahrhundert hinein fortpflanzen konnte.

Während die meisten deutschen Logen in einem dogmenlosen Christentum verharrten, trieb die Auseinandersetzung mit dem Papsttum im Lager der italienischen Carbonari ihrem Höhepunkt zu. Es ist nachgewiesen, daß die Organisation dieses Bundes nach dem Musterbild der bayerischen Illuminaten revolutionär und nationalistisch aufgebaut worden war. Als die ‚römische Frage', also der Fortbestand des Vatikans zu Debatte stand, kamen aus den Logen der Carbonari die leidenschaftlichsten Gegner der Kirche, so daß nach siebzig Jahren des Schweigens das Papsttum erneut mit einer Bulle gegen die Freimaurer auftrat. Leo XIII. fällte 1884 in *Humanum genus* die letzte Grundsatzentscheidung gegen die Freimaurer mit den Worten, daß sie beabsichtigen, ,, . . . von Grund aus alle von den christlichen Institutionen hervorgebrachte religiöse und staatliche Ordnung zu stürzen und eine neue, nach ihrem Geiste geschaffene zu errichten, deren Grundlagen und Satzungen direkt vom Nationalismus abgeleitet sind.''

Von nun an war nur eine weitere Verschärfung des Kampfes zwischen Kirche und Freimaurerei möglich. Ihm entsprach in Frankreich wie in Deutschland, da nun jede vermittelnde Position zwischen den Fronten fehlte, eine letzte Steigerung, ja Übersteigerung der Verschwörungstheorien. Es war ein Absturz in bloßen Wahn. Leo Taxil, Adolphe Ricoux und andere übernahmen die traurige Aufgabe, die Freimaurer als Luziferianer, als Anbeter des gefallenen Engels Luzifer, abzustempeln. Nach ihrer Theorie wurde nun Satan der heimliche Chef der Freimaurerei. Die Literatur dieser Art wurde in großen Auflagen zumal auch in Deutschland verbreitet. War man aber noch einmal soweit gekommen, bot sich eine weitere Konsequenz von selber an. Ein alter ‚Ladenhüter' wurde erneut ausgekramt; der, daß sich auf dem Grunde jeder Häresie ‚immer ein Jude befinde'. So galten nun die Juden an der Stelle Satans als die Unbekannten Oberen der Freimaurer. In den gefälschten *Protokollen der Weisen von Zion* wurde die Legende weiterverbreitet, bis sie dann in Deutschland durch den Nationalsozialismus weitergebildet wurde. Der Nationalsozialismus war die letzte, konsequenteste Anwendung all dieser Verschwörungstheorien. Juden und Freimaurer galten als Weltfeind Nr. 1. Ihren heimlichen Konspirationen wurde der verlorene Erste Weltkrieg mit all seinen Folgen aufgelastet. So erlitten Juden und Freimaurer in den Konzentrationslagern das gleiche schreckliche Schicksal.

Dieser Verwirrung ging ein geistiger Zusammenbruch voraus, dessen erste Anzeichen sich schon in dem ‚Ultrageist' des frühen 19. Jahrhunderts in ‚schlimmer Vereinfachung' angekündigt hatten. Auch der Nationalsozialismus hatte seine Vorläufer und beruhte auf einer Tradition. Das höchst komplexe Phänomen der Freimaurerei mit seinen humanistisch-deistischen, seinen theosophischen Ideen, überhaupt der Versuch, einen esoterischen Bruderbund in allen Ländern auszubreiten, entsprach wesentlichen Grundtendenzen der Neuzeit. Daher bestand die Freimaurerei, trotz der ersten politischen und kirchlichen Maßnahmen, von wenigen Ausnahmen abgesehen, unvermindert fort. Durch die Exkommunikation waren die aufgeworfenen Fragen nicht gelöst, sondern eher noch verschärft worden. Auch das hing mit dem unveränderten Willen dieser Logen zusammen, Ideen nicht bloß zu diskutieren, sondern sie auch zu praktizieren. Freilich, in solch heftigen Auseinandersetzungen litten auch die Grundideen der Freimaurerei sowie ihre meditative Zucht und rituelle Strenge. Oswald Wirth, ein maurerischer Historiker, klagte bitter, daß die tiefere Symbolik des Bundes in manchen Logen unverstanden blieb.

Der Nachhall dieser Kämpfe, zugleich ihre Überwindung, ist der deutschen *Freimaurerkorrespondenz* zu entnehmen. Die Verantwortung, in der die Freimaurerei nach dem Zweiten Weltkrieg wieder aufgebaut wurde, wird dort folgendermaßen formuliert: ,,Die Freimaurerei ist ein ethischer, kein politischer Bund und beteiligt sich nicht an politischen oder konfessionellen Parteikämpfen. Sie ist keine Religionsgemeinschaft, keine geheime Verbindung, verlangt keine gesetzeswidrige Verschwiegenheit und vermittelt keine geheimen Kenntnisse.''

Dem entspricht auf der anderen Seite, daß eines der wichtigsten Werke unserer Zeit über die Freimaurerei, die bereits zitierte Untersuchung von Alex Mellor, ausgezeichnet von der Academie Française und mit kirchlicher Druckerlaubnis erschienen, den bezeichnenden Titel trägt: *Unsere getrennten Brüder, die Freimaurer.* Wird da nicht die vermittelnde irenische Gesinnung des frühen De Maistre, Friedrich Schlegels oder Baaders wieder lebendig?

Doch schon im 18. und beginnenden 19. Jahrhundert haben unsere Dichter in den Jahren des Mißbrauchs und der Verzerrung um ein Idealbild des Freimaurertums gerungen. Sie deuteten bereits damals die Logenkämpfe und ihre Folgen und kamen so zu bleibenden Bildern des erwachenden neuen Lebensgefühls. Auf pietistischer Ebene spiegelt sich das in Jung-Stillings vielgelesenem *Heimweh*. Dem Satansreich der Verderber, das von Frankreich her die Monarchien Europas unterwühlt, wird im Osten ein Friedensreich rosenkreuzerischen Gepräges entgegengestellt. Unter vielen Gefahren brechen die Berufenen dahin auf. Unter einem neuen Himmel und auf neuer Erde erwarten sie die Ankunft des Tausendjährigen Reiches. Ludwig Tiecks großer Briefroman *William Lovell* endet mit einer Lebensbeichte, die gerade auch auf die „Geheimen Gesellschaften" eingeht. Da heißt es über Andrea Cosimo: „Man hatte mir soviel davon erzählt, ich hatte so oft behaupten hören, daß es ein außerordentlicher Mann sein müsse, der an der Spitze einer solchen Gesellschaft stehe, daß ich den Wunsch nicht unterdrücken konnte, mich selbst zu einem ähnlichen Oberhaupte aufzuwerfen." Tieck zeigte, daß die Auflösung eines ganzen Menschen-, ja eines ganzen Zeitalters sinngemäß unter Anwendung geheimer Ordenssysteme dargestellt werden konnte. In ähnlicher Weise, freilich wieder mit anderer Tendenz, zeichneten Goethe in seinem Wilhelm Meister oder Achim von Arnim in den Kronenwächtern die Läuterungswege ‚einsamer Seelen' durch dunkle Labyrinthe bis hin zur Selbsterkenntnis einer modernen Existenz, deren Umrisse nun immer klarer hervortreten und gedeutet werden. Ähnlich war ja bereits in der Zauberflöte verfahren worden, hier noch in verschwommener Kenntnis der Eleusinischen Geheimnisse. Große deutsche Romane wie Thomas Manns Zauberberg oder Hofmannsthals Andreas sind auf diese Weise Initiationsromane geworden. So wirkten die maurerischen Ideen höchst vielfältig in der deutschen Literatur.

Doch blicken wir noch einmal auf die eben betrachteten Entwicklungsausschnitte zurück: Wir haben die Problematik eines esoterischen Bundes in der Neuzeit vor uns; sie ist vielschichtig und komplex und nicht auf einen Nenner zu bringen: Eine Gesellschaft, die widersprüchliche Ideen aufgreift, bewahrt, neue

formuliert, verbreitet und im späten 18. Jahrhundert selbst noch durch den ‚Verrat', der an ihr geübt wird, höchst fruchtbar wirkt, auf gegensätzlichen Ebenen der revolutionären wie der romantischen. Das entspricht ganz den verschiedenartigen Tendenzen der Logen. Eine Gesellschaft, die mit ihrem Geheimnis und den damit verbundenen Autonomieansprüchen in Widerspruch mit der katholischen Kirche und der Staatsraison gerät, die sich seither in bestimmten Logen und Logengruppen den liberalen und nationalen Ideen verschreibt, zum Teil so heftig, daß sie Züge einer Gegenkirche annimmt. Der Fortschrittsgedanke läßt sich ja in viele Formen kleiden. Steigerungen, Übersteigerungen der modernen Welt erfassen die Mitglieder dieser relativ kleinen Gruppe und zeigen, wie abenteuerlich und lebensgefährlich persönlicher Einsatz werden kann. Im 19. Jahrhundert und noch mehr im 20. bewahrheitete sich so, was Goethe schon 1781 über die durch die Freimaurerei ausgelösten Kämpfe an Lavater schrieb: „Ich habe Spuren, um nicht zu sagen Nachrichten, von einer großen Masse Lügen, die im Finstern schleicht, von der du noch keine Ahndung zu haben scheinst. Glaube mir unsere moralische und politische Welt ist mit unterirdischen Gängen, Kellern und Cloaken miniret, wie eine große Stadt zu sein pflegt, an deren Zusammenhang, und ihrer Bewohnenden Verhältnisse wohl niemand denkt und sinnt; nur wird dem, der davon einige Kundschaft hat viel begreiflicher, wenn da einmal der Erdboden einstürzt, dort ein Rauch aus einer Schlucht aufsteigt und hier wunderbare Stimmen gehört werden."

Erst heute leuchten hoffnungsvolle Zeichen einer Verständigung zwischen den verschiedenen weltanschaulichen und religiösen Lagern auf. Möge sich an ihnen wie auch sonst die Devise Martin Bubers erfüllen: wo das Gespräch beginnt, da schweigen die Waffen, auch die recht gefährlichen Waffen des Geistes und des ideologischen Mißbrauchs, der so leicht getrieben werden kann.

Josef Pfennigmann

„Wie viel wunderthätige Kirchfahrten . . ."

Volksfrömmigkeit und Aufklärung in Altbayern

Das bayerische Volk galt seit jeher als besonders fromm und glaubenseifrig. Diese Eigenschaft hat schon der bayerische Geschichtsschreiber Johannes Aventinus so bezeichnend gefunden, daß er seine anfangs des 16. Jahrhunderts geschriebene *Bayerische Chronik* mit diesem Satz einleitete: „Das bairisch Volk . . . ist geistlich, schlecht und gerecht, get, läuft gern kirchferten, hat auch viel kirchfart." Zahlreiche Beobachter haben sich später in der gleichen Weise über die Bayern geäußert. Der Berliner Geograph und Statistiker Anton Friedrich Büsching stellte sogar ganz lakonisch fest: „Die Bayern sind die eifrigsten Katholiken von ganz Europa." Das mag wohl dahingestellt bleiben, aber unbestreitbar ist die Tatsache, daß der Glaubenseifer des bayerischen Volkes zur Zeit Büschings, um die Mitte des 18. Jahrhunderts, auf seinem Höhepunkt stand. Es gibt innerhalb des einheitlichen Rahmens der katholischen Kirche mancherlei Eigenarten des Glaubens, je nach dem Wesen der Stämme, Völker und Länder und der besonderen geschichtlichen Entwicklung. So betrachtet, kann niemand übersehen, daß der Begriff vom Frommsein und vom religiösen Leben bei den Bayern so eigengeartet ist, daß man mit Recht von ‚Bayerischer Frömmigkeit' gesprochen hat und immer noch sprechen kann. Dieses Phänomen ist freilich nicht nur durch das Wesen des bayerischen Stammes zu erklären. Ebenso entscheidend sind dafür Inhalt, äußere Formen und Geschichte der katholischen Religion sowie der ausgesprochen bäuerliche Charakter der Bayern.

Als die Bayern das Christentum annahmen, brachten sie, ebenso wie andere Völker, vorchristliches Glaubensgut in den neuen Glauben ein. Indem sie die wesentlichen Grundelemente der bäuerlichen Religiosität innerhalb der katholischen Kirche nicht nur erhalten, sondern sogar noch entfalten konnten, erfolgte eine zunehmende gegenseitige Durchdringung von Volkstum und katholischem Glauben; mit anderen Worten: . . . das Volk konnte sich mit dem katholischen Kirchenglauben vollkommen identifizieren, weil es in ihm die gemäße Form des Glaubens fand und sich darin geradezu ausleben konnte. Die Kirche dagegen nahm durch ihre vielen Benediktionen, Sakramentalien, Exorzismen und die Einführung bzw. Übernahme verchristlichten Brauchtums in der Praxis immer mehr die Züge einer Volksreligion an, die den Charakter der universalen Hochreligion bisweilen ganz verdeckte. Der Religionswissenschaftler Gustav Mensching sagt darüber in seiner *Soziologie der Relgion,* wo er die Kontinuität des Volksglaubens in der organisierten Universalreligion behandelt, folgendes:

„In der Universalreligion, die sich in festen Formen organisiert hat, entsteht mit innerer Notwendigkeit ein Volksglaube der Masse, der sich unverändert durch die Jahrtausende erhält, weil sich auch die Masse mit ihren Tendenzen gleichbleibt. Sehen wir uns in der Welt der Hochfrömmigkeit um, so begegnen wir allenthalben demselben Massenglauben . . . Die christliche Kirchenorganisation, die sich mit Nachdruck den Massen öffnete, ist natürlich ebenfalls vom Volksglauben nicht verschont geblieben. Dieselben Elemente des Volksglaubens . . . treffen wir besonders im Katholizimus wieder an. Die Mana-Kraft in heiligen Gegenständen bezeichnet die katholische Dogmatik mit ‚virtus' und findet sie in an sich machthaltigen Dingen (Reliquien und Gnadenbildern) und in solchen Gegenständen oder Personen, die durch einen besonderen Weiheakt solche ‚Macht' vom Priester empfingen. Hierzu gehören all die heiligen Dinge, die vom Volke zu magisch-eudämonistischem Gebrauche verwendet werden, wie Weihwasser, Palmkätzchen, Amulette, Rosenkränze, Kerzen, Glocken usw. Magische Praktiken sind deutlich erkennbar in dem Kreuzschlagen, dem man im Volk (nicht in der Dogmatik!) dämonenbeschwörende Macht zuschreibt, in der Ausstrahlung von Heiligkeitskräften durch das Altarsakrament und seinen rituellen Vollzug, wobei darauf zu achten ist, daß die Liturgie ‚rite' vollzogen wird, da sonst der Effekt, die Wandlung, nicht eintritt. Man erkennt darin den uralten Glauben an die Sakralität und Unverletzlichkeit der magischen Zauberformeln, der überall im Katholizismus lebendig ist. Die magische Verwendung der geweihten und gewandelten Hostie liegt deutlich in den auf dem Lande üblichen Flurumgängen mit der Hostie vor, um die Fruchtbarkeit der Felder zu erhöhen. Primitiver Volksglaube liegt in der von der Kirche selbst empfohlenen Häufung der Gebete (z. B. mehrfaches Vaterunser- oder Rosenkranzbeten) vor: denn hier wird das Gebet selbst zu einer verdienstlichen Opferleistung und kann für verschiedene Zwecke verwendet werden. Das bedeutet aber, daß der Sinn z. B. des Vaterunsers, der in seinen Bitten ausgesprochen wird, gar nicht mehr beachtet wird und das Gebet als Ganzes für konkrete Zwecke verwendet wird, was in der Redewendung ‚für jemanden ein Vaterunser beten' sichtbar wird. Auch in den Prozessionen mit ihren mancherlei durch sie herbeizuführenden Zwecken liegt uralter magischer Volksglaube. Wie im Islam wird auch im katholischen Christentum der abstrakte Monotheismus des Urchristentums ersetzt durch die Vielzahl heiliger Mächte und Personen, durch Heilige, Engel und Erzengel und an der Spitze der himmlischen Heerscharen die Himmelskönigin Maria, die ‚Gottesgebärerin', der die innigsten Formen des katholischen Kultus gelten. Typisch primitiv sind auch die kathartischen Riten der katholischen Kirche, die mit allerlei Sühnungen und asketischen Enthaltungen verbunden sind . . .

So kommen wir zum Schluß zu folgenden Erkenntnissen: Die Masse ist volksreligiöser konstanter Rest. Sie bleibt auch in den Universalreligionen die erdrückende Mehrheit und übt auf Grund volksreligiöser Urerfahrung und getrieben durch die Urtendenzen der religiösen Masse religiöse Praktiken in volksreligiöser Weise und Absicht . . .''

Wenn man die unterschiedliche Entwicklung der katholischen und protestantischen Länder Deutschlands nach der Reformation betrachtet, wird deutlich sichtbar, von welch grundlegender Bedeutung das Verbleiben Bayerns beim alten Glauben war. Es bewirkte für die nächsten Jahrhunderte eine fühlbare kulturelle Trennung vom protestantischen Norden und umgekehrt eine engere Bindung an das wesensverwandte Österreich sowie an die romanischen Länder Italien und Spanien. So nahm Bayern nach dem Reformkonzil von Trient an dem mächtigen kirchlichen und religiösen Aufschwung des Katholizismus und an der Entfaltung der barocken Kultur intensiven Anteil und erreichte dadurch im 18. Jahrhundert seinen eigenen religiösen und künstlerischen Höhepunkt.

Zunächst hatte die Reformation auch in Bayern Eingang gefunden. Die Religionsmandate Herzog Wilhelms IV. 1522 und 1524 geboten zwar das Verbleiben beim Katholizismus, aber Luthers heftige Angriffe gegen das Wallfahrtswesen und die Heiligen-, besonders die Marienverehrung, erschütterten das religiöse Brauchtum doch ganz außerordentlich. Die Wallfahrt nach Altötting, dem bedeutendsten Marienwallfahrtsort Bayerns, kann gleichsam als Gradmesser dafür gelten. Hatten dort die Opfergefälle vor dem Jahre 1500 noch durchschnittlich 7000 bis 8000 Gulden jährlich betragen, so zählte man 1529 noch etwa 700 und 1560 gar nur mehr 3 Gulden. Es war nicht überall so kraß wie in Altötting, aber man hat doch einen Begriff vom Tiefstand des Wallfahrtswesens, das vordem für die bayerische Volksfrömmigkeit so kennzeichnend gewesen war.

Durch die vermeintliche Verschwörung einer protestantischen Adelsgruppe mißtrauisch geworden, war Herzog Albrecht V. zu der Einsicht gekommen, daß die politische Stabilität Bayerns nur durch die innere Rekatholisierung gewährleistet sei. Und er folgerte weiter ganz richtig, daß die Belebung der Wallfahrten das Volk am meisten ansprechen, dem Luthertum dadurch aber eine deutliche Absage erteilt werden würde. Um diese Aktion, wenn man so sagen darf, in Gang zu bringen, bot sich nichts besser an als das Nationalheiligtum Altötting. Aus diesem Grunde entsandte der Herzog einen der besten Theologen und Kanzelredner der Zeit, den Vizekanzler der Universität Ingolstadt, Martin Eisengrein, als Stiftspropst dorthin, und Eisengrein gelang es tatsächlich in kurzer Zeit, die Wallfahrt bedeutend zu heben. Wie sehr es darum ging, mit spektakulären Ereignissen auf Altötting aufmerksam zu machen, mögen diese beiden Beispiele dartun:

Im Jahre 1570 nahm kein Geringerer als Petrus Canisius, der erste deutsche Jesuit, in der Heiligen Kapelle zu Altötting bei einem Kammerfräulein der Gräfin Fugger eine Teufelsaustreibung vor, über die Eisengrein dann ausführlich berichtete. Die Folge war sogleich eine starke Zunahme der Wallfahrten.

Herzog Albrecht hatte sich bei einem Sturm auf dem Würmsee der Muttergottes von Altötting verlobt und kam nun 1571 selbst an den Gnadenort, um sein Gelübde zu erfüllen. Er machte dabei die größte Schenkung, die jemals an die Kapelle und an das Chorherrnstift gegeben worden ist. Daß er damit die Absicht verband, beispielgebend zu wirken, ist unverkennbar, denn zur Entgegennahme der Geschenke hatte er eigens den

Votivbild des Dominikus Zimmermann in der Wies, 1757

Erzbischof von Salzburg nach Altötting gebeten. Herzog Albrecht hat damit die bis in die neueste Zeit herein wahrgenommene Tradition der wittelsbachischen Hauswallfahrten nach Altötting eingeleitet.

Eine äußerst nachhaltige Wirkung, die genau in das Programm der Wiederbelebung des Volksglaubens paßt, ist von einem Büchlein ausgegangen, das Eisengrein erstmals 1571 erscheinen ließ. Schon der Titel allein gibt Aufschluß über die Methode seines Wirkens:

Unsere liebe Frau zu Alten Oetting. Das ist Von der Uralten Heiligen Capellen unser Lieben Frauen unnd dem Fürstlichen Stifft S. Philip und Jacob zu Alten Oetting: Was auch von den vilen Wunderzeichen, Heylthumb, Kirchfärten, Creutzgängen, Erscheinungen und Hülff der Heyligen etcetera desselben und anderer ort zu halten sey. Und wie die Bayrn zu dem Christlichen Catholischen Glauben bekehrt worden: Sampt angehenckten, treuhertzigen Erinnerungen, was sie sich hinfüran, bei Verlust jrer Seelen Heyl, in Religions Sachen verhalten sollen.

Was hier Eisengrein in lebendiger, volkstümlicher Sprache auf gelehrter theologischer Basis schrieb, ist eine in den Rahmen der Orts- und Wallfahrtsgeschichte gekleidete großartige Apologie des Katholizismus. Für uns ist es vor allem von Bedeutung in Hinsicht auf das volksfromme Brauchtum, das Wallfahrten, die Heiligen- und Reliquienverehrung, die Wertschätzung der Sakramentalien oder Heiltümer. Das Büchlein hat bis weit ins 18. Jahrhundert hinein gewirkt und darf geradezu als ein Schlüsselwerk bezeichnet werden, das für das 18. Jahrhundert ebenso volle Gültigkeit hat wie für das 16. Jahrhundert und vor allem zeigt, daß und wie die Kirche selbst den Volksglauben gefördert hat, den es dann im aufgeklärten 18. Jahrhundert nicht mehr meistern konnte. Um nur einige bezeichnende Stellen aus dem Buche anzuführen: Im 11. Kapitel gibt Eisengrein folgende Aufstellung der Heiltümer und Reliquien in der Altöttinger Stiftskirche: Je ein Stück vom Stamm des heiligen Kreuzes, von der Martersäule, von der Krippe Jesu, vom Kalvarienberg, von der Kleidung und vom Hemd Mariae sowie ein Haar der Gottesmutter, das in ein Monstranzlein eingemacht worden ist. Dann folgt die Aufzählung der Reliquien von fünf Aposteln, dem Evangelisten Lukas und weiteren 23 Heiligen. Dann fährt er bezeichnenderweise fort: ,,Mehr Heyligthumb ist dieser zeyt nit verhanden: Verhoffe doch, durch hülff frommer Ca-

tholischer leut bald mehr zu bekommen unnd in die Kirchen zu ordnen.

Ich weiß wol, das die Gotlosen unser spotten, das wir gemeltes und andere Reliquien der lieben Heyligen also in ehren halten: Warumb: Dann weil sie wissen, das ihrer keiner Lutherisch gewesen. Was wollten sie sich mit jren Bildnussen und Reliquien viel bekümmern: Deß Luthers und Calvini Contrafät und Philippi Melanchthonis Hosen und ellende Handgeschrifft, weil dieselb jre ersten Apostel gewesen, thuts jnen wol und seyen jnen gut Heylthumb . . . "

In Kapitel 12 befaßt sich Eisengrein mit Wallfahrten, dem Gebrauch und der Wirksamkeit geistlicher Mittel sowie der Wunderwirksamkeit der Heiligen als Mittel Gottes: ,,Er würckets durch mittel seiner lieben Mutter, durch mittel seiner außerwelten Diener und Heyligen, durch mittel der Reliquien von den selben, durch mittel dieses oder jenes orths, dises oder jenes Gottshauß und Kirchen. In summa, durch wunderbarliche mittel, die aber wie gemeldet, seiner Göttlichen Maiestät darzu gefallen: Das kan mir kein Mensch mit einigem Grund widersprechen.

Und ist wol menschlicher vernunfft ein wunderlichs ding, das GOTT wol ohn mittel helffen könte. Thut es aber nicht, sondern gebraucht Menschen und Engel, und Vögel, und Höltzlen, und Stecken, und Wasser, und Röck, und Fazanetlen, und Schweißtüchlein darzu: Was wöllen aber wir darwider reden, wann es seiner Göttlichen weißheit also gefelt."

Man braucht sich über den übermäßigen Gebrauch von Sakramentalien durch das einfache Volk nicht zu wundern, wenn der gelehrte Theologe dann zahlreiche Beispiele von Heilung oder Schutz durch Berühren von Reliquien und anderen wunderwirkenden Mitteln aufzählt. Zuletzt fordert er noch dazu auf, die Mirakel aufzuzeichnen, damit sie dem christlichen Volke vorgelesen werden können. In seinem genannten Büchlein hat uns Eisengrein aber auch eine der schönsten Schilderungen vom Gnadenorte gegeben, die sinngemäß auf manch andere Stätten und ins 17. oder 18. Jahrhundert übertragen werden könnte:

,,Ein Lust ist es zu sehen, wann die Creutz also hauffenweiss, eines von disem, das ander von einem andern Ort, etwa in einem Tag, ja in einer Stund sechs, sibene oder noch mehr daher gezogen kommen, unnd das einfältig Bawrsvolck, Weib und Mann, jung und alt, so ernstlich und andaechtig unter dem gehen, zu Christo und seiner werden Mutter, umb Gnad und Hülff rueffen und schreyen. Wann sie dann zu dem heiligen Capellen gelanget, platzen sie lang nit von Stund an hinein: Sondern gleichsam als erkennten sie sich ahn ein also heiliges Orth zu gehn, unwürddig, wegen jrer Suend, deren sie sich zweiffelsohn, bey so vilen Geistlichen Liedern, welche sie underwegen gesungen, erinnert. Halten sie vor der Thuer haussen, ein gute Weil, ein Station: Fallen auff jhre Knie nider: Grüssen mit einem Christlichen alten Ruff, die Hochgelobt Jungkfraw Maria: Und als dann erst gehn sie hinein in die innern Capell, unnd verrichten daselbst, mit einem gesungenen Ampt, den Gottesdienst: Wer auch wille, Opffert sein Gab auff den Altar, und bezalet was er vergelobet hat.

Es tregt sich wol auch zu, das ein grosse Maenge Kirchfärter, die gantze Nacht wachende, umb die heillig Capellen herumb ligen, unnd Christo, auch seiner Mutter zu Ehren, die liebe lange Nacht hinumb biss zu morgens der Tag anbricht, das sie bey dem Gottsdienst sein mögen, Teutsche Catholische Psalmen unnd Lobgesaeng singen. Ich zwar hab solches mit ohn Zähern meiner Augen angesehen: Gott dem Vatter der Barmhertzigkeit, für dise des Catholischen Voelcklins grosse Andacht hertzlich danckgesagt, und mich darneben erinnert der Stattionen so in der erstn Kirchen, bey naechtlicher Weil, etwa gehalten worden. Davon die alten Lehrer vil schreiben . . .''

Indem sich das Volk in den letzten Jahrzehnten des 16. Jahrhunderts allmählich wieder aus der religiösen Erstarrung und Unsicherheit löste, in die es durch die Reformation gestürzt worden war, lebte es sich rasch und fast enthusiastisch in die ,neue Frömmigkeit' hinein. Ein Hauptgrund dafür war die nun besonders geförderte Heiligenverehrung, die man als das eigentliche äußere Kennzeichen des barocken Katholizismus in Bayern ansprechen darf. Recht schön sagt das 1629 in München erschienene *Christliche Heldenbuch* darüber: ,,Bei allen frommen und aufrechten hertzen hat die Andacht zu den Heiligen und zur Heiligkeit statt und platz . . . Was darf es viel! Alle Bistumb, geistliche Orden, ja alle Klöster und gottselige Versammlungen haben ihre eigenen himmlischen Advokaten.'' Nach einer Aufzählung der ,,Advokaten für alle Nöten und Anliegen'' schließt das Heldenbuch mit dem Wort: ,,welche andacht jedoch von den gottlosen Himmelsstürmern als Feinden der Heiligen und der Heiligkeit veracht und verlacht wird.''

Aber trotz des Spottes der Neuerer und trotz mancher Verwirrungen gilt die Heiligenverehrung wegen ihres naiv-gläubigen Zuges als eine der liebenswertesten Erscheinungen der Volksfrömmigkeit. Es war gleichsam ein Verhältnis von Du zu Du zwischen dem Gläubigen und seinen besonders verehrten Heiligen, so etwa zwischen den Bauern und den Viehpatronen St. Leonhard oder St. Anna. Im Laufe der Zeit hatte es sich ergeben, daß jedem Heiligen gewissermaßen ein bestimmtes Amt zugeteilt worden war. Die Zusammenstellung vornehmlich der Medizin-Heiligen, die der Pfarrer Mathäus Brändl 1719 in seinem Oswald-Büchlein vorgelegt hat, macht deutlich klar, wie vertrauensvoll die Gläubigen sich in ihren jeweiligen Leiden an die verschiedenen Heiligen wandten:

,,Der Heil. Sebastianus und Rochus werden neben andern mehr angeruffen zu Pest-Zeit, die heiligen Erasmus und Thiemo . . . im Grimmen, der Heil. Nicolaus in Wasser-Gefahr, die Heiligen Florianus und Landericus . . . in Feurs-Noth, der Heil. Vitus für die Kinder, so immerzu aufschreyen, die Heil. Apollonia in Zahn-Wehe, die Heil. Ottilia in Augen-Schmertzen, der Heil. Blasius in Halß-Geschwür, die Heil. Wilgefortis, insgemein die Heil. Kummernuß für Kummer und schwäre Sorgen, der Heil. Saturninus und der Heil. Acarius . . . für den Schwindel, die Heiligen Donatus und Isarnus für Hochgewitter und wilde Feur, die HH. Dominicus und Urbanus für Hagel und Schaur, der Heil. Abbt Magnus für Erd-Krebs und Feldwürm, der Heil. Hubertus . . . für winnige Hunds-Biß, der Heil. Maturinus für die, so im Kopff verruckt seynd, die Heil. Genofeva für allerhand Fieber, der Heil. Marculphus für die Kröpff, der Heil. Patritius für den Buggel, der H. Lupus . . ., der seelige Amedeus . . . und der Heil. Valentinus für das Laydige Hinfallen, der Heil. Liborius für Stein und Grieß, der Heil. Theodosius für Schwind- und Dürsucht, die Heil. Lidwina für die Wassersucht, der H. Maurus . . . für den Seyten-Stich, die HH. Apostel Joannes, Paulus und Benedictus für Gifft, Natter- und Schlangen-Biß, Venerab(ilis) Beda für das harte Schnauffen, die HH. Bernardus und Thomas von Aquin für den übel verderbten Magen, der Heil. Ignatius für allerley Rumor-Geister, endlich für das unhaylbare Zipperl und Podagra der Heil. Stadt-Pfleger Chromatius, der Heil. Gregorius . . ., der Heil. Martinus . . ., der Heil. Anno . . ., der Heil. Otto . . ., und der für disen Zuestand sehr bewehrte Patron, der Heil. Stapinus etc.''

Wachsvotivfigur der Anna Bruggmayr 1776

Der Dreißigjährige Krieg sowie die beiden Erbfolgekriege des 18. Jahrhunderts, die so viel Not über das Land brachten, trugen das ihre dazu bei, daß das fromme Volk sich in immer größerer Zahl und häufiger unter den Schutz seiner ‚lieben Heiligen' stellte. Eine Predigt für das Bauernvolk, die Christoph Selhamer 1701 in seiner *Tuba rustica* veröffentlichte, läßt etwas spüren von dem Stolz des bayerischen Bauernvolkes auf seine vielen Gnadenstätten und von dem Umfang, den die Heiligenverehrung erreicht hatte:

,,O wohl ein heiliges Land ist unser Bayrland! Man schau, wohin man woll, wird man allenthalben schöne Fußstapfen finden der uralt-katholischen Andacht! Aller Ort stecken voller Kirchen, Gotteshäuser, Klöster und Capellen, Bruder-Häuser und Spittäler. Wie viel heilige Leuth in unserem lieben Bayrland gebohren worden, wie viel Heilige darin gestorben, wie viel sich allda von frembden Landen her niedergesetzt und heilig gelebt, hat in vier großen Büchern Raderus erwiesen. Wie viel wunderthätige Kirchfahrten seinem Heiligen Blut, seiner hochheiligen Hosty zu Ehren, seiner wehrten Mutter zu Lob, seinem Heiligen Creutz zulieb, seinem lieben Heiligen zu Lob durch gantz Bayern Gott aufgericht, ist fast unbeschreiblich. Drum es schier das Ansehen haben mag, als haben die liebe Heilige ihren Himmel verlassen, so viele ihnen zu Ehren herrlich erbaute Gottshäuser in Bayren bezogen, allen und jeden presthafften Leuthen eilfertig von ihren Gebrechen zu helffen. Also lassen sich zu München in der Churfürstlichen Hauptstadt sonderbar gnädig sehen die Heiligen Martyrer Cosmas und Damianus; der Hl. Saxen-Apostel Benno; zu Landshut der Hl. Martyrer Castulus; zu Burghausen der Hl. Joseph; zu Ebersberg der Hl. Martyrer Sebastian; zu Tegernsee der Hl. Martyrer Quirinus; zu Benedictbeuern die Hl. Martyrin Anastasia; beym Ammersee die Hl. Mechtildis, der Hl. Graf Rat; am Hl. Berg so viele Heilige als hl. Gebein allda zu sehen; an mehr anderen Orten der Hl. Baur Isidorus; der Hl. Vichhirt Wendelinus; der Hl. Bischoff Wolfgangus; der Hl. Abbt Leonardus; der Hl. Nothelfer Antonius; die Hl. Otilia, Agatha, Margaretha und Maria Magdalena. Vor allem anderen aber hat sich in Bayren als in ihrem eigenthümlichen Land niedergesetzt die glorwürdige Himmels-Königin und Mutter des Allerhöchsten, Maria, welche allein weit über hundert wundersame Kirchen und Kirchfahrten allda eingenommen, wo sie ihre Gaben und Gnaden allen und jeden reichlich ertheilt, unter denen vor allen den Vorzug hat Alten-Oettingen im unteren Bayren, Ettal und Peissenberg, Aufkirchen und Vilgertshoven im oberen Bayren . . . Man wird auch nicht bald mehr Creutz-Säulen und mehr wundersame Mirakel finden als in Bayrland!"

Etwa um die Mitte des 18. Jahrhunderts stand das religiöse Leben des bayerischen Volkes auf seinem Höhepunkt. Zu seinem Aufschwung hatte wesentlich der Geist der Gegenreformation beigetragen, der bewußt alle sinnlichen Mittel einsetzte, um damit auf das fromme Volk zu wirken. Von entscheidender Bedeutung gerade für Bayern war aber, daß mit der Gegenreformation auch die barocke Kunst ihren Einzug hielt, und niemand hätte Religion und Kunst lieber und inniger verbinden können als der volksfromme und künstlerisch so begabte bayerische Stamm. Wie schon in der Spätgotik fiel nun im Spätbarock die Blütezeit des Glaubens mit einem Höhepunkt allseitigen künstlerischen Schaffens zusammen.

Bedenkt man unter diesem Gesichtspunkt, welche Verarmung an Formen in den protestantischen Ländern seit der Reformation eingetreten war, dann erst ermißt man, welche Bedeutung das Verbleiben Bayerns beim Katholizismus gehabt hat. Die Bayern sind ja reine Sinnenmenschen, bei denen alles zum Bildhaften und Farbigen drängt, sei es im Wort oder in der Kunst; dazu von ausgeprägter Begabung für alles Theatralische und Musikalische. Sie brauchen zum Ausdruck ihrer Gläubigkeit die Gemeinschaft und alles, was sinnfällig ist, sei es eine prächtige Kirche oder eine drastische Predigt, das geistliche Schauspiel, mehrstimmige Musik oder den farbenprächtigen Bittgang. Andererseits sind die Bayern nicht veranlagt zur Abstraktion und zu individueller Religiosität. Ihre Religiosität ist nicht eine sublime, vergeistigte Glaubenshaltung, sondern sie wollen das Geistige versinnlicht und selbst einfache Glaubenswahrheiten anschaulich erklärt sehen.

Im übrigen war das ganze tägliche Leben vom Kirchenjahr bestimmt. Es ist in diesem Rahmen nicht möglich, die ganze Fülle des frommen Brauchtums, das sich um die kirchlichen Festkreise entfaltete, eingehend zu erörtern. Aber schon eine knappe Aufzählung des Wichtigsten kann zeigen, wie sehr das Volk im Barock im Miterleben des Kirchenjahres aufging. Von entscheidender Bedeutung war dabei die Möglichkeit, die eingeborene Freude an Spiel und szenischer Darstellung zur Geltung bringen zu können.

Der Weihnachtsfestkreis ist bestimmt durch die Hirten- und Krippenspiele, die in der Kirche aufgeführt wurden. Besonders beliebt war die mitternächtliche Christmette und das Christkindlanschießen. Am Dreikönigstag wurden die Häuser ausgeräuchert und zogen die Sternsinger über das Land.

Die österliche Zeit bot besonders reichliche Gelegenheit, am liturgischen Leben mitzuwirken. Den Auftakt bildete die Palmsonntagsprozession, bei der der Palmesel mit einer Christusfigur auf dem Rücken mitgeführt wurde. Diese Prozession verlief nicht selten recht humorvoll. Eine der beliebtesten Andachten der Fastenzeit war die Ölbergandacht, bei der das Leiden des Herrn szenisch dargestellt wurde. Besondere Sorgfalt verwendete man auf die reiche Ausstattung des Heiligen Grabes. Den Höhepunkt bildete aber die Karfreitagsprozession, die in Bayern Ende des 16. oder Anfang des 17. Jahrhunderts Eingang gefunden haben dürfte. Sie wurde in der Nacht durchgeführt und machte schon deshalb einen nachhaltigen Eindruck. Nachdem anfangs nur Büßer in Kutten an der Prozession teilgenommen hatten, entwickelte sich nach und nach eine regelrechte Darstellung des Kreuzwegs. An ihrem Ende fand dann auf einer im Freien errrichteten Bühne die Darstellung der Leidensgeschichte, ‚Der Passion’, statt. An manchen Orten wurde das Passionsspiel beim Heiligen Grab aufgeführt.

Am Himmelfahrtstage wurde eine Figur des Auferstandenen durch eine Öffnung des Kirchengewölbes aufgezogen, während an Pfingsten die Ankunft des Heiligen Geistes durch das Herablassen einer Taube versinnbildlicht wurde.

Die prächtigsten Schauspiele des religiösen Volkslebens stellten die Wallfahrten, Prozessionen und Pferdeumritte dar. Das waren die rechten Gelegenheiten, dem Bedürfnis nach Prunk und Aufwand Genüge zu tun, und so sind sie nicht selten wie Volksaufzüge vor sich gegangen.

Am kennzeichnendsten für das 17. und 18. Jahrhundert waren die Wallfahrten. Ihre Zahl ist unübersehbar groß und man konnte sich nicht genug damit tun, zu immer neu entstehenden Wallfahrtsorten oder -kirchen zu pilgern. Die größte Verehrung erfuhr die Gottesmutter, die unter dem Kurfürsten Maximilian Patronin des Landes geworden war. Am Ende des 18. Jahrhunderts zählte man mehr als 80 Marienwallfahrtsorte in Bayern.

Besonders aufwendig und prächtig wurden überall, vor allem in den Städten, die Antlaß- oder Fronleichnamsprozessionen abgehalten. Unter allen war die Münchner Prozession die schönste und größte und in ganz Europa berühmt. Alle Zünfte, meist über 60, nahmen daran teil und stellten lebende Bilder aus dem Alten und dem Neuen Testament dar.

Ungemein groß war die Zahl der Prozessionen und Bittgänge, die die bäuerliche Bevölkerung unternahm: Jede Pfarrgemeinde machte im Jahre zwischen zwölf und sechzehn Bittgänge und in der Zeit vom 3. Mai bis 14. September an jedem Sonntag einen Feldumgang mit Wettersegen. Dazu fanden mehrmals im Jahr die alten beliebten Pferdeumritte statt.

Neben all dem lebte noch ein überreiches Brauchtum religiöser Art, das sich um Leben und Tod, Wetter und Ernte, Haus und Stall, Krankheit und Unglück aller Art drehte. Eine Unzahl von Benediktionen, sogenannte Segen, die meist durchaus abergläubische Züge hatten, wurden angewendet: Man gebrauchte Lukaszettel, Amulette, Wetterkerzen, Loretoglöckchen und vieles andere mehr, um sich vor Übel, Gewitter, Dämonen und Hexen zu schützen; man wandte Volksheilbräuche, Ölheilkuren und andere Wunderkuren an. Die Aufzählung ließe sich noch lange fortsetzen. Aber alles das, auch wenn es mehr magisch-mystischen Charakter hatte, war christlich gemeint, wurde in echter Gläubigkeit geübt.

Betrachtet man so das Bayern des 18. Jahrhunderts mit dem zeitlichen Abstand von zwei Jahrhunderten, dann erscheint es einem in Wahrheit wie ein geistliches Land, reich an Kirchen und Klöstern, Wegkreuzen und Bildstöcken und mit einer von tiefer Religiosität durchdrungenen Bevölkerung, die sich nicht genug tun konnte mit Äußerungen ihrer Frömmigkeit.

Aber jeder Höhepunkt, auch wenn er lange dauert, bedeutet die Wende. Es hatte ja nicht ausbleiben können, daß da und dort Entartungserscheinungen aufgetreten waren, im Gebrauch der Segen und geweihten Dinge ebenso wie bei Wallfahrten, Prozessionen und Andachten. Gleichwohl steht nichts dafür, wegen gelegentlicher Wirtshausraufereien nach Andachten, theatralischen Übertreibungen bei den Karfreitags- oder Fronleichnamsprozessionen oder abergläubischen Zügen im Brauchtum usw. so zu verallgemeinern, wie es die Aufklärer des 18. und 19. Jahrhunderts getan haben. Die gröbsten Mißstände haben sich immer wieder selbst korrigiert. Auch hatte die Kirche selbst längst begonnen, das innerkirchliche Leben zu reformieren; es seien nur der Erzbischof Trautson von Wien, der Augustiner-Chorherr Eusebius Amort von Polling oder der Erzbischof Colloredo von Salzburg genannt. Ehe aber die kirchlichen Reformen wirksam werden konnten, traten die freidenkerischen und antikirchlichen Aufklärer auf den Plan und setzte der Staat mit den ihm gebotenen Mitteln seinen Aufklärungskrieg in Gang, der sich mit steigender Heftigkeit nicht mehr nur gegen die Volksreligiosität, sondern endlich gegen die bayerische Kirche selbst richtete.

Wohl am treffendsten und knappsten hat Hans Moser ausgedrückt, in welch verheerender Weise die Aufklärung seit etwa der Mitte des 18. Jahrhunderts bis in die ersten Jahrzehnte des 19. Jahrhunderts in Bayern gewirkt hat: ,,Wenige Jahrzehnte später brachen die Hagelstürme der Aufklärung und der Säkularisation über die üppig blühende volksbarocke Sakrallandschaft herein. Dem nüchternen Zweckmäßigkeitsdenken der Zeit erschien nun die Wallfahrt als Vorwand schädlichen Müßiggangs, alles Festbrauchtum als ‚üppige Ausschweifung des Pöbels‘, alles Spiel als possenhafter und ärgerlicher Zeitvertreib. In den volkstümlichen Formen opfernder Frömmigkeit fand man törichte, von der Gewinnsucht des Mönchtums gezüchtete Bigotterie, Aberglauben des finsteren Mittelalters und unbewältigtes heidnisches Erbe. Von anderem Gesichtswinkel aus empfanden nun auch die Ordinariate, um eine Reinigung des Kults bemüht, das barockzeitliche theatralische Beiwerk des kirchlichen Andachtswesens, die Schauprozession und die Passionsspiele als Profanierungen des Heiligen. Eine Flut von Erlassen und Verboten brach Stück für Stück aus dem brauchtümlichen Festkalender, bis die Säkularisation unter Graf Montgelas zu Beginn des neuen Jahrhunderts den letzten und schwersten Vernichtungsschlag führte. Das in seinen religiösen Gefühlen zutiefst getroffene Volk von Altbayern und in den stammbayerischen österreichischen Alpenländern führte ein Menschenleben lang einen zähen und erbitterten Kampf um die Verteidigung seiner traditionellen Frömmigkeitswelt. Heimlich und öffentlich wurden Gebote von Staat und Kirche mißachtet, da und dort kam es zu tätlichem Widerstand und offenem Aufruhr, selbst gegen militärische Hilfstruppen der Polizeigewalt. Geliebte Gnadenbilder, Reliquien und Votivgaben wurden entführt und in Sicherheit gebracht, zur Versteigerung ausgeschriebene Kapellen durch opferwillige Käufer gerettet. Gewaltige Stöße von Akten melden davon: ergrimmte Anzeigen übereifriger Beamter, zurückhaltende und entschuldigende Berichte von Landgeistlichen, die selbst in den Zwiespalt zwischen Gefühl und Gehorsam gestoßen waren, Bittschreiben von der

Hand unbeholfener Wortführer des Volkes in rührender Einfalt, Rat- und Hilflosigkeit gegenüber dem neuen Zeitgeist. Sie alle haben ein erschütterndes Kulturbild aus dieser Umbruchszeit übermittelt, in dem sich das Eigenwesen bayerischer Volksfrömmigkeit mit einer Deutlichkeit wie nie zuvor und auch später nicht wieder offenbaren konnte.‘‘

Die Reihe der Verbote setzte im Jahre 1746 ein mit der Erneuerung der schon 1674 erlassenen ,,Landgebott wider die Aberglauben, Zauberey, Hexerey und andere sträffliche Künsten‘‘. Handelte es sich hier in der Tat um abergläubische Handlungen, die auch durch die Kirche verboten waren, so gingen die im gleichen Jahre ausgesprochenen Verbote des Wetterläutens und des Advent- und Weihnachtssingens schon weit darüber hinaus. Weitere Landgebote wandten sich dann schon gegen volkstümliche Segen und Reime und griffen zum Teil kirchlich autorisierte Volksübungen an. Darin zeigte sich deutlich der eigentliche Geist der Aufklärung, der, wie einst im Mittelalter, eine Kirchenreform ,,an Haupt und Gliedern‘‘ forderte. Diese Haltung stand ganz im Einklang mit den Interessen des Staates. Die Schlüsselfigur war der Ingolstädter Rechtsgelehrte Johann Adam Freiherr von Ickstatt, der um 1750 in einem Kreise gleichgesinnter Kollegen ,,die Kritik an den kirchlichen Mißständen des damaligen Bayern in Fluß gebracht und lebhafte Reformlust wachgerufen hat, indem er besonders gegen das Übermaß der Feiertage, die Überzahl der Klöster und Bruderschaften, die Besitzverhältnisse der toten Hand . . . und gegen viele andere dergleichen Dinge wiederholt Reformwege und Reformmöglichkeiten besprach‘‘ (Pfeilschifter – Baumeister). Etwa um die gleiche Zeit versuchten Ickstatt und seine Schüler Johann Georg von Lori und Michael Adam Bergmann, das unumschränkte Recht des Landesherrn über die Kirche historisch zu begründen, um freie Hand für die geplanten kirchlichen Reformen zu haben. Den entscheidenden Durchbruch in diesem Sinne schuf Peter Osterwald, der Direktor des Kurfürstlichen Geistlichen Rats und der Philosophischen Klasse der Akademie der Wissenschaften mit seiner 1766 erschienenen Schrift *Veremund von Lochsteins Gründe sowohl für als wider die geistliche Immunität in zeitlichen Dingen*, die gleichsam ,,zum Grundbuch bayerischer territorilistischer Kirchenpolitik‘‘ wurde und in ganz Europa Aufsehen erregte. So radikal Osterwald in seinen Forderungen war, so konsequent ging er nun an ihre Durchführung. Über die zwischen Bayern und den

Bischöfen geschlossenen Verträge ging er rücksichtslos hinweg. Als die Bischöfe auf dem Salzburger Kongreß von 1770 bis 1777 gegen die staatlichen Übergriffe, die sich zuletzt sehr gehäuft hatten, protestierten, antwortete Bayern mit einer *Summarischen Anzeige der wider die Geistlichkeit obwaltenden Beschwerden,* wo in 23 Punkten die Reformwünsche der kurfürstlichen Regierung dargelegt wurden.

Bayern behielt sich freie Hand bei der Durchführung seiner Reformen, denn nur so konnte es seine staatskirchlich-territorialistischen Ziele verfolgen. Es hatte freilich allen Anlaß dazu, denn die Kirche hatte 56 Prozent des Gesamtgüterbestandes in Händen, während der Landesherr nur 15 Prozent besaß. Dazu kam die steuerliche Immunität der Kirche. Nach drei verheerenden Kriegen waren von 36 000 Höfen etwa 5000 bis 6000 verlassen, die Landkultur hatte sich seit dem Mittelalter nicht verbessert. Da Bayern kaum Industrien besaß, mußte das Hauptaugenmerk auf die Landkultur gerichtet werden und nicht zuletzt auf den Kirchenbesitz. Die Säkularisation stand gewissermaßen in der Luft, zumal Joseph II. von Österreich schon damit vorangegangen war. So verbanden sich die staatskirchlichen Interessen mit zunehmender Kritik an der Kirche, vor allem an den Klöstern. Die Aufklärer wie Andreas Dominikus Zaupser, Johann Kaspar Riesbeck, Anton von Bucher, Lorenz Hübner, Wolf und Pezzl, um nur einige Namen zu nennen, griffen zum Teil in unerhört scharfer Form die Kirche und das Kirchenleben an und forderten einschneidende Reformen und Verbote; Peter Philipp Wolf und Johann Pezzl, und sogar Lorenz Westenrieder in seinen jungen Jahren forderten die vollständige Säkularisation der Klöster und ein radikales staatskirchliches Regiment. In welcher Weise sich die Aufklärungswut gegen das religiöse Volksleben und -brauchtum auswirkte, kann vielleicht am drastischsten eine Aufstellung der wichtigsten Verbote und Erlasse bezeugen:

1746 Landgebote wider Aberglauben, Zauberei und Hexerei.

1768 Ohne landesherrliche Genehmigung dürfen keine neuen Bruderschaften mehr gegründet werden.

1770 Abschaffung der herkömmlichen Karfreitagsprozessionen und der Passionsspiele.

1772 Abwürdigung einer großen Zahl von Feiertagen.

1781 Bei Fronleichnamsprozessionen sind künftig Maskierungen und lebende Bilder verboten. Wenig später wird auch das Schießen untersagt.

1782 Einführung des deutschen Kirchengesanges, verbunden mit Beschränkung der kirchlichen Instrumentalmusik.

1783 Verbot des Wetterläutens.

1784 Heiligenfiguren dürfen nicht bekleidet und mit Votivgaben behängt werden. Außerdem sind aus den Kirchen Opfertafeln, hölzerne Füße, Krücken und ähnliche Zeugnisse nicht erwiesener Wunder zu entfernen.
Verbot geistlicher Schauspiele.
Verbot, bei Ölbergandachten figürlich mitzuspielen.

1785 Einschneidende Verschärfung des Feiertagsgebots.
Verlegung des Portiunkula-Ablasses auf einen Sonntag.
Abschaffung der Bauern- und Handwerkertage.
Der Bischof von Freising verbietet am Dreikönigstag sogar das Ausräuchern der Häuser.

1788 Wallfahrten außer Land und solche, bei denen man länger als eine Nacht außer Haus verbringt, sind verboten.

1789 Weihnachtskrippen dürfen nur noch die Geburt Christi darstellen.

1791 Verbot des Christkindl-Anschießens und Verbot aller weltlichen Schauspiele.

um 1800 Verbot des Sternsingens und der Heiliggrabmusik.

1801 Es darf nur noch ein verlobter Bittgang im Jahr durchgeführt werden. Bittgänge ins Ausland und Kreuzgänge vom Ausland sind verboten.

1802 Die Mitternachtsmette wird auf den Weihnachtsmorgen verlegt.
Die Bruderschaften dürfen keine ‚geschmacklosen' Dekorationen und äußere Zeichen verwenden.

1803 Verbot, den Nikolaus und seinen Knecht Klaubauf zu den Kindern zu schicken.
Pferdeumritte werden in Fußprozessionen umgewandelt.
Alle Wegkreuze, Feldkapellen, Bildstöcke usw. sind abzubrechen. Verbot, in den Kirchen Mirakel zu verlesen.
Einschränkung des Himmelfahrts- und Pfingstbrauchtums.
Bei Fronleichnamsprozessionen ist das Aufstellen von Bäumchen und das Anlegen von Blumenteppichen verboten, ebenso jedes Schießen bei Prozessionen.

1804 Es werden jährlich nur noch Prozessionen, Kreuz- und Bittgänge an Fronleichnam, am Markusfest und an drei Tagen der Kreuzwoche erlaubt.
Verbot des Wetter-Evangeliums.

AMPER -

Wallfahrer auf dem Weg nach Andechs. Stich von Michael Wening (Ausschnitt)

Diese Liste ließe sich noch um ein Vielfaches vermehren. Aber schon aus dem Gesagten wird nur zu klar, daß es dem aufgeklärten Staat um eine vollständige und rasche Umerziehung des Volkes ging, ein Programm, das freilich nie gelingen konnte. Wenn wiederholt in den Verboten und Erlassen die Rede ist von Aberglauben, Schädlichkeit, Zwecklosigkeit, Lächerlichkeit, von älteren irrigen Vorstellungen, verrufenen Gebräuchen, Unfug, Unsinn, Beleidigung der Würde der Religion, von verderblichem Einfluß, althergebrachtem Mißbrauch, Zeitverschwendung, Müßiggang usw., dann spiegelt dieses Vokabular, das ganz erheblich vermehrt werden könnte, genau den Geist der Verfasser wider.

Von allen Verordnungen hat keine so tief in das traditionelle Brauchtum eingeschnitten und alle Schichten der Bevölkerung so bewegt wie die Abwürdigung der Feiertage. Nach Westenrieder zählte man nicht weniger als 124, nämlich 52 Sonntage, 19 „gebotene" und 53 „übliche" Feiertage. Angesichts der wirtschaftlichen Lage des Landes bemühte sich Kurfürst Max III. beim Papst darum, ungefähr ein Fünftel der Feiertage abschaffen zu dürfen. Mit einem Breve vom 16. Mai 1772 entsprach Papst Clemens XIV. dem Wunsche des Kurfürsten:

„Ehrwürdiger Bruder! Nichts scheinet der väterlichen Liebe, mit welcher Wir alle Christgläubige in dem Herrn umfassen, angemessener zu seyn, als daß Wir auch auf ihre zeitlichen Vortheile . . . Unser Augenmerk richten . . . Dieser Ursach halber sind Wir nun sehr geneigt, dem Anlangen in Christo geliebtesten Sohns Maximilians Josef Herzogs in Bayern, und des heiligen römischen Reichs Churfürsten zu willfahren, als welcher, um den wahrgenommenen Mißbräuchen und großen Ungebührlichkeiten, welche die Menge der Feyertäge in seinen Landen veranlasset hat, ernstlich vorzubiegen, nach der ihm angebohrenen Frömmigkeit gegen Gott und Besorgniß für das Heil seiner Unterthanen Uns eifrigst ersuchet, daß Wir aus Unserer Vollmacht diese seine christlichen Unterthanen von dem Gebothe, ein- und andere Feyertage zu heiligen, gänzlich lossprechen und . . . ihnen erlauben möchten, daß sie an diesen Tagen ihren zeitlichen Handel und Wandel treiben, auch alle andere knechtliche Arbeiten frey und ungehindert verrichten dörften. Etc."

Das hierauf erlassene kurfürstliche Mandat, das mit Beginn des Jahres 1773 in Kraft trat, ließ dagegen an Deutlichkeit nichts zu wünschen übrig: „Entbieten männiglich Unseren Gruß und Gnade bevor. Die leidige Erfahrung giebt, daß die Vervielfältigung der Feyertäge mehr zum Müssiggang und Ausschweifungen, mithin auch mehr zu Beleidigung als Ehre Gottes gereiche, des übergroßen Schadens zu geschweigen, den solche unnöthige mit Schwelgerey und Üppigkeiten meistentheils zugebrachte Feyertäge mittels Versäumung der Hand- und Feldarbeit dem gemeinen Wesen zuziehen . . . Gebieten demnach, daß 1) außer den in dem päpstlichen Breve ausdrücklich begriffenen keine andere Feyertage mehr beybehalten werden sollen. 2) Ist nicht allein die bisher übliche vorläufige Verkündigung des abgethanen Feyertages, sondern auch am Vorabend desselben das gewöhnliche Glockenzeichen, oder sogenannte Feyerabendläuten allerdings zu unterlassen. 3) Müssen an diesen Tagen alle Handwerksstätten, Kaufläden und Krambuden, wie sonst an einem Werktage zu geschehen pflegt, bey schwerer Ahndung offen stehen."

Der Widerstand gegen dieses Mandat war fast allgemein. Zwar gab es einsichtige Männer, die die Notwendigkeit des staatlichen Eingreifens erkannten; aber was konnten sie bewirken gegen die Masse derjenigen, die sich nur auf altes Herkommen beriefen und befürchteten, mit Gewalt zu Lutheranern zu werden?

Aber selbst da wird man nicht vorschnell urteilen dürfen: Rund 96 Prozent aller Bauern besaßen ihr Gut nur als Untereigentümer und mußten ihrem Grundherren Stift, Gilt und Scharwerk, der Kirche den Zehent leisten. Da sich ihre soziale Lage im Gegensatz zum Adel seit dem Mittelalter immer mehr verschlechtert hatte, höhere Erträge auch höhere Abgaben zur Folge gehabt hätten, fehlte ihnen jeder Ehrgeiz, mehr zu produzieren, als für den Eigenbedarf nötig war. Jeder Feiertag bedeutete auch für sie einen Tag der Freiheit. Im übrigen waren die Bauern auch von den ohnedies zu wenigen Dienstboten abhängig, die ihren Platz wechselten, wenn sie die Feiertage nicht nach altem Herkommen feiern konnten.

Die nächste Folge war, daß Karl Theodor 1785 das Mandat in verschärfter Form erneuerte und für die Nichtbeachtung schwere Strafen androhte. Doch schon ein Jahr später resignierte der Kurfürst und gestattete jedem, der es wollte, die Einhaltung der früheren Feiertage. So blieb es, bis 1801 unter Max IV. Joseph und Montgelas das alte Mandat verschärft wieder in Kraft gesetzt wurde.

Zweifellos hat bei vielen eine echte Frömmigkeit den Ausschlag für ihr ablehnendes Verhalten gegeben. Manche glaubten, daß ihre Ernte vernichtet würde, wenn sie die alten Feiertage nicht halten würden. Und der Landesdirektionsrat Joseph Hazzi, ein Aufklärer von großem Sachverstand, der in Fragen des Glaubens trotzdem nicht selten über das Ziel hinausschoß, berichtete 1801 aus dem Gericht Aibling:

„Ein übles Verhältnis ist auch, daß es an Dienstboten und Taglöhnern mangelt, und durch die vielen Feiertage und Andachten oft die schönste Zeit vernachlässigt wird. So wandte einst in einem Dorf . . . ein Fremder alle seine Beredsamkeit an, um die Leute zu bewegen, an einem eben eingefallenen abgeschafften Feiertage das schon geschnittene Getreide einzuführen; aber niemand hörte. Den andern Tag früh zerschlug ein eingetretenes Hagelwetter die Erndte und ihre schönste Hoffnung. Und doch zerschlug es nach so vielen traurigen Erfahrungen noch nie den abergläubischen Starrsinn!"

Wenn man sich erinnert, daß vor dem letzten Kriege bäuerliche Dienstboten sich vor ihrem Einstand beim neuen Dienstherren erkundigten, welche Feiertage gehalten werden, dann ist leicht zu ermessen, daß damals das kurfürstliche Mandat nirgends befolgt wurde. Die Regierung konnte zwar die kirchlichen Feiern an den abgeschafften Festtagen verbieten, aber sie konnte niemand zur Arbeit zwingen. Um das zu erreichen, erging am 19. April 1803 ein Mandat, wonach nur dem Steuernachlaß gewährt werden konnte, der an den nichtanerkannten Feiertagen arbeitete:

„Ungeachtet der wohlthätigen Verordnung über die von der Kirche abgewürdigten Feyertage fährt ein großer Theil des gemeinen Volkes aus Unwissenheit und Starrsinn fort, so viele Tage wegzuwerfen, und die vielen Nebenquellen seines Erwerbes und häuslichen Wohlstandes . . . nicht nur gänzlich unbenützt zu lassen, sondern auch die verständigen und besser gesinnten auf allerley Weise von Anwendung jener Tage abzuhalten.

Es ergehet demnach an alle churfürstliche und ständische Behörden der ernstliche Befehl, von nun an keinen Unterthan in irgend einem Nachlaß-Libelle (= Vorschlagsliste für Steuerniederschlagung) gütächtlich vorzutragen, er hätte dann vorher genugsam bewiesen, daß er alle jene Monatstage, an welchen vorhin die abgewürdigten und verlegten Feste der Heiligen gefeyert worden, zur Arbeit angewendet habe.

Nur diese, welche bey allem Fleiße der in ihren Kräften stand, unfähig erfunden werden, ohne Nachlaß ihre Staatsabgaben zu bestreiten, und ihre Wirthschaft fortzuführen, sind solcher Rücksicht würdig, und werden im Nachlaß-Libelle, jedoch mit der Attestation des Amtes, daß sie jene Tage benützt haben, gütächtlich vorgetragen. Alle übrigen haben es lediglich ihrer Trägheit, und Widerstrebung zuzurechnen, wenn sie, wie hiermit befohlen wird, mit verdienter Strenge zu vollständiger Entrichtung ihrer Abgaben angehalten werden.

Diesen Beschluß haben die Aemter sogleich ihren Gemeinden zu verkünden, und bey schwerer Ahndung in Verfassung ihrer Nachlaß-Tabelle genau und pflichtmäßig zu befolgen."

Wie wenig die Aufklärer vom Wesen bäuerlichen Seins spürten, zeigt sich in einem Vorschlag der Regierungspresse, an Stelle der alten Bauernfeiertage ‚neue Volksfeste' einzuführen, etwa ein Blütenfest im Mai, ein Garbenfest im Herbst und ein Gesellschaftsfest, bei dem den Leuten bewußt werden sollte, wie nützlich das Leben in der Gemeinschaft für den einzelnen sei.

Ein Dokument echter Frömmigkeit ist dagegen der *Gesang wie man die Feyertäg abbracht hat*. Es ist in einem Liederbuch enthalten, das um 1800 ein Bauer aus Stubenberg bei Simbach aufgezeichnet hat. Es handelt von allen Heiligen, deren Feste nicht mehr gefeiert werden durften. Die Strophen eins und drei lauten:

> Heiliger Penno Lands Pattron
> Wir rueffen Dich um hilfe an,
> Vürs Paeyerland bit im himmelreich
> das es nicht wird den Luther gleich.
>
> Die Feyertäg hat ma jetzt abbracht
> nur den Calender recht Betracht
> da kombt ein Heiliger nach den andern
> aufgebakht, von hier zu wandern.

In den folgenden Strophen wird Mathias aufgefordert, sich mit seinem Spieß zu rächen; der Heilige Geist soll seine feurigen Zungen auf die Schuldigen fallen lassen; St. Jakob soll ruhig in Compostela bleiben; Michael soll so tapfer streiten wie einst gegen Luzifer, um die Feiertage wieder herzustellen; Martin wird in den Gänsestall geschickt; Nikolaus darf nicht mehr die Kinder erfreuen usw. Die 23. und letzte Strophe lautet:

Gott der alles guet belohnet
dennen gewißlich nicht verschonet
die ohne Ursach obn hin
nehmen uns die Feyertäg hin.

Auf dieser Linie der Frömmigkeit liegt auch ein Gesuch, das im Jahre 1833 der Bauer Xaver Resch aus Erding um die Wiederaufrichtung des Ölberg-Spiels an die Regierung richtete:

„Wir Väter haben noch alle dieser sinnbildlichen religiösen Zeremonie mit einer Rührung und Erbauung beigewohnt, welche wir in uns und unseren Kindern bei dem bloßen Worte nicht ohne tiefes Bedauern vermissen. Im Gebete sagt es der Priester bloß: Christus fällt. Allein der Eindruck und die Andacht werden erhöht, wenn der Fall sich wirklich darstellt, weil die Kraft des Glaubens sich an dem lebendigen Bilde stärkt. Im Herzen von Altbayern hängen wir auch durchaus noch an dem alten Treuschwur für den König, an der alten Treue für den Glauben, an der alten Religion, aber für uns auch an der alten Liebe zu unseren Gebräuchen."

Das ist nur einer der vielen Briefe, in denen einzelne oder ganze Gemeinden um die Erlaubnis nachsuchten, wieder ihre alten Passions- oder andere Schauspiele aufführen zu dürfen. Man kann heute schlechterdings nicht mehr ermessen, was ein Schauspiel vor dem 19. Jahrhundert für das spielfreudige bayerische Volk bedeutet hat. Am bekanntesten geworden ist der Komödikrieg, der 1774 in Markt Schwaben zwischen dem Pflegrichter und der Bürgerschaft ausbrach, die ein Spiel vom Leben des heiligen Johannes Nepomuk aufführen wollte. Johann Pezzl, der in seinem 1784 erschienenen Buch *Reise durch den Baierischen Kreis* mehrmals die Theaterfreudigkeit der Bayern hervorhebt, berichtet kurz darüber:

„Die allerliebsten Volks-Specktackel . . . sind die Komödien und Pferde-Rennen. Unter den Komödien begreife ich alle weltliche und geistliche Schauspiele. Dabey gehören Gaukler, Taschenspieler, Seiltänzer, Marionetten, Komödien, Tragödien, Charfreytagsprozeßionen, Frohnleichnamsprozeßionen, Mirakelwirkereyen, etc. . . . Vor Zeiten hatte die Nation deren die Hüll und Füll; man spielte noch in den Jahren 1762 und 1763 in einigen Klöstern am grünen Donnerstag in der Kirche Komödien. Die Paßionsspiele am Charfreytag waren ein unvergleichlicher Leckerbissen für den Schauspielhunger der Bayern; es waren manche darunter, die des P. Sebastian Seilers Erschaffung der Welt noch unendlich übertrafen. Die Prozeßio-

nen aller Art waren ein andres Gericht, das noch obendrein gratis gegeben ward. Alle diese sind nun zum großen Verdruß der Bayern abgestellt. In einigen kleinen Städten und Marktflecken hat sich schon öfters eine ehrsame junge Bürgerschaft zusammen gethan, und in eigener Person Schauspiele aufgeführt. In dem Marktflecken Schwaben im Rentamt München wäre es vor einigen Jahren beynahe zum bürgerlichen Krieg, zu Mord und Tod wegen einer Komödie gekommen: Der dortige Pfleger hat das Theater in seiner Verwahrung, welches man ehedem zu den Paßionsstücken brauchte; die Bürger wollten eine Komödie spielen; der Pfleger wollte ihnen das Theater nicht lassen; die Bürger nahmens, und richteten es auf; der Pfleger bestellte Leute, die es wieder einreissen sollten, und bot zugleich die Bauern seines Gerichtes auf, als wenn es einen Streifzug gegen eine Räuberbande geben sollte. Die Bauern erstaunten, daß sie bey ihrer Erscheinung hörten, daß sie bloß die Demolition des Theaters decken sollten; die Bürger liefen nach Hause, luden ihre Gewehre, und waren fest entschlossen, die Gewalt des Pflegers wieder mit Gewalt abzutreiben; ihre Weiber und Töchter steckten die Säcke voll Salz und Pfeffer, das sie den feindseligen Bauern zur Rettung ihrer Männer und Liebhaber in die Augen werfen wollten; allein es kam nicht so weit. Beede Theile söhnten sich aus, und tranken wacker zusammen den Friedenschluß." Die Auseinandersetzung endete für den Pflegskommissar mit einem Verweis, für die Bürger mit dem Verbot, im Freien zu spielen.

Häufig waren geistliche Spiele an ein Gelübde gebunden wie z.B. in Oberammergau. Im ganzen Lande gab es wenigstens an die 70 Passionsspielorte. Es ist gar keine Frage, daß bei dem Übermaß an volksfrommen Bräuchen und den aufgetretenen Entartungserscheinungen Reformen nötig waren. Aber sie hätten rechtzeitig von innen kommen müssen, eben von der Kirche selbst. Nun mußte sie hinnehmen, was der Staat der Aufklärung autoritativ verfügte, und er ging dabei, unterstützt von den Aufklärern, weit über das gebotene Maß hinaus. Das Verbot der Passionen, der geistlichen und dann auch noch der weltlichen Schauspiele, machen das am deutlichsten klar.

Unter den Aufklärern nimmt der Norddeutsche Christoph Friedrich Nicolai wegen seiner geringschätzigen Art, mit der er dem bayerischen Volksbrauch gegenüberstand, insofern eine besondere Stelle ein, als von ihm eine nachhaltige Wirkung auf die bayerischen Aufklärer ausgegangen ist. Er verwundert sich

Kurprinz Maximilian. Silberfigur
von Wilhelm de Groff in der
Gnadenkapelle von Altötting,
1737

etwa darüber, daß in München fast kein Tag vergeht, wo nicht mit unnützer Werkheiligkeit, mit Andachten, Ablässen, Litaneien, Vespern usw. die Zeit „verderbt" werde. Die 28 709 Kirchen und Kapellen Bayerns stünden in keinem Verhältnis zur Zahl der Ortschaften und der Einwohner, die gegen Ende des 18. Jahrhunderts einschließlich der Oberpfalz etwa 1 160 000 betrug. Das Volk ergebe sich auf eine übermäßige Weise den mechanischen Andachtsübungen, Bruderschaften, Prozessionen, Wallfahrten, Litaneien, Gnadenbildern, Amuletten, Jgnazblechen, Skapulieren, geweihten Lichtern und was der Fratzen mehr sind. Er kritisiert, daß die Heiligen geradezu wie Gott und noch mehr verehrt werden und kommt zu dem Schluß, daß es nur der Eigennutz der Pfaffen gewesen sei, der einer Menge von elenden Knochen, Haaren und anderem unnützen Zeug hohen Wert beigelegt habe. Diese Reliquien werden von bigotten Tröpfen und sogar von Protestanten verehrt und geküßt.

Nicolai und andere, auch bayerische Aufklärer, begnügten sich aber nicht mit der Kritik an einzelnen Mißständen oder was sie dafür hielten, sondern richteten sich grundsätzlich gegen den katholischen Kirchenbegriff mit seinem Anspruch auf Unfehlbarkeit und alleinseligmachende Gewalt, mit seiner Hierarchie, seinem Kult, den Sakramenten und dem Stand der Kleriker. Die Entwicklungsgeschichte der Ideen der Aufklärungszeit muß hier auf sich beruhen bleiben, entscheidend ist die praktische Auswirkung, der unvereinbare Gegensatz zwischen der Skepsis und dem Atheismus der Aufklärer einerseits und dem tiefen, durch ein reiches Brauchtum ausgeschmückten Glauben des vorwiegend bäuerlichen oder kleinbürgerlichen bayerischen Volkes andererseits. Es war verständlich, daß sich der absolute, auf das Staatskirchentum abzielende Staat die Gedankengänge der Aufklärer zu eigen machte und insbesondere die Angriffe gegen die Klöster in sein eigenes Konzept einbezog. Aber er mußte so fast notwendig über das Ziel einer organischen Reform hinausgehen und dabei auch wertvolles Volksbrauchtum zerstören, ohne am Ende den gewünschten Erfolg zu erzielen. Die Aufklärer wollten nicht mehr erleben lassen, sondern belehren; bildend, veredelnd und moralisierend wirken. Sie versuchten, die Religion vernunftgemäß zu begründen, gossen Hohn und Spott über fromme Andachtsübungen aus, griffen die Opfergänge und das Oblationswesen an, sprachen von Müßiggang, Verlust an Arbeitszeit, prangerten

das Trinken, Raufen und Bigottisieren an, sahen in allem Verschwendung usw. Den Klöstern, vor allem den Bettelorden, warfen sie, zum Teil nicht mit Unrecht, die Schuld an einem Übermaß von Ablässen und Wallfahrten vor und verlangten ihre Aufhebung, um der Verdummung des Volkes ein Ende zu setzen.

So wurden Gebote und Verbote erlassen, die unnötigerweise das religiöse Gefühl des Volkes verletzten oder wertvolles Brauchtum, das nicht oder kaum mit Zeitverlust verbunden war, zerstörten. Man braucht nur an die Wetterbräuche, das Sternsingen, Dreikönigssingen, den Nikolausbrauch, das Brauchtum der Klöpfelsnächte, die Sonnwend- und andere Feuer, die Totenbräuche, die Mitternachtsmette, Umritte, Prozessionen, Bittgänge usw. zu denken. Dabei war das Vorgehen der Exekutive bisweilen nicht anders als brutal zu nennen, etwa wenn dem Münchner Palmesel einfach der Kopf abgesägt und verbrannt wurde oder der zuständige Landrichter 1804 an die Stadt Traunstein den Befehl ergehen ließ, „daß die an den Häusern angemahlten geistlichen Bilder und Figuren in einem Zeitraum von 14 Tagen entweder abgenommen oder überdünket werden sollen. Geschieht dieses nicht binnen den festgesetzten Terminen, so wird man den Eigentümern militärische Exekution auferlegen . . ." Im Salzburgischen, wo Erzbischof Colloredo mit Nachdruck seine Kirchenreform im Geiste der Aufklärung durchführte, wurde der Franziskanerpater Clarentius Pscheider gar zu acht Jahren Kerker verurteilt, weil er sich in einer anonymen Schrift gegen die Abschaffung der Feiertage ausgesprochen hatte. So könnte man Hunderte von Beispielen anführen, von kleinlichen Schikanen bis zum befohlenen Abbruch von Kirchen. Man denke dabei bloß an Marienberg und die Wies oder an Fürstenfeld, wo die Kirche mit Kanonen zusammengeschossen werden sollte.

Dagegen liest sich eine Empfehlung im Königlich-Baierischen Salzach-Kreis-Blatt von 1809, die vermutlich vom Kreisdirektor Joseph von Obernberg selbst stammt, recht biedermeierlich, allerdings auch ganz unrealistisch: „Von wichtigen Gründen veranlaßt hat unsere weise Regierung verfügt, daß die Heiligen-Bilder von Straßen und Feldern entfernt, dagegen aber der Gottesdienst in den Pfarrkirchen destomehr geachtet, und verherrlicht werde. Obrigkeiten, welche nach dem Geist der Verordnung handelten, entfernten demnach die Gegenstände der Andächteley, und des Aberglaubens, ließen aber die unschuldigen Säulen, und Feld-Kapellen stehen, in so ferne diese nicht zum Bau neuer Schulhäuser das nöthige Material liefern mußten. Wer kann das tadeln? – Kapellen dienen im Freyen zu Ruheplätzen für Ermüdete, geben Schatten mitten im Sonnenbrand, und schützen gegen Wetterstürme, wovon der Landmann oft plötzlich überfallen wird. Säulen sind Wegezeiger im Winter, und nicht selten eine Zierde der Gegend durch malerische Form, Stellung, oder Bauart, oft auch Denkmäler des Unglücks, dem ein zweiter ausweichen kann, wenn er durch sie gewarnet wird. Sie können und sollen noch besser benutzt werden. Versehet sie, und noch mehr die Feldkapellen mit zweckmäßigen In- und Aufschriften, mit Kernsprüchen, moralischen, oder ökonomischen Inhalts; – und ihr werdet viel Gutes hiedurch wirken, und diesen Kapellen, und jenen Säulen einen Werth geben, den auch der gemeinste Menschensinn fühlen, und dankbar anpreisen wird.

Wenn der Wanderer in jener Kapelle lesen wird: z. B.

> Wandle stets auf dem Wege der Tugend.
> Vermeide den Abweg des Lasters.
> Auf Ermüdung schmeckt die Ruhe desto Süßer. usw.

oder wenn dort eine Säule, an erhabenem Orte aufgestellt mit dem vortrefflichen Salzmann zu ihm spricht:

> Wie schön, o Gott ist deine Welt gemacht,
> Wenn sie dein Licht umfließt
> Ihr fehlt's an Engeln nur, und nicht an Pracht,
> Daß sie kein Himmel ist!

Wie sehr wird das Herz des Lesenden erhoben, wie beruhiget, und getröstet, – und wie ermuntert, und gestärkt zu guten Unternehmungen!"

Die häufige Wiederholung von Geboten und Verboten, von Ratschlägen, Ermahnungen und Exekutionen zeigt, daß die bayerische Bevölkerung, die um die Wende des 18. Jahrhunderts noch zu etwa 82 Prozent auf dem Lande lebte, sich mit den Neuerungen nicht abfinden konnte. Hartnäckig oder auch mit List trat sie für ihre alten Rechte, Bräuche und Gewohnheiten ein. Der Grund dafür lag gewiß nicht, wie von norddeutschen Protestanten so gerne kolportiert wurde und wird, in der geistigen Schwerfälligkeit des bayerischen Stammes, sondern in seiner eigentümlichen Religiosität, die in der vollkommensten Verschmelzung der religiösen und sinnlichen Bedürfnisse des Bauernvolkes mit Formen und Inhalt des Katholizismus bestand und sich im Barock auf eine so einmalige, dem bayerischen Wesen gemäße Weise ausgelebt hatte.

Hans Grassl und Alfons Beckenbauer

Der „Gala-Tag des Herrn"

Glanz und Ende der barocken Fronleichnamsprozession in Landshut

Am Morgen des Fronleichnamstages im alten Landshut: Um vier Uhr schmettern Trompeter den Morgensegen über die Stadt. Der Turm von Sankt Martin ist in flirrendes Licht getaucht, die Häuserzeilen entlang in das Grün und Weiß der Birken. Festlich prangen Tücher und Fahnen aus den Fenstern. Allenthalben sammeln sich Gruppen der Bruderschaften und Zünfte, langsam ziehen die Pferdegespanne der Prozessionswagen auf. Buben und Mädel, Burschen und Jungfrauen, selbst noch Greise legen die aus Magazinen hervorgeholten Barockkostüme an. Seit Tagesanbruch ist alles unterwegs. Man feiert das Geheimnis des fleischgewordenen Gottes, feiert den Segen, die Hoffnung, welche sich damit über die Erde ergoß. Heute wird der heilige Fronleichnam durch die Straßen, über die Fluren getragen. Man vertraut ihm Haus und Hof, alle Früchte des Feldes an und versucht sich zugleich tiefer in die sakramentalen Geheimnisse der Kirche einzuleben. In einem zeitgenössischen *Landshuter Fronleichnamsbüchlein,* das in mehreren Auflagen erschien, heißt es: „Nun ist aber fast in ganz Deutschland bekannt, mit was herrlichem Pomp und auserlesensten Zierde daß diese hohe Kirchenfeier jährlich in unserer Stadt pflege begangen zu werden."

Langsam öffnet sich das Portal des Martinsdoms. Unter dem Sturm der Orgel, dem Jubel der Glocken, zieht die Prozession hinaus in die geschmückten Straßen der Stadt − ein Fest wogender Farben. Die Mäntel der Rosenkranzbruderschaft sind blau; die der Michaelsbruderschaft weiß, die der Fronleichnamsbruderschaft rot. Dazwischen schimmert das linde Grün der Pagen; Silber- und Goldborten säumen die Gewänder; vergoldete Brustschilde blitzen in der Sonne. Aber die blauen, weißen und roten Farben überwiegen; selbst noch im zitternden Spiel der Straußenfedern, welche auf den Kopfbedeckungen, den goldbesetzten Casquets, angebracht sind. Rot galt als Zeichen der schmerzhaften Geheimnisse, Weiß als Zeichen der freudenreichen, Blau als Zeichen der glorwürdigen Geheimnisse. Neben den Himmelsfarben als das Zeichen der Flamme, des

Opfers − jenes Opfer, durch das Himmel und Erde miteinander verbunden wurden.

Sinn und Bedeutung der Prozession sollen zwei-, vier- und sechsspännige Triumphwagen, ferner Tragbühnen verdeutlichen, wie man sie heute noch in der spanischen Semana Santa benützt. Den Zusammenhang, die innere Ordnung der auf ihnen dargestellten Szenen aus der Schrift, vermögen wir nur allmählich zu entziffern. Denn höchst eigenartig-barock überkreuzen sich die Themen. Auf dem Triumphwagen der jungfräulichen Gottesmutter etwa erblickt man zugleich die alttestamentarische Geschichte des Königs Ahasver und seiner Gemahlin, der schönen Esther. Auf einem anderen Wagen wird die Geschichte des heiligen Eustachius, des Patrons der Jäger, erzählt: aus einem Wald von Bäumen tritt der weiße Hirsch hervor mit dem Goldkreuz zwischen dem Geweih.

Wie auf den Bildern der Barockfreskanten war Himmel und Erde miteinander verknüpft, war das Entlegene und Exotische mit kühnem Griff hereingeholt. Eine Darstellung der damals bekannten vier Erdteile durfte nicht fehlen. Schiffe legten an fernen Küsten an, fremdstämmige, abenteuerlich kostümierte Menschen traten ihnen entgegen. Man erlebte das Drama der Heilsgeschichte als Heidenmission in Südamerika und China, sah einen mächtigen Dreimaster, der im Zeichen Christi das Weltmeer durchsticht. Auf anderen Wagen die neun Chöre der Engel, versammelt zum Lobgesang, oder Sankt Michael, wie er den siebenköpfigen Höllendrachen besiegt.

Dann gab es wieder Wagen mit anmutiger rokokohafter Fracht: die Verträumtheit eines Kräutlgartens, den die Schwaiger auf ihren Triumphwagen gezaubert hatten. Gartennymphen luden darin ihren göttlichen Bräutigam ein:

VENIAT DELECTUS MEUS IN HORTUM MEUM.

In die Prozession war damit das Motiv der geistlichen Schäferei eingedrungen. Sie spielte ja nicht nur bei Friedrich von Spee, sondern auch bei unbekannten bayerischen Barockdichtern ihre Rolle.

Dem schäferlichen Wagen der Schwaiger folgte eine glänzende Suite zu Pferde. Sie bereitete den Einzug der Königin von Saba vor, der Königin aus dem Lande des Weihrauchs. In reich gezierter Sänfte wurde sie dahergetragen, so wie sie einst nach Jerusalem zog, um Weisheit und Reichtum des königlichen Sängers Salomon zu genießen. Diese Figur in ihrer fremden, märchenhaften Pracht war die begehrteste Rolle der Prozession für die Töchter Landshuts. Einige ihrer Darstellerinnen sind uns noch dem Namen nach bekannt. 1751 wird eine Ursula Breitenaicher erwähnt, die Tochter dcs Bierbrauers zum Sebald. In den folgenden drei Jahren durfte die Stieftochter des Buchdruckers Schallenkhammer die königliche Rolle übernehmen.

Die Väter griffen für eine solche Ehre tief in ihre Geldtruhen. Denn ohne die Beisteuer der vermögenden Bürger wäre es um den Aufwand der barocken Fronleichnamsprozession schlecht bestellt gewesen. Aus den Zinsen der aufliegenden Kapitalien konnten ja die Kosten nur bis zu einem Sechstel bestritten werden. Gelegentlich gab es daher ein Defizit. 1751 etwa standen den Ausgaben von 62 Gulden nur Einnahmen von 53 Gulden gegenüber. Wir erkennen hieraus, wie sehr die Prozession gerade von der Bürgerschaft getragen wurde. In dem bereits zitierten *Landshuter Fronleichnamsbüchlein* steht: „So seyet ihr demnach ganz wohl und weisslich daran, auserwählte Töchter Sion, verschiedene ehrsame Zünften, löbliche Versammlungen, preyswürdige Bruderschafften, und gesammte Erzcatholische Innwohner dieser Stadt, daß ihr weder Mühe noch Kosten spahret . . ., wie ihr diesem Göttlichen Salomon in recht hochzeitlichen Aufbutz entgegen gehen, ihne durch eure Gassen begleiten, und bey dieser hohen Fest-Begängnuss im prächtigsten Schmuck eurer eigenen Personen, euer Heers-Wägen, ja so gar euer Häuser erscheinen möget. Lauda Sion Salvatorem. Dann dieses ist der große Gala-Tag des Herrn."

Was mit dem „Galatag des Herrn" gemeint war, wird gleich deutlich: „Haben David und Salomon so unbeschreibliche Kösten aufgewendet, da jener die Bundeslade in seine Königliche Burg Sion, dieser aber selbe in den von sich erbauten prächtigsten Templ übersetzet hat, was sollten wir uns nicht gern und willig kosten lassen, um jenen Umgang recht zu verherrlichen und schimmernd zu machen, in welchen nicht eine hölzerne Arch, sondern der heiligste Leib unseres Göttlichen Erlösers selbst auf unseren Gässen herumgetragen wird? Hielte man es bey den alten Römern für keine übermäßige oder unnütze Ver-

schwendung, da sie ihre glorreich zuruck kehrende Obsieger in den kostbaristen herrlichisten Triumph in ihre Stadt eingeführet!" Es ist die wiederauferweckte eindringliche Vorstellung von der Macht und Herrlichkeit cisalpiner Latinität. Wenn schon die Römer ihre Sieger in Triumphzügen einholten, wieviel mehr mußte es da der Christenheit des Bayernlandes angelegen sein, den Sieger über Tod und Leben „mit herrlichem Pomp und auserlesnister Zierde" zu feiern. Man wußte es wohl, daß der Kern die Andacht war, die Andacht vor dem Leib des Erlösers, der auf den Gassen herumgetragen wurde. Aber man war der Meinung: „Diese Andacht muß eben durch den Pracht vermehret, und zugleich auch der Pracht durch die Andacht vergrößert werden."

Es galt also lebhaften Glauben, „die inbrünstigste Lieb", durch Herrlichkeit und Pracht zu erwecken. Pracht- und Prunkentfaltung, durch ein symbolverbundenes Wertgefühl gelenkt, dienten der Steigerung des religiösen Eindruckes. Hinzu kam das Pathos barocken Kunsterlebens, welches immer auch die Natur und Geschichte miteinbezog. Man gestaltete aus der Freude, aus der frohen Gewißheit christlichen Erlöstseins, sang dabei die schönen, zu Unrecht vergessenen barocken Kirchenlieder, welche zuweilen auch als Dichtungen beachtlich sind. Hier eine Probe eines solchen Liedes, das durch Achim von Arnim und Clemens Brentano in *Des Knaben Wunderhorn* aufgenommen wurde:

> Fangt an zu singen,
> Die Trommel rühren,
> Zerstreut ist Pharaos gross Heer;
> Lasst Saiten klingen,
> Und jubilieren,
> Verschont hat uns das rothe Meer.
> Hat nachgelassen
> So stark zu fliessen,
> Gestanden wie die Mauren fest;
> Durch gute Strassen,
> Mit trocknen Füssen
> Gehn wir hindurch, wir sind getröst.
>
> Will Moses führen
> Das Heer der Männer,
> Kommt ihr zu mir ihr Jungfräulein;
> Mein Heer zu zieren,
> Trotz euch Bekenner,
> Bin Aron ich die Schwester dein.

Weil wir entronnen
Den Wasserwellen,
Sollt ihr der höchsten Majestät
So viel vergönnen,
Ein Fest anstellen,
Und singen, daß der Osten weht.

Der Thau wird fallen,
Und euch begiessen,
Herab vom hohen Himmelsblau;
Ihr sollt vor allen
Das Herz erschliessen,
Dem Honig süssen Himmelthau.
Dann wird benetzet,
Was vor geblieben,
Und ohne dies nicht Frucht gebracht;
Zugleich ergötzet,
Mehr angetrieben,
Was ausgedorret und verschmacht.

Das Fronleichnamsfest wurde durch Papst Urban IV. 1264 eingeführt, durch Clemens V. 1317 bestätigt und erneuert. Aber weder die Einführungsbulle noch das Erneuerungsdekret sprechen von einer Prozession. Diese hatte sich inzwischen auf deutschem Boden von selbst eingebürgert, als Umgang, Flur- und Wetterprozession. Sagte doch schon Aventin: „Das baierisch Volk — gemainlich davon zu reden — ist geistlich, schlecht und gerecht, gêt, läuft gern Kirchenfesten, hat auch vil Kirchfart . . ." Die Entwicklung erreichte durch die Gegenreformation ihre volle Blüte. Auf dem Konzil von Trient wurde beschlossen: „Außerdem erklärt der heilige Kirchenrat, es sei eine vorzüglich fromme und erbauliche Sitte . . ., daß alle Jahr dieses erhabene und ehrwürdige Sakrament . . . durch die Straßen und öffentlichen Plätze herumgetragen werde. Denn es ist ganz geziemend, daß einige heilige Tage bestimmt seien, an welchen alle Christen . . . ihre dankbare und unvergeßliche Gesinnung bezeugen gegen unser aller Herrn und Erlöser durch ganz besondere und ungewöhnliche Zeichen."

Die Landshuter Fronleichnamsprozession hatte einen bedeutsamen höfischen Vorläufer. 1588 weilte Wilhelm V. in der Stadt, eingedenk seiner einstigen frohen Hofhaltung als Erbprinz auf der Trausnitz. Am Fronleichnamstag wurde er im Martinsdom durch Erzherzog Ferdinand von Österreich zum Ritter des Goldenen Vlieses geschlagen. Es war die höchste ritterliche Auszeichnung, welche die Zeit zu vergeben hatte. In dem anschließenden Umgang durch die Stadt wurde eine Vorahnung barocken Prunkes entfaltet. Ein Erzherzog und der Landesherr in scharlachrotem Mantel mit Zobelpelz und schwerer Goldkette schritten im Zuge mit. Einige Jahre später regte Wilhelm an, „daß der Umgang nach und nach gebessert werden mechte . . . mit mehrere Personen und Figuren als bisher gesehen worden".

Im Verein mit den Jesuiten erstarkte hierauf die bürgerliche Initiative. An die Stelle des höfischen Dekors trat die Prachtliebe der Bürger, ihrer Zünfte und Bruderschaften. Die volkstümliche Breite des Kirchenbarock entfaltete sich. Wallfahrten und Feldumritte, Bittgänge und Passionsspiele, all das wurde nun zur lebendigen Einheit, zu einer großen Schaustellung der Glaubensgüter, aber auch zu einer Feier bürgerlicher Gemeinschaft. Das Gesamtkunstwerk des Barock, in dem die Altäre zur großen Weltbühne geworden waren, konnte sich erst durch Spiel und Umgang, durch Gesang und Gebet der herbeigeströmten Massen ereignen; so nicht bloß in Landshut, sondern auch in Burghausen, Lauffen, Oberammergau. Oder in München, wo die festliche Prozession durch den Zwinger zwischen den Stadtmauern hinzog und die Evangelien an den vier Stadttoren verlesen wurden, am Schwabinger Tor, am Isartor, am Sendlinger Tor und am Karlstor.

Noch bei dem Aufklärer Lorenz Westenrieder etwa spüren wir die Erregung, welche das Volk an Fronleichnam ergriff, wenn er schreibt: „Alle weisen Völker bedienten sich sinnlicher, ausdrückender Bilder und Feierlichkeiten, um ihre heiligsten und wichtigsten Wahrheiten in alle Herzen zu graben, und es ist ein Beweis von einer tiefen Versunkenheit des Verstandes und des Gefühls, selbe gänzlich aufzuheben. Unsere herrlichste und die herrlichste Feierlichkeit, die mein Geist sich vorstellen kann, ein Tag im Jahr, wo jedes Kind und jeder Greis jubilierte und jeder Vogel freudiger über die Stadt flog, war der Fronleichnamstag, dessen außerordentliche Feierlichkeit von uralten Zeiten her berühmt und durch den Druck bekannt gemacht worden ist." In diese Verteidigung hat 1830 noch Franz von Baader eingestimmt. Er schrieb einen eigenen Aufsatz über die Münchner Fronleichnamsprozession und trat dabei besonders für den Gedanken Corporis Christi, also der Leibhaftigkeit des Geistes ein und rechtfertigte daraus die noch immer gepflegte barocke Schaustellung des Religiösen.

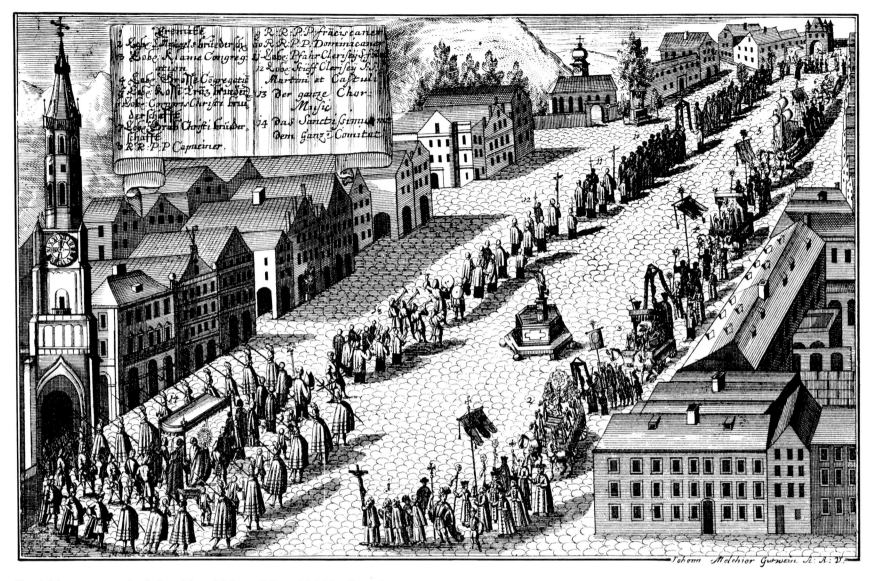

Fronleichnamsprozession in Landshut. Stich von Johann Melchior Gutwein

Eine Schaustellung, die zweifellos ihre besonderen Gefahren hatte. Wie leicht konnten die volkstümlichen Darstellungen der Triumphwägen in bloßen Naturalismus abgleiten! Und es war keineswegs gesichert, daß durch die Pracht allwegs die Andacht „vermehret" wurde. In München kannte man recht gut die Straßenecken, an denen der Prophet Jonas in seinen Walfisch hineinschlüpfte, und die anderen, an denen er wieder hervorkam, und man belagerte sie förmlich. An Auswüchsen verschiedenster Art hat es auch in Landshut nicht gefehlt. An ihnen setzte die Kritik der Aufklärung ein. Da ist etwa ein Aufsatz aus dem Juli-Heft des *Zuschauer in Baiern* vom Jahre 1781.

Ein Straubinger Supernumerarius beschäftigt sich darin mit dem Abbrechen der Reiser von Birken, die nächst den Evangelienaltären standen. Die Sitte ist ja heute noch üblich. Der Supernumerarius meint: „Es wäre baare Torheit, wenn man behaupten wollte, diese bei der Prozession ausgesteckten Bäumchen wären ohne des Priesters ausdrückliche Meinung und ohne alle dazu bestimmten Kirchengebete nur darum, weil das Hochwürdigste zufälligerweise in der Nähe vorbeigetragen ward, so hoch beweyet, daß sie einen Menschen darum für Gottes zeitliche Strafen, oder für die bösen Nachstellungen des Satans bewahren könnten, wie es in unserer Gegend fast jeder-

Fronleichnamsprozession in Landshut. Kupferstich von Vilcher/Zizzlinger

mann glaubt, wo deswegen die Bauern sogar in ihren vom Gotteshause und Prozession weit entfernten Dörfern an diesem Tage dergleichen Bäumchen in ihre Felder und Wiesen, ja sogar auf die Düngerhaufen stecken. Unser Herr Amtsbürgermeister würde ja nach der Prozession auch von niemanden für geweyet gehalten, ungeachtet er an diesem Tage noch näher an dem Hochwürdigsten war und sogar dem Priester den Rauchmantel trug.''

Wie im übrigen Bayern wurden auch in Landshut Birkenreiser auf den Feldern oder am Dachfirst zum Schutz gegen Blitz und Unbill ausgesteckt. Bezeichnend ist da eine Kritik der barocken Fronleichnamsprozession aus dem *Churpfalzbaierischen Intelligenzblatt* vom Jahre 1805, die uns zeigt, wie gerade im theologischen Bereich Barock und Aufklärung zusammenwirkten und auseinander hervorgingen. ,,Gold und Silber verblenden wohl eine Zeit lang und verstecken den Unsinn lange; das Auge der Wahrheit blickt aber durch, streift die glänzenden Decken ab und stellt die Sache her, was und wie sie ist . . . Sollten wohl die Augen unseres Glaubens wirklich so schwach, so blind sein, daß man uns Fahnen wie Flügel von Stadttoren vor-

tragen muß, um uns auf den Sieg Christi aufmerksam zu machen? Sollten wir einen Flügelmann mit bunten Federn auf dem Hut, einer seidenen goldenen Schärpe um den Leib, und eine Spieß in der Hand brauchen . . ., um uns zum geistlichen Kampf wider das Laster und zum männlichen Streit der Vernunft wider den Unsinn anzuführen?''

Aber neben dieser theologischen Kritik hat es im Zeitalter des Rationalismus auch eine andere gegeben. Mit dem Ausblühen des Rokoko war mehr und mehr das symbolhaltige barocke Weltgefühl dahingegangen. Bedenken gegen die Geldverschwendung für barocken Aufputz wurden laut. Schon das erwähnte *Landshuter Prozessionsbüchlein* hatte sich dagegen zu wehren: ,,Warum sollten unter uns einige so schäbige Judasbrüder zu finden seyn, welche bey gegenwärtiger Prozession sich gleich jenem treulosen Verräther verlauten lassen: Ut quid perditio haec? Zu was dienet doch diese Verschwendung? Es ist nur Schade um so viel junges Holz, welches zur Bedeckung der Häuseren, um so vieles dem lieben Vieh entzohenes Grass, welches zur Bestreuung der Gassen, um so vieles jetzt ohnedem sehr dünne gesäetes Geld, welches auf verschiedene Heereswä-

144

gen, Kleydungen, Fähnen, Wachskerzen und anderen Geschmuck derselben verwendet wird."

Wir haben damit eine andere Ebene der Kritik betreten. Sie wurde bald zur Domäne unglücklicher Staatseinmengerei und hat zur kulturellen Verarmung Bayerns wesentlich beigetragen. 1807 erhielt der königlich bayerische Stadtmagistrat Landshuts einen Rüffler, da „alljährlich ein Wald von Bäumen niedergehauen werde, um in allen Straßen und Gassen, ja selbst in den Gotteshäusern Alleen zu pflanzen". Und nicht nur das: Im gleichen Jahr erfolgte das endgültige strikte Verbot der barocken Prozession. Es ging auf eine Denunziation zurück. Trotz der kurfürstlichen Erlasse von 1781 gegen „samentliche masquierte Reuthereien", gegen „alle mit lebendigen Personen, entweder auf Triumphwägen, Tragbühnen oder zu Fuß gemachten Vorstellungen", hatte sich die Barockprozession in irgendeiner Form immer noch mit großer Zähigkeit behauptet. – Was half es auch, wenn das Abfeuern von Salven verboten wurde? Die Trompeter und Pauker versammelten sich nach wie vor um vier Uhr bei ihrem Rittmeister, „dann ertönte der Morgensegen mit vielen wechselnden Aufzügen von der Höhe eines Fensters her-

ab. Nach diesem ritten die Trompeter in der Stadt durch alle Gassen und Straßen, bliesen das Porzell, wo sich jeder zu Pferd setzt und bei dem Hause des Rittmeisters sich versammelt." – Um so härter mußte die Liquidation der barocken Fronleichnamsprozession den Landshuter Stadtrat also jetzt im Jahre 1807 treffen. Er konnte sich, wie es wörtlich heißt, „lange nicht von dem Erstaunen erholen . . . in welches ihn dieser gnädigste Befehl versetzte".

Der Befehl hatte folgenden Wortlaut: „Es ist hierorts die Anzeige gemacht worden, daß in der Stadt Landshut die sogenannte Antlaßprozession durch neun geharnischte Männer, wovon acht die Flammenschwerter und der neunte das Panier trugen, eröffnet werde, daß 24 Spanier und 12 Edelknaben das Sanctissimum begleiten, daß die geharnischten Männer alle beritten seien und die Pferde selbst Kopfharnische haben, daß auf dem dortigen alten Brodhaus in besonders dazu gehörigen Kisten und Trügen viele Kleidungsstücke und andere Sachen, die zur Fronleichnamsprozession gehören, sich befinden . . . Es wird dem königlich baierischen Stadtmagistrat hiermit das gerechte Mißfallen geäußert, daß selber gegen den Geist und die

Tendenz der Regierung so groben, die reine Jesusreligion in so hohem Grade entehrende Unfügen so lange ruhig zugelassen habe, mit dem Anhang, daß künftig alle eben angeführten und andere derlei Unförmlichkeiten von der Antlaßprozession bei 50 Reichstalern Strafe, die man im Übertretungsfalle von dem Stadtmagistrat erholen würde, wegzulassen seien . . . Die sonst bei der Antlaßprozession Gebrauchten Kleidungsstücke und andere Sache, schon längst de genere prohibitorum, die eigentlich dem Fiskus anheimfallen sollten, sind ohnverweilt . . . abzuschätzen, im stillen, ohne unnötiges Aufsehen zu machen, zu veräußern, den Erlös dem Lokalarmenfonds zuzuwenden und, was ohne Wert, auf der Stelle zu vernichten."

Das war das Ende einer trotz ihrer Gefahren und naheliegenden Grenzen großen Zeit. Der alte Westenrieder behält recht, wenn er damals sagte: ,,Einiger zufälliger Mißbräuche wegen wurde das ganze seit kurzem sehr eingeschränkt. Eine außerordentliche Feierlichkeit, von uralten Zeiten her berühmt, war damit liquidiert."

Nur die drei Geharnischten, welche das Stadtwappen symbolisierten, durften bleiben. Es ist der letzte Rest, der uns heute noch an die barocke Fronleichnamsprozession in Landshut erinnert. Die Landshuter Goldschmiede traten in erster Linie als Steigerer des verbliebenen Antlaßgutes auf. Die letzten Prunkstücke wurden zu Schmuck verarbeitet und in alle Winde zerstreut. Die Gelder, welche der Magistrat aus der Versteigerung einnahm, wurden zur Verschönerung der Stadttore, zum Bau von Denkmälern und Brunnen verwendet. Aber es sollte der Stadt nicht zum Segen gereichen. Schon nach wenigen Jahren fielen auch Brunnen und Tore der Spitzhacke zum Opfer. Und dennoch ist die Fronleichnamsprozession geblieben bis auf den heutigen Tag. Wie eine geklärte Form ging sie aus dem barocken Prunk hervor. Ihre Elemente umkreisen immer noch das Geheimnis des Schaubaren, des Sichtbaren am Geheimnis Corporis Christi. Immer noch zieht sie alt und jung in ihren Bann, wird sie zum großen Gleichnis im Sein vor dem Einen.

Fangt an zu singen,
Die Trommel rühren,
Zertrennt ist Pharaos groß Heer;
Laßt Saiten klingen,
und jubilieren,
Verschont hat uns das rothe Meer . . .

Abbildungsverzeichnis und Bildnachweis

Seite 9 Putto in der Wallfahrtskirche Birnau von Joseph Anton Feuchtmayr, um 1750. Photo: Marco Schneiders

Seite 11 Deckenfresko im Langhausgewölbe der Benediktinerabtei Zwiefalten mit der Verehrung Mariens von Franz Joseph Spiegler, 1751. Photo: Wolf-Christian von der Mülbe

Seite 12 Deckenfresko über dem Hochaltar mit der Darstellung von Esther und Ahasver in der Wallfahrtskirche Birnau von Gottfried Bernhard Götz, 1749. Photo: Marco Schneiders

Seite 17 Johann Georg Bergmüller, fürstbischöflich-augsburgischer Hofmaler und Direktor der Augsburger Malerakademie. Schabkunstblatt. Beschriftet auf einer Rocaille: J. G. Bergmüller juv. et del.; l. u.: I. J. Haid sculp. et. excud. A. V. Sieben-Schwaben-Museum, Türkheim

Seite 19 Anthropometria. Kupferstich von Johann Georg Bergmüller aus seinem Lehrbuch über die menschlichen Proportionen, 1723. Städtische Kunstsammlungen Augsburg

Seite 20 Johann Evangelist Holzer, Selbstbildnis des Künstlers. Detail aus dem Kuppelfresko der Wallfahrtskirche St. Anton in Partenkirchen, 1736. Photo: Ernst Wolfgang Mick

Seite 21 Entwurf zum Deckenfresko in der ehem. Benediktinerklosterkirche Münsterschwarzach von Johann Evangelist Holzer mit der Darstellung von Heiligen des Benediktinerordens, 1737. Photo: Wolf-Christian von der Mülbe

Seite 22 Ex libris. Der erste bekannte Kupferstich von Johann Evangelist Holzer mit dem Wappen von Johann Georg Bergmüller. Städtische Kunstsammlungen Augsburg

Seite 23 Entwurf mit Bauerntanz-Szenen für die Fassade eines Augsburger Gasthauses von Johann Evangelist Holzer, 1738. Städtische Kunstsammlungen Augsburg

Seite 24 Hochaltar der ehem. Augustinerchorherren-Stiftskirche St. Maria in Dießen am Ammersee. Altaraufbau von François Cuvilliés. Altargemälde versenkbar, um 1738. Photo: Waltraud Klammet-Mochel

Seite 25 Hochaltar der ehem. Augustinerchorherren-Stiftskirche St. Maria in Dießen am Ammersee. „Theatrum sacrum" mit Geburtsszene und Anbetung, um 1738. Photo: Werner Neumeister

Seite 26 Hochaltarbild der Schutzengelkirche der Jesuiten in Eichstätt mit der Schilderung des Engelsturzes von Johann Evangelist Holzer, 1738/39. Photo: Bayerisches Landesamt für Denkmalpflege

Seite 27 Kuppelfresko mit den Wundertaten des hl. Antonius von Johann Evangelist Holzer, 1739, in der Wallfahrtskirche St. Anton in Partenkirchen. Photo: Werner Neumeister

Seite 28 Allegorie auf den Planeten Venus. Radierung von Johann Georg Bergmüller. Staatliche Graphische Sammlung, München

Seite 30 Deckenfresken in der ehem. Prämonstratenser-Klosterkirche St. Johann Baptist in Steingaden. Darstellungen aus dem Leben des Stifters der Prämonstratenserregel, St. Norbert, von Johann Georg Bergmüller, 1741 bis 1751. Photo: Wilfried Bahnmüller

Seite 33 Verehrung des hl. Augustinus durch die Weltteile. Ölskizze für ein nicht bekanntes Fresko von Otto Gebhard. Städtische Kunstsammlungen Augsburg

Seite 43 Blick vom Treppenhaus zum Weißen Saal im Neuen Schloß Schleißheim. Genien halten das kurbayerische Wappen. Stuck von Johann Baptist Zimmermann, 1720/21. Photo: Wolf-Christian von der Mülbe

Seite 45 Die Nymphe Flora, Ölskizze für das Deckenfresko im Steinernen Saal von Schloß Nymphenburg von Johann Baptist Zimmermann, 1755. Städtische Kunstsammlungen Augsburg

Seite 46 Entwurf für eine Stuckdekoration. Lavierte Federzeichnung von Johann Baptist Zimmermann. Staatliche Graphische Sammlung, München

Seite 47 Spiegelsaal der Amalienburg. Als Jagdschlößchen 1735 bis 1737 von François Cuvilliés d. Ä. im Garten von Schloß Nymphenburg für die Kurfürstin Amalie erbaut. Stuck von Johann Baptist Zimmermann. Photo: Werner Neumeister

Seite 48 Deckenstuck im Spiegelsaal der Amalienburg, Nymphenburger Park, von Johann Baptist Zimmermann, 1737 bis 1739. Photo: Wolf-Christian von der Mülbe

Seite 50 Entwurf für die Dekoration im Chor der Wieskirche. Neuerdings Dominikus Zimmermann zugeschrieben. Weilheim, Städtisches Museum

Seite 52 Franz Ignaz Günther, Mater Dolorosa, um 1773/75 (H. 145 cm), von einer Kreuzigungsgruppe, Weiden, Stadtpfarrkirche St. Josef. Photo: Kunstverlag Peda

Seite 53 Franz Ignaz Günther, Immaculata vom Hochaltar der Pfarrkirche zur Allerheiligsten Dreifaltigkeit in Kopřivná (Geppersdorf), um 1752. Photo: Werner Neumeister

Seite 54 Johann Simon Forstner, Immaculata, (H. 21,4 cm), von einer Monstranz in der Pfarrkirche von Kopřivná (Geppersdorf), nach einem Entwurf von Franz Ignaz Günther, um 1752/53. Photo: Meta Köhler

Seite 55 Franz Ignaz Günther, Entwurf für das sog. ›große‹ Nymphenburger Porzellan-Kruzifix, Detail. Mehrfarbig lavierte Werkzeichnung über Bleigriffel. München, Stadtmuseum. Photo: Stefan Caspari

Seite 55 Das sog. ›große‹ Nymphenburger Porzellan-Kruzifix (H. 40,5 cm). Neuausformung nach originalem Modell (Modell-Nr. 624 der Nymphenburger Porzellanmanufaktur); in der Erstausformung auf dem Hochaltar (1757) der 1944 zerstörten Cäcilien-Hofkapelle in der Münchener Residenz

Seite 56 Franz Ignaz Günther, bisher unveröffentlichter Entwurf für Wandfiguren: hl. Florian und hl. Johann Nepomuk. Grau lavierte Federzeichnung über Bleigriffel. München, Staatliche Graphische Sammlung

Seite 57 Franz Ignaz Günther, Statuette des hl. Johann Nepomuk mit originaler Goldfassung. Stuttgart, Württembergisches Landesmuseum

Seite 57 Franz Ignaz Günther, Pietà (163:142:68 cm) aus der Friedhofskapelle von Nenningen, 1774. Lindenholz, urspr. Caseïn-Tempera-Fassung. Photo: Philippe Arnauld

Seite 58 Signatur von Franz Ignaz Günther von der Rückseite der Nenninger Pietà. Photostudio Hirmer

Seite 60 Proszeniumsloge im Cuvilliés-Theater in München (Altes Residenztheater). 1751 bis 1753 nach Plänen des Hofbaumeisters François Cuvilliés d. Ä. errichtet. Innenausstattung nach dem Krieg transferiert. Photo: Wolf-Christian von der Mülbe

Seite 62 Grundriß des Cuvilliés-Theaters. Kupferstich von L. Däntler nach einer Zeichnung von François Cuvilliés, 1771. Bayerische Verwaltung der staatlichen Schlösser, Gärten und Seen

Seite 65 Gesuch um Gehaltserhöhung von François Cuvilliés an den bayerischen Kurfürsten, 1754. Das Hofbauamt beschied dieses Gesuch abschlägig. Bayerisches Hauptstaatsarchiv

Register